国民党
海军陆战队

台湾王牌部队的真相和内幕

陈冠任◎著

实录

中共党史出版社

图书在版编目（ＣＩＰ）数据

国民党海军陆战队实录 / 陈冠任著. -- 北京：中
共党史出版社，2012.1
ISBN 978-7-5098-1428-4

Ⅰ. ①国… Ⅱ. ①陈… Ⅲ. ①国民党军 - 海军陆战队
- 军队史 - 通俗读物 Ⅳ. ①E296.53-49

中国版本图书馆 CIP 数据核字(2011) 第 222609 号

- -

书　　名：国民党海军陆战队实录

责任编辑：王　兵
出版发行：中共党史出版社
社　　址：北京市海淀区芙蓉里南街 6 号院 1 号楼
邮　　编：100080
网　　址：www.dscbs.com
发　　行：新华书店
印　　刷：北京市通州运河印刷厂
开　　本：170mm×240mm　　1/16
字　　数：310 千字
印　　张：24.375
印　　数：1-15000 册
版　　次：2012 年 1 月第 1 版
印　　次：2012 年 1 月第 1 次印刷

ISBN 978-7-5098-1428-4
定　　价：45.00 元

此书如有印制质量问题,请与中共党史出版社出版业务部联系
电话:010-82517687

前　言

这是一支国民党最早的老王牌,孙中山最为看重却背叛了他;

这是一支蒋介石最瞧不起的部队,却始终不能撤销或遣散;

这是一支几十年默默无闻的部队,却突然之间大放异彩;

这是一支在大陆总难成气候的杂牌,却在台湾成为王牌;

这是一支在守备南海东沙岛中担当重任的精锐劲旅……

国民党海军陆战队在 20 世纪的时代风雨中命运一波三折。它成军最早而不受重视,纠缠着背叛与忠诚的矛盾,在风雨摇曳中前行,几名"司令",几多风波……人事问题居然一直是其致命的软穴,如梦魇般侵蚀着战力,主宰着部队的命运。

它在杨厚彩、周雨寰两位将军大力拾掇下,才终于成为劲旅,在守岛作战中显示出巨大作用。如今,它成为台湾一支诸兵种合成、人数最多的王牌部队,为能实施快速登陆和海岸、海岛防御或支援的两栖作战劲旅,被称作是台湾的"军中之军"。

本书较为详细地叙述了国民党海军陆战队的肇始及其发展的曲折历程,介绍了它转进台湾后如何适应守岛任务而进行的"精装"改革和作战、装备情况,重点记述了其诸多的征战故事、军中发生的大事件以及杨厚彩、周雨寰、唐守治、罗友伦、郑为元、于豪章、袁国征、孔令晟、黄光洛、屠由信、黄端先等将领的传奇人生,是大陆第一本介绍国民党海军陆战队的通俗读物。

全书具有较强的历史性、趣味性和可读性,是了解国民党海军陆战队和 20 世纪真实台湾不可多得的纪实文学作品。

国民党
海军陆战队
GUOMINDANG
HAIJUN LUZHANDUI
SHILU
实录

目录

I

国民党
海军陆战队
GUOMINDANG
HAIJUN LUZHANDUI
SHILU |实录

国民党

海军陆战队

GUOMINDANG
HAIJUN LUZHANDUI
SHILU

实录

第一章

北伐岁月

01.饶鸣銮当了陆战队统领

20世纪初的中国内忧外患。腐败之极的大清王朝内战内行,外战外行,终于被辛亥革命一把烈火在短短几个月内烧得土崩瓦解,天朝帝国从此一去不复返。孙中山领导革命党人在废墟上组建中华民国临时政府,颁布临时约法,筹建国会。然而,他本人却被新老军阀和各路"政坛新秀"联手赶下了台,让位于窃国大盗袁世凯,辛亥之火并没有澄清神州寰宇。

袁世凯粉墨登场后,梦想建立"洪宣"万代基业,上演一幕幕复辟丑剧,把神州大地折腾得一派乌烟瘴气,结果"中华帝国"的"洪宪皇帝"再次被人民埋葬。

在袁世凯之后,各路北洋军阀你方唱罢我登场,北京城头变换大王旗,孙中山制定的"临时约法"和国会被袁世凯后的继任者黎元洪、段祺瑞等人抛到九霄云外,为此,孙中山不得不重新召集革命党,在广州举旗,发起了护法运动。

1917年春,因为控制着北京政府的段祺瑞拒不恢复临时约法和国会,海军前总司令程璧光与第一舰队司令林葆怿等人,响应孙中山号召,率领永丰舰、海圻舰等10艘军舰南下,参加护法。

护法舰队的先导舰为飞鹰号军舰。在经过福建闽江口时,该舰长突然宣称"双目失明",离开编队,上岸跑了。官兵们于是自己驾舰南下。当护法舰队快到广州时,广州市民竞相跑到码头集结。飞鹰号军舰上有人高兴地宣布:"广州市民在码头夹道迎接。"

官兵们欢呼起来,不顾一切地驾舰超高速疾行。

结果,飞鹰舰第一个到达广州码头,虽然一时万众欢腾,军舰锅炉却因此烧坏,很长时间动弹不得。

广州的民众为什么如此欢迎护法舰队?

因为中华民国已被袁世凯之后的北洋各路军阀折腾的已不成体

孙中山

系,兵祸连年,民不聊生,民国成了"乱国",不仅高官富人恨它,普通民众也是恨透了它,无人不是提起各路控制政府的军阀们就往地上吐痰。

海军将领一动,全国各地的国会议员也纷纷启程,跟着南下广州。

9月1日,国会议员和海军将领们在广州高调宣布成立护法军政府,公开与"段歪鼻子"(段祺瑞绰号)唱起了对台戏,并且选举孙中山为海陆军大元帅,程璧光为海军总长,林葆怿为海军总司令兼江防舰队司令,南下各军舰的舰长及军官都获提升。其中,海圻舰舰大副饶鸣銮升任舰长并兼大元帅府参军。

众人热闹非凡,护法运动轰轰烈烈。然而,这时的广州却是桂系军阀陆荣廷的天下。这陆荣廷街头小混混出身,当过绿林,杀过越南的法佬(法国殖民军),现在当了大帅,虽然满口都是新名词,满脑子其实仍是一派绿林旧思维。这次他参加孙中山的护法联盟，一是已与段祺瑞闹翻，二是想借孙中山的威望扩充自己的自己势力，三是被逼无奈。其实，在内心里，他对护法并没什么大兴趣。

早在6月，孙中山筹划在广州建立护法根据地时，就电请陆荣廷支持，没有回音。之后，他又派亲信胡汉民到南宁，邀陆荣廷去广州共商大计。陆荣廷打着调子说："俺最近风湿脚痛，走路不好使唤。"

然后，他问胡汉民道："展堂（胡汉民字），海军和国会这帮大佬，天天要吃要用，还要耍排场，护法哪来这么多的钱供他们享用？"

胡汉民以为他怕负担费用，立即说："海军和国会的经费，由中山先生自己负责，不要你们负担，请大帅放心！"

陆荣廷拖了两三天，见胡汉民守在眼前，无法推脱，只好对外通电，宣布两广实行"自主"。

护法军政府成立后，陆荣廷还是无意护法，天天不是思忖着如何去对付北方的段祺瑞之流，反而变着花样，与孙中山夺权。为此，他瞄准了那些应孙中山之召前来护法的海军将领，对他们万般拉拢。而海军诸将呢，虽然来护法，其实也并不是十分的心诚，或者对"法"如何热爱，只是忍受不了段祺瑞的打压，才揭竿而起去了广东。面对陆荣廷的引诱，众人纷纷被糖衣炮弹击中，不到一年时间，多数人当了陆荣廷送来的金钱和美女的"俘虏"。

陆荣廷也知道这伙人出尔反尔，是最善变之徒，见多数人已被拿下，便思谋着如何控制他们。思虑再三，他选中了一个人为自己效劳。

他就是时任护法军政府海军部参谋长兼大元帅府参军的饶鸣銮。

这饶鸣銮是有"海军故乡"之称的福建闽县人。他自小就生在海边，长在海边，十几岁时考进大清烟台海军学堂航海班，毕业后留校当协教官。这饶鸣銮年纪不大，心眼却不小，在学堂厮混几年，见收入不高前途不大，跑去海圻巡洋舰，当了一名鱼雷大副，专门负责海上布水雷。几年后,辛亥革命爆发,他随海军畏畏缩缩地起了"义"。谁知这一"革命"竟然收获奇丰。第二年,他就升任海圻舰鱼雷长;第三年2月被授予海军上尉,3月获陆海军二等银色奖章,5月授五等文虎章,10月出任海圻舰航海长;第四年,5月晋升海军少校并四等文虎章,11月出任海军第一舰队参谋长;第五年又获得三等文虎章。一场投机的革命,竟然让他饱饱"吃"了五六年,从此饶鸣銮认定造反就是升官发财之道,也由此成为了民国海军部队中"思想转变最快"的新潮人物。

而这时由于袁世凯倒行逆施,北洋海军正经历着剧变。1916年,海军总司令李鼎新与袁世凯闹翻,暗中策动海军上海独立。在他的众手下中,第一舰队参谋长饶鸣銮最先和南方革命党人挂上钩儿。1917年,饶鸣銮又最早与广州联络,收取了孙中山高达10万大洋的活动经费后,与程璧光等人由上海南下广州。他因此深得孙中山器重。

然而,这饶鸣銮并非一个可靠之人,重利而善变,品德差,也没操守。在他的眼中,孙中山的器重远不及个人名利和银弹。绿林出身的陆荣廷一眼就看穿了他,派人送去一颗"炸弹"——10根金条,就把他"征服"了。带头前来护法的饶鸣銮成了带头做空孙中山护法运动的始作俑者之一。

一天,陆荣廷派人把饶鸣銮请到了广西武鸣的老家。

陆荣廷见着饶鸣銮,就"剖析"当前形势:"孙某的军政府不过是空头政府,一无兵,二无饷,我对他不理睬,他就失去支持,军政府到时自然散去。"

面对洗脑,饶鸣銮并不上当,回敬说:"他有我们海军支持。"

这话一下就击中了陆荣廷的要害。

"是呀。你们海军太强大啦,靠着大军舰在海上游弋,飘忽不定,难把握啊!"陆荣廷间接道出了自己想控制海军却乏术的困扰,抽着大烟,慢慢开始说了自己把握不了海军的苦衷。手里有筹码的饶鸣銮

陆荣廷

也是吃软不吃硬，见陆大帅把自己当成了"知己"，说话也开始着边，但还是故意放长线钓大鱼说："大帅不可能没办法。"

"办法去想，总还是有的。"陆荣廷说完，又说道："不过我现在老了。我上山当绿林，杀老毛子还可以。海上的事情，搞真有些搞不清楚，还得请老弟指点。"

"寸有所长，尺有所短。海军在海上飘，不可能没短处，它不得不去上岸吧，这就是海军的七寸。"饶鸣銮开始"指点"了。

陆荣廷似乎还不明白，说："你们海军还没上岸，就先打炮，陆军谁也抗不住呀。八国联军打天津，大清就是陆军最先被打溃逃跑的。"

饶鸣銮问道："大帅知不知道海军陆战队？"

"什么海军陆战队？"陆大帅不知道。

"陆战队就是海军在陆地上的作战部队，说白了，就是在海上能打仗、在陆战上也能打仗的海军。"

"说说这新式部队。"

"它也不是啥新式部队，早在大清就有了。"

"哦，大清就有啦？"陆荣廷惊讶了，"快说说！"

"甲午海战，北洋水师全部舰沉人亡，最后李鸿章跑去与日本人签订《马关条约》，赔偿军费白银，割让台湾。仗打窝囊来了，为什么？王公们说还是水师没弄好，要重建海军。海军大臣载洵思想不一样，他认为人家英吉利人办海军一直有陆战队，大清水师以前没把这条学来，所以打不赢，因此这次重建海军，他一定要有陆战队。"

"他建了吗？"陆荣廷问道。

"他有的是钱，自然建了。"饶鸣銮说，"他建的这样一支部队，叫作海军警卫队。名义上一个团，实际上只有两个营，一个步兵营加一个炮兵营，基地设在烟台，其中的步兵营管带就是杜锡珪，嗨，现在段祺瑞手下海军的第二舰队司令。"

"那个时候我还在大山中当绿林呢。后来呢？"

"载洵建立的海军警卫队其实就是我国第一支海军陆战部队。"饶鸣銮继续说，"但是它建起来，大清就垮了，载洵也废了，闲居在天津。海军警卫队呢，被袁世凯的御林总管冯国璋调去北京，改组为海军部卫队，1914 年 12 月海军卫队裁撤，编为海军陆战队两个营，四个连，直属海军部，分别驻在北京、上海高昌庙和福建马尾，为海军担任警卫。"

"这厮！"陆荣廷不仅认识冯国璋，且和他关系还不错，但听到这还是忍不住骂了句。然而，他也是不是傻子，转而一想，你饶鸣銮说得神乎其神，于我何用？于是脱口而出："这陆战队对你们海军有用，对我没啥用。"

饶鸣銮哈哈大笑："大帅，你控制住了陆战队，不就控制了海上的那些海军？"

接着，他不待陆荣廷再问，干脆解释说："陆战队就是海军的警卫队。军舰在大海上作战，在海岸是不是还得有营地、仓库，军港也需要保护？这些营地、仓库、军港的保卫，都是由陆战队来承担。如果陆战队一反，海上的军舰还能永远在大海上漂下去？没了粮弹肯定跟着反！"

陆荣廷终于开了窍，喜笑颜开地说："我决定马上组建海军陆战队。"接着又说："这个我不懂，就由你负责。"

"我没兵呐。"饶鸣銮着急地说，"我们这个参谋部那几个参谋不够人数啊。"

"这有何难,我拨给你就是啦!"

就这样,两人达成了合作建陆战队的协议。

在此期间,陆荣廷暗中与孙中山较劲,拆他的台,就是为了壮大自己的实力,取得筹码去与北方政府争利,因此,他与北方各路军阀又打又和,只以自己一方利益的得失为转移。不久,他与直系曹锟、吴佩孚达成妥协,授意军政府资助吴佩孚60万元大洋去打段祺瑞。吴佩孚背着钱袋子兼程北上,率部与段祺瑞的皖军大战。眼看陆荣廷与北方乞和,孙中山十分愤怒:"天朝不是没有好人,可惜没有兵,就邪难胜正啊!"于是,决心自己组织一支军队进行北伐。

陆荣廷见孙中山准备自己举旗建军,不但不支持,反而诬指他派去各县的招兵人员是土匪,进行围山捕杀。孙中山见军阀部队靠不住,自己建军又遭打压,忍无可忍了,气愤地说:"有人(其实是袁世凯)说我是孙大炮,我就是要开大炮。"于是,密令听命自己的陆上部队准备反击,并叮嘱他们说:"听见海军发炮即起而响应。"

这时南下广州的多数海军将领与陆荣廷穿一条裤裆儿了,只有豫章舰舰长温树德与同安舰舰长吴志馨还站在他这一边,支持护法。孙中山亲去指挥发炮。然而,大炮是30年前清兵抵抗法军侵略越南时的旧炮,炮弹潮湿,点不着火。大炮成了哑炮。

1918年1月1日,孙中山再次指挥部队去炮击广东督军署所在地观音山。护法老将、孙中山的香山县老乡程璧光第一个反对,说怕误伤民众,军中其他主要将领纷纷反对。孙中山坚持,并下令哈树德指挥军舰向观音山发炮起事时,程璧光跑过来将温树德撤了职。孙中山手下粤军大将陈炯明也借口事先没和自己商量,袖手旁观。结果,除了吴志馨的军舰不时向长堤桂军进行扫射外,包括饶鸣銮在内的其他海军将领没有一人响应。

孙中山炮击失败了,陆荣廷也对孙中山下手了。5月4日,广州非常国会以97票对27票通过修正军政府组织法案,孙中山被迫辞去了军政府大元帅之职,孤身回了上海。

孙中山一走,陆荣廷生怕海军自成体统,立即拨出三个营的民军,改编为海军陆战队。饶鸣銮先接任同安炮舰舰长,接着再兼陆战队统领。

这支陆战队虽然是广西民军改编,但全是跟随陆荣廷上山当过土匪的"老绿林",个个精悍无比。

就这样,广东政府组建了第一支海军陆战队。

02. 孙中山掌控陆战队

陆荣廷赶走孙中山后,下一步就是要消灭还聚集在孙中山旗下的滇军和粤军。粤军大将陈炯明立即发出通电,对陆荣廷改组军政府表示极大愤慨。

1920 年 8 月,陈炯明率领援闽粤军回师广东。陆荣廷派兵迎战,饶鸣銮也带着陆战队随驻粤海军坐着大军舰,呼啦啦地驶往福建诏安,准备配合桂军对粤军作战。

然而,号称"狼兵"的桂军已此一时彼一时了,一上阵就不堪一击,被粤军打得四下溃散,吓得正匆匆往战场急赶的海军舰队在半路不得不"急刹车",随后马上回撤。这时在后方留守的江防舰队立即宣布起义,反戈加入反桂作战的行列。10 月,粤军收复了广州。

饶鸣銮等人虽然逃回了广州,可大势已去,生怕陈炯明秋后算账,整宵整宵地睡不着觉,急得如同热锅上的蚂蚁,怎么办呢?每天起床后,第一件事,就是看一下报纸,如果报上有自己的名字,就准备去监狱;如果没名字,就去陆战队上班。这哪是人过的日子啊!饶鸣銮的处境也是几位驻粤海军大佬们的处境，自己欠下的债，自己还着。但是，在惶惶不可终日中，他们暗中与北方的吴佩孚"合作"，突然宣布南北海军"统一"。

大佬们的"卖兵合作"，立即遭到驻粤海军官兵们的强烈反对。

10月14日，海军上万官兵在黄埔公园集会，反对"统一"。饶鸣銮眼看陷入了孤立无援的境地，赶紧去找大佬们商量下一步的路子。

"超前享受了，就提前走吧。"某大佬没好声气地说。

几人叽叽喳喳商量一番后，连夜卷起金银细软，急匆匆地逃离了广州城。

不久，孙中山重回广州，重组军政府，并任命陈炯明为粤军总司令，节制全省海陆军。

饶鸣銮走人了，他手下的海军陆战队还在广州城内，群龙无首，在嚷嚷闹闹中无所适从，随后，几人一吆喝，全部归附了新军政府。陈炯明屁颠屁颠跑去孙中山的办公室："孙先生，陆战队已经归附了。"

其实，孙中山早就知道了，说："迷途知返，他们也算了走道了！"

陈炯明问道："那么，陆战队由谁接管好呢？"

孙中山没有给他，说："还是由杨虎出任陆战队司令吧。"

陈炯明问道："杨虎何许人？"

孙中山告诉他说："现任军政府的参军，老革命党了。"

杨虎是安徽宁国县杨山乡人，是一个颇有个性的人，也确实是一位老革命。他本来姓胡，小时候某一天，他的亲生父亲突然说："家里揭不开锅了。"然后带着他去了邻村，把他卖给了一位叫杨允龙的为嗣子，取名德顺。杨允龙待嗣子不薄，将他送到私塾去读书，可这杨德顺贪玩，不爱读书。12岁时，养父说："你不读书，就去学做生意吧。"将他送到县城某药店当学徒。在这药店干了5年，17岁的他突然弃店而逃，去了南京，然后改名杨虎，投了清军武弁学堂，当兵去了。在学堂毕业后，他加入了孙中山的同盟会，成了革命党，之后，就一直追随陈其美、孙中山闹革命。

杨虎以前就曾经带领陆战队搞过暴动，因此这次被孙中山任命为陆战队司令。

杨虎走马上任后，立即对这支民军队伍进行改造，招兵买马扩充人员，再进行掺沙子，然后，将他们带到了黄埔岛驻扎下来，进行练兵。

杨虎是铁杆革命党，也是孙中山的亲信。他掌控陆战队后，这支部队成为了孙中山在广东真正自己能掌握的第一支嫡系武装，虽然人数不多，但孙中山十分的重视。

1921年3月24日，孙中山亲自来到黄埔岛，检阅驻扎在此的海军陆战队。之后，他发表演说。在演说中，孙中山说："军队的灵魂是主义，有主义的军队，是人民和国家的保障。"对陆战队寄予了很大希望。

4月7日，广州非常国会再次选举孙中山为非常大总统，南方革命形势重新高涨起来。随后，粤军进军广西，追击桂军，打得陆荣廷一路败逃，最后不得不宣布下野，带着几十个亲信逃往上海，广西平定了。9月6日，孙中山在广州宴请北伐军诸将领，提出下一步计划——统一中国。并说："统一中国，非出兵北伐不为功。"10月8日，他向非常国会提出了北伐案。

随后，孙中山决定在桂林设立北伐大本营，率兵北伐，统一中国。

正在他要前往桂林之时，他身边的随员不足，正要补充。孙中山的香山县同乡吴铁城是追随他多年的革命党，正担任香山县长，他对孙中山说："我推荐一个人，名叫叶剑英，梅县人。"

然后，他向孙中山介绍了叶剑英的情况。

叶剑英是广东梅县雁洋堡人，1916年冬，19岁的叶剑英去南洋马来西亚怡堡谋生，经亲友介绍，在一个小学当国文教师。第二年夏，滇军云南陆军讲武堂在南洋招生，他放下教鞭，参加考试，被录入为

叶 剑 英

该校第十二期炮科。叶剑英在云南陆军讲武堂学习了一年半，毕业时被云南督军授予陆军炮兵少尉军衔。这少尉只是一个虚衔，只能等着补授实官。叶剑英毕业就失业，便去福建漳州，投了陈炯明的援闽粤军，先出任总司令部见习参谋，后改任支队见习教官。在粤军中，他加入了中国国民党。孙中山 4 月份检阅陆战队时，他恰好在老家奔丧。治丧回穗后，被派遣到粤军工兵营任职。

孙中山表示可以考虑。

不久，孙中山的老部下陈策也向孙中山举荐叶剑英。就这样，叶剑英调任孙中山大总统随员。10 月 15 日，他随孙中山出巡广西。

10 月 29 日，孙中山视察南宁后，抵达梧州，擂响了北伐战鼓。然而，北伐的征途照样充满着风险和坎坷，一波三折。

眼看革命形势大好，孙中山一手扶持上来的粤军总司令陈炯明野心勃勃，暗中准备从孙中山手中夺权，于是吃红掌黑，与北方军阀沆瀣一气，暗中勾结，竭力阻止孙中山去北伐。然而，他又没法儿撼动孙中山这棵大树，只好背后捣蛋，使阴招。

1922 年 3 月 21 日，孙中山的支持者、留守广州的粤军参谋长兼第 1 师师长邓铿被人（陈炯明的手下）暗杀，大本营的后院——广州出现危情。26 日，孙中山在桂林召开大本营会议，果断说："改道北伐，先回师广东。"

有人担忧地说："形势十分复杂。回师广州的路上可能机关重重，凶险难测啊。"

"革命就是顶大风过独木桥，哪能不担风险的。"孙中山说。

有人提出："各派势力见有机可乘，纷纷蠢蠢欲动。为了避免陈炯明部阻挠，应采取秘密行军方式。"

孙中山表示同意。

4月12日，孙中山任命叶剑英为海军陆战队江防舰队护航第2营营长，负责护送自己和大本营回广州。

然而，孙中山秘密回师广东的消息，还是被第2军的一个旅长谢文炳密电报告了陈炯明，并且提醒说："孙回师将对你不利。"

陈炯明大为惊慌，立即准备调动部队阻止北伐军回粤。

这时孙中山已经启程了。叶剑英护送孙中山沿着西江前进，一路上枕戈待旦，而陈炯明呢，由于部队大部分驻扎在南宁、桂平一带，哪里来得及集中？4月20日，孙中山一行就从梧州到达了肇庆，都没遭到"陈家军"的抵抗。

孙中山到达肇庆后，第二次电召陈炯明前来会晤，敦促他表明自己的态度。陈炯明心中有鬼，不但不来，反而以辞去本兼各职进行要挟。孙中山震怒，遂于4月21日下令免去他的广东省长、粤军总司令及内务部总长三职。陈炯明闻讯，灰溜溜地宣布下野，走人了。

孙中山与护法舰队军官合影

22 日,在叶剑英的护送下,孙中山和大本营安全抵达了广州。

陈炯明虽然走人,附和他的那些势力还在,孙中山到达广州时,广州局势还是十分紧张,其中,尤以海军的问题最大。

这时海军内部的派系斗争激烈,各舰队中闽籍官兵人数众多,又占据权力中心,处处排斥其他地方的官兵,官兵时常引起冲突。孙中心担心海军被陈炯明利用,决定采取断然措施,去控制海军。为此,他把自己的海军支持者——海军鱼雷局局长温树德、长洲炮台司令陈策、肇和舰副长田士捷、舰队参谋吴志馨等人召集来,命令他们:"用武力驱逐闽籍官兵。"

这些人都是外省籍的,有山东的,有江苏的,有广东本地的,长期遭到闽系打压,早就恨不得赶走他们,对孙中山的决定,纷纷表态坚决拥护。

孙中山授命温树德担任临时总指挥。

温树德因为在护法运动中支持孙中山,这几年颇受孙中山的重视,仕途上也是突飞猛进,但是也不时成为闽系打压的重点,因此在驱逐闽籍官兵上举双手赞成。会议一散,他连夜召集陈策等人商量具体办法,几人经过一阵秘密协商,温树德拍板说:"就以陈司令控制的炮台的官兵为主。"

陈策也慨然地说:"好,我豁出去,组织一个千人敢死队。"

但是,他细想一下又说:"这次执行总理的命令,事关重大,我们一定不能出错,我要求陆战队协助!"

于是,温树德去与陆战队司令杨虎商量。

杨虎一直是最具斗志的革命党,说:"内鬼不除,永远受制于人。陆战队随时任由调遣。"

4 月 27 日是海军的休假日,正午 12 时,黄埔港的海面正在涨潮,海浪拍打着军舰。田士捷、李毓藩等人率领 20 多名敢死队员荷枪实弹,乘坐着宝山、逢昌两小轮,趁着海潮的涨势直往海圻舰驶去。他们一靠近军舰，就一拥而上。舰上的官兵正在吃午餐呢，突然发现有人偷袭，嘴里还含着饭团，稀里哗啦打了几枪，20多名闽籍官兵就被击毙在地，其余官兵见势不妙，干脆拿出了一贯的"救命技法"，立即大声地喊道："别打啦，别打啦！我们投降还不好么！"

"那你们把枪扔出来吧！"田士捷也喊道。

几百人十分干脆，稀里哗啦，就把枪全给扔了出来，没几分钟就缴了械，然后，轻轻松松地举着手，出来了。

这时，其他陆战队员和敢死队员也在停泊在白鹅潭和黄埔港其他舰艇上进行缴械。

陆战队和敢死队一登上永丰舰，舰上的航海副林韵珂举枪想反抗，他被一名敢死队员当场击毙，其他的官兵也马上就喊："别打了，别打了，人命关天呐！"一个个束手就擒。

肇和舰上有江泽澍等人作为内应，敢死队一到，里外一应合，全舰队的官兵迅即归附。

海琛舰官兵突然之间被敢死队重重包围了，官兵见势不妙，马上宣布投降。

结果，敢死队几乎没发生什么大的战斗，下午5时，1000多名闽籍官兵全部被解除了武装，并被押送到了长洲陆军学堂的几间大房子内。整个行动轻松、快捷。为什么呢？原来多数舰长跑到岸上玩耍去了，军舰上几乎没有指挥官。随后，在岸上玩乐的闽籍军官也一个个从妓院、茶楼、饭馆里被搜获，押送去了长洲陆军学堂。

把他们抓起来后，温树德请示孙中山怎么办。

孙中山要求遣送他们回家。

于是，他们被分批送去香港，遣回福建老家，就连海军总司令林永谟及参谋长毛仲方也在遣送之列，被驱逐出了广东。

这次突然行动暂时清除了海军内部的不安因素。

4月30日，孙中山宣布对驻粤海军进行改组，任命温树德为海军舰队司令兼海圻舰舰长，吴志馨为海琛舰舰长，田士捷为肇和舰舰长，欧阳格为飞鹰舰舰长，冯肇宪为永丰舰舰长，还有永翔舰、楚豫舰、同安舰、豫章舰、福安舰、舞凤舰，也分别任命了非闽系的舰长。

陈策被孙中山任命为广东海防司令并掌管海军陆战队。

03.孙祥夫当上了陆战队司令

陈策是孙中山的老同盟会会员。在程璧光南下护法时，就是他游说陈炯明支持孙中山的。

这次驱逐闽系海军官兵成功后，有功人员均获得孙中山的封赏。陆战队司令杨虎被调至非常大总统府担任卫士队队长，于是陈策任命孙祥夫为海军陆战队司令。

孙祥夫是什么人，怎么掌管起海军陆战队呢？

他是时任大本营第2军总参谋长蒋介石的老战友，与杨虎、蒋介石等人都是老革命党。

这孙祥夫的祖籍是山东昌邑，父亲出任过奉天植物研究所总办。他本人属于"闯关东二代"，生在东北，长在东北，进过张作霖的奉天陆军学堂，1911年冬参加奉天新军起义，成了革命党。南北和议后，他回了山东老家，在烟台出任关外军副司令兼军务司令长。不久，调任到了南京，成为孙中山的亲信——沪军都督陈其美的部下，很快，他就与陈其美的另一亲信——蒋介石成为哥们儿。

蒋介石是浙江奉化人，在日本军校留学时被革命党陈其美赏识，随后参加孙中山领导的同盟会，并开始追随陈其美闹革命。孙、蒋同为陈其美亲信，都勇而多谋，且都爱吃喝嫖赌烟，两人一认识，意气很是相投，可谓志同道合。

　　袁世凯就职民国临时大总统后,准备全国大选。1912年8月,同盟会联合数个政党在北京组成中国国民党,孙祥夫、蒋介石都转为党员。然而,好景不长。袁世凯眼看国民党领袖、临时政府农林总长宋教仁就要成为竞选黑马,派人将他暗杀。孙中山等人进行抗议,但是,抗议并没阻止住袁世凯对革命党的杀心,反而向五国银行团签订善后大借款,准备对国民党用兵。这一下激起了革命党人的怒火,李烈钧首先在江西湖口发动"二次革命",陈其美、孙祥夫、蒋介石等人在上海起兵响应。

　　但是,在袁世凯的铁腕镇压之下,轰轰烈烈的反袁运动失败,陈其美不得不领着孙祥夫、蒋介石等人集体亡命日本。

　　1913年9月27日,孙中山鉴于国民党党内已经鱼目混杂,政客、流氓、黑帮等,什么人都有,为了纯洁队伍,他在东京将国民党改组为中华革命党,但是这一举动遭到革命元老黄兴等人的反对。10月,陈其美、戴季陶等22人毅然加入中华革命党,支持孙中山。月底,蒋介石也在上海由陈其美的盟兄张静江监督加入该党。第二年6月,孙祥夫在东京也加入中华革命党,为第65号党员。蒋介石和孙祥夫加入中华革命党后,在陈其美的引导下,结识了孙中山。

　　一次,孙祥夫来到了孙中山东京的住处——日本人头山满的家,座中有一位年轻人。孙中山介绍说:"这是杨虎,安徽人,自己的同志。"

　　孙祥夫见他英俊年轻,问道:"杨同志什么年龄?"

　　"光绪十五年(1889年)。"

　　孙祥夫没想到他与自己与同龄,脱口而出:"你也25岁啊!"

　　"你也是?"

　　"是啊!"

　　两人当即紧紧地握手,一见如故,成了莫逆之交。

　　孙中山笑着说:"以后,你们两人就共同战斗了。"

陈其美

他的这话还真言中了，从此以后两人还真的经常在一起了。

孙中山改组中华革命党的目的，就是要进行新的革命，推翻袁世凯的暴政。1915年夏，陈其美受孙中山之命回到上海，筹建中华革命军东南军司令部，策划在上海起事反袁。他手下的亲信、喽啰们自然也都跟随着他回了上海，其中，蒋介石为参谋长，孙祥夫主持司令部实行部，吴忠信主持军事。

在第一次军事会议上，陈其美说："上海为东南第一要地，吴淞要塞扼住长江之口，江南制造局是后方重地，它们都是必争军事要地。因此，这两地的海军拿不下，则上海难拿下，上海拿不下，则东南就别想了。因此，我们反袁起事，先袭击海军，后攻制造局，再取吴淞要塞，然后图浙攻宁，把东南各省全部拿下来。"

"好啊！"众人噼里啪啦地鼓掌。

然而，孙祥夫却没有鼓掌。在东北长大的他身上多少有些匪气，杀人绑票的事情干过不少，认为硬打不如巧干，说："我看要想取上海，必须先除掉郑汝成那。"

郑汝成是袁世凯的心腹大将，时任上海镇守使。

"我赞同。"在座的孙祥夫的铁哥们杨虎也说，"郑汝成不杀，上海与海军，我看都不能夺得。"

吴忠信也咬文嚼字地说："庆父未死，鲁难不已！"

陈其美也是崇尚暗杀、爆炸的，做出决断说："那革命举事的第一目标，就定下来，先杀郑汝成。"

11月8日，通过秘密渠道，陈其美获悉驻沪日总领事署将于10

日在总领事馆举行日本大正天皇加冕典礼的庆祝酒会。他认为作为上海的一把手,郑汝成必定会亲自前去祝贺。这是一个刺杀他的绝好机会。于是,立即找来了参谋长蒋介石进行策划。

第二日,陈其美在法租界萨坡赛路十四号召集手下们开会。吴忠信、蒋介石、杨虎、孙祥夫等人参加。陈其美说:"这次必须万无一失,凡是郑老贼可能经过的地方,都要派杀手埋伏在路口。狙杀郑老贼的具体方案,由参谋长宣布。"

蒋介石宣布:"吴忠信领安徽同志在十六铺,江浙同志在跑马厅,谢宝轩等在黄浦滩,马伯麟、徐之福等广东同志在海军码头,众人届时分头前往,一定伏击住老贼。"

喜欢挑毛病的孙祥夫说:"英租界外的白渡桥是最重要的伏击要地,不能放过。"

"你说。"陈其美说。

"这里不但离驻沪日总领事署近,是郑老贼必经之地,而且他的车辆经过这里时,必须转弯慢行,是最好伏击的地点。"

陈其美考虑再三,决定派射击娴熟的王晓峰、王明山担任这一重任,并且由孙祥夫本人去带队。

10日上午10时左右,各路伏击人员带着炸弹、驳壳枪分头出发了。王晓峰、王明山与孙祥夫潜伏在白渡桥北墩外三四丈的地方。

这郑汝成眼看最近革命党的风声很紧,警惕奇高,出门就开始绕,要去东边,先往西边绕;要去南边,先往北边窜,在把自己都快要绕糊涂的时候,才突然下令司机:"去×××地方!"

这一次他也没有例外,要去日本领事署,又故意改变路线,绕了好几个道,他竟然还下车换乘了汽艇。这汽艇一直飞跑到汉口路的外滩,他又下船登岸,换上在此等候的汽车,这才往日本领事署方向去。他这么一折腾,使得各路杀手都没见到他的车队。然而,正如孙祥夫所料,他怎么绕也要经过这白渡桥。

11 时许,郑汝成的汽车终于出现在白渡桥北墩了,车速转缓了,正要上桥脊时,孙祥夫一眼就认出车内身着黑披肩、大礼服的肥头大耳的人就是郑汝成,对两名伏击手说:"看这身肥肉,没错儿就是他,执行。"

王明山立即向汽车投去一枚炸弹,谁知用力过猛,炸弹落在了车后,"轰——"冒出一泡烟,却没炸着汽车。郑汝成的司机见有危险,加速急驶而逃。眼明手快的王明山干脆冲上前去,投出第二枚炸弹。"轰——"这下炸中了汽车的后屁股。

真是人算不如天算。郑汝成去个领事署,短短的路程,绕这么远的路程,拐这么多弯,陆路转水路,水路转陆路,最终还是没有逃脱挨炸的份儿。汽车"噗"地一下泄气了,侧翻在路边,车中的郑汝成已被炸弹震得失去了知觉。

这时,王晓峰趁势冲上来了,跳上车缘,左手抓住车栏,右手提驳壳枪,对准他的头部"啪、啪、啪……"连发 10 枪。因距离太近,郑汝成被打得脑浆迸裂,当场毙命,连喊一声都没有。

郑 汝 成

这王晓峰将"郑老贼"击毙后,本来完全可以逃脱,谁知他见目的已达到,放声大笑,竟然站在桥头演说一分钟,一二三地数落起"郑老贼"的罪行来了。

王明山见他不走,自己也跟着不走,津津有味地听,并且还在台下振臂喊几句口号助威。

结果,两人都被闻讯而来的军警逮了个正着。几天后就被袁世凯下令"正法"了。

而孙祥夫却不"傻",下达完

命令,就一溜烟赶紧跑远了。枪声一响,他远远地看着,见郑老贼已死,那哥俩儿站在那演讲,啥也顾不上了,立即撒腿跑人了。

袁世凯获知郑汝成死了,大为惊讶,下令追赠他为"一等彰威侯"。但是,他再也不敢启用上海镇守使这个官衔了,改派亲信杨善德去上海,出任淞沪护军使,临行前,一再嘱咐:"记住一定要大刀阔斧,安定上海!"

这杨善德到了上海之后,除了吃喝玩乐外,天天"大刀阔斧"搞整顿,然而,不仅没能安定上海,反而折腾得沪上人心更加浮动。江浙各省革命党见杨善德越治越乱,纷纷敦促陈其美做"带头大哥",说:"只要你们在上海发起首义,各省一起响应,再一次辛亥之火肯定就此点燃。"

陈其美也认为利用杨善德四面楚歌,没什么可哼哼的,乱局正好可以大干一场;于是与吴忠信、蒋介石、杨虎、孙祥夫、杨庶堪、周淡游等人商量起事。经过反复磋商,决定派蒋介石去策动沪军第93团,杨虎去策动停泊在长江口的肇和舰、应瑞舰、通济舰三艘军舰,到时以军舰为主,炮队营为副,同时发动起义。

杨善德的疯狂刮地皮惹得上海滩是天怒人怨。杨虎一去,肇和舰、应瑞舰、通济舰的官兵大多赞成起义。但蒋介石只策动了沪军一个营,部分军警也答应反袁。

陈其美见时机已成熟,决定在12月中旬发动反袁起义。

谁知海军方面却不慎走漏了风声,袁世凯得讯,马上下令杨善德进行"紧急处置"。可是才能平庸的杨善德纵使有心杀敌,也没这个能力,哪里知道怎么去处置?袁世凯没办法,只好说:"你将有嫌疑的沪军,一部分调走,一部分就地解散,不就成了?!"

但是,海军却没这么简直。为了对为首的肇和舰进行"隔离",袁世凯立即派内阁海军大元帅参政萨镇冰以检阅海军为名,到上海命令各军舰出海。

这一突变打乱了陈其美原先的部署。肇和舰内革命党人报告说："好不容易拿下了肇和舰,如果听任它开走,将来就没戏了。"

"你们说怎么办呐?"陈其美问道。

"我们要求总部决定于6日提前发难。"

陈其美立即举行紧急会议,最后决定趁海军各军舰舰长12月5日参加欢迎萨镇冰莅临沪上的欢迎酒宴之际发起举事,方式还是不变:先袭击海军,后攻制造局,再取吴淞要塞。陈其美自任淞沪司令,宣布吴忠信任参谋长,肇和舰舰长黄鸣球任海军司令,杨虎任海军陆战队司令,孙祥夫任陆战队副司令。具体的作战计划如下:

(1)海军以肇和舰为海军司令部,杨虎率一部分人占领肇和舰,然后开炮猛击江南制造局;孙祥夫率一部分部队分别占领应瑞、通济舰,协助肇和舰。

(2) 江南制造局及城内闸北等准备起义部队听到军舰炮声立即同时响应,蒋介石率领沪军第93团一个营进攻制造局。

(3)夏尔玙负责在城内各城门举火响应。

(4)薄子明等率领山东部分同志攻击警察局。

(5)阚钧、沈侠民、朱霞、谭斌等负责攻击电话局、电灯厂。

(6)陆学文负责攻击警察第一区工程总局。

(7)姜汇清、曹叔实、杨靖波、余建光等负责攻击闸北方面军警,余建光并负责散布告示檄文。

(8)杨庶堪、周淡游、邵元冲等担任留守总机关部,并办理后方勤务。

最后,陈其美说:"以海军炮声为号,各路同时并举。"

吴忠信也赶紧对自己制定的计划进行打气,说:"这个计划非常详实,只要你们执行得当,完全可以一举成事!"

他的巨大信心到底来自何处,不得而知。只是其中值得一提的是,杨虎和孙祥夫哪里来的陆战队呢?陆战队是杨虎从吴淞口海军方面争取过来的。

5日下午3时，淞沪护军使杨善德隆重欢迎萨镇冰的酒宴早早就开始了。在众人推杯换盏之时，陈其美的起义也开始发动了。杨虎首先领着30多名海军陆战队队员出发。他们暗藏手枪、炸弹，然而却装成海上游客，乘坐着汽艇，从黄浦出发，直奔肇和舰。在路上，杨虎说："挂上党旗！"

这党旗是什么？是革命党的青天白日旗。

他们在汽艇上明目张胆地挂上青天白日旗帜，这不是吃了豹子胆么？谁知这边吃了豹子胆，那边肇和舰的水兵们眼睛却好像揉进了沙子，远远见有汽艇挂着旗朝自己而来，大眼瞪小眼地瞪着，竟以为这青天白日旗是北洋海军军旗，有反应快的立即喊道："总部高官前来校阅啦！"

在场的军官随即喊道："紧急集合！"

于是，舱内的官兵也闻声而出，跑上甲板，齐刷刷地列队欢迎。

正在众人挺着胸等待长官校阅时，杨虎等人坐着的汽艇靠近了肇和舰的船舷。这时队列中的小兵、革命党人陈可钧立即喊道："造反了，革命了！"

因事先已联系好了，很多人响应。杨虎和陆战队顺利地登上肇和舰。然后，杨虎宣布中华革命党的讨袁宗旨以

杨虎

及起事目的，舰上的水兵们欢呼赞成。接着，杨虎下令发炮。

傍晚6时许，官兵对着江南制造局开炮，拉开了起义的战幕。

在杨虎奔向肇和舰时，陆战队副司令孙祥夫也率领另一路海军陆战队由杨树浦乘小汽船前去夺取应瑞舰、通济舰。谁知这30多人

坐着汽艇一下海,准备往应瑞舰而去时,突然被租界的洋巡捕拦住,喊着:"检查,检查!"

"查什么呀?"孙祥夫也大声问道。

"汽艇的出港护照。"

总部因为资金紧张,加上时间紧迫,在昨日早晨才购得这艘小艇,还没能注册领牌呢,哪来什么护照!这边没护照,那边洋巡捕就硬是不准过去。

这突如其来的变化,让"好汉"孙祥夫束手无策,只好领着士兵假装返回,再在半路折回去。可是,洋巡捕好像就知道他来这一着,他们去哪,洋巡捕堵哪,眼睁睁的,偌大个活人就是出不了港口。孙祥夫无法可想,只好下令回去吧。

这起事已经箭在弦上了,他回去岂不要坏事?孙祥夫自然知道这一点,灰头灰脑地把手下带回自己的寓所,然后又急急地跑去总部,向陈其美请示怎么办。

陈其美没去过港口,也不知道如何去处置,立即命令亲侄子陈果夫和另一内勤周淡游说:"你们与孙副司令去召集士兵,再次设法登船,务必完成任务!"

陈其美并没有给出什么办法,派上了两个人随孙祥夫去想办法。孙祥夫也没了以前的大智慧,带着他们就往回走。

当他们急急赶回孙祥夫的寓所时,眼尖的陈果夫问道:"你的手下呢?"

孙祥夫也傻眼了,自己刚才带回来的陆战队员怎么就不见人了呢?原来他们已四散走了。三个人慌慌张张,还没把离散的士兵召集起来,"轰——轰——"杨虎那边已经指挥肇和舰打响了发动起义的号炮了。那边杨正司令炮声隆隆,这边孙副司令手下无兵,急得手足无措。

眼看就要坏了大事,孙祥夫羞愧难当,掏枪就要自杀"谢罪",幸亏被陈果夫拖住,才没有自杀成。

肇和舰炮声骤起,蒋介石等潜伏在各地的几百名革命党人闻声而动,兵分几路,向预定目标进发。

淞沪护军使杨善德听见炮声,马上下令全城戒严,派兵把守关卡要地,并且将城内巡警一律召回,每岗派出十余人,荷枪实弹,进行巡逻。已去前线指挥战斗的陈其美眼见应瑞、通济两舰没能同时响应起义,只好急急赶回总部。

恰好陈果夫、周淡游也狼狈不堪地赶回了总部。陈其美听了陈果夫的汇报后,说:"那就叫孙祥夫率部改由陆路进攻。"

陈果夫、周淡游又急匆匆地赶了回去。孙祥夫已召集了一些人马。陈果夫把改为陆战的命令一说,孙祥夫正要行动时,又突然跺脚说:"没有炸弹啊!"

打仗没炸弹咋打仗?于是陈果夫、周淡游又跑回总部去取炸弹。

这时在袁军的反扑下,各路义军因寡不敌众,纷纷溃败。吴忠信、蒋介石等人都逃回了总部。陈果夫对周淡游说:"你上楼去取炸弹,我在楼下等候。"

这时正是寒冬时节,门外风很大。陈果夫在楼下等候时,忽然听到有人打门,前去开门,门一打开,外面站着五个恶狠狠的巡捕,手里拿着手枪对着他。

陈果夫大惊,陈其美、蒋介石、周淡游等人都在楼上,怎么办?巡捕冲过来就抓他。陈果夫急中生智,立即进行反抗,巡捕扭住他的胳膊,捂住了他的嘴巴,他还是有意制造大的声响,用脚勾倒椅子。这时革命党人俞剑光恰好从前门进来,陈果夫立即示意,巡捕也看见了他,叫喊着出门去追。

楼下闹出了动静,楼上蒋介石耳尖,听到楼下声音不对劲,靠窗一看,只见巡捕在捉人,立即说"不好,快跑!"随即,陈其美等人爬上房顶,翻墙而逃。

陈果夫见巡捕跑去追人去了,马上也趁机逃跑了。

这时只有杨虎指挥着肇和舰还在孤军奋战,不时向着各处开炮。

肇和舰在发出第一炮后,向附近的应瑞舰和通济舰发出了信号,询问它们:"是否同意?"

两艘军舰发回信号称:"正在开会商议,当可赞同,请勿攻击。"

肇和舰收到这个信号后,安心等待两舰策应。

夜半1时,杨善德、萨镇冰与海军司令李鼎新带着浓重的酒意,一起急急赶到了江南制造局,商议如何对付还在打炮的肇和舰。然而,尽管个个都怀着袁世凯亲自交代的使命,几人眼巴巴看着它对着四方"轰隆隆"地开炮,炸得惊天动地,但谁也不敢下令对它开炮还击。

杨善德一直催促着李鼎新:"你是海军司令,拿出决断吧!"

海军元老萨镇冰

李鼎新转而盯着萨镇冰:"你是海军老司令,这命令还得您来下!"

"我怎么下?"萨镇冰说,"我只是一个海军大元帅参政,有这权力吗?!"

几人相互推脱,谁也拿不出什么办法,也不敢拿办法。为什么?因为这肇和是北洋海军中装备最精良的主力舰,炸坏了,袁世凯怪罪下来,进行"执法",谁也担当不起。

三人议来议去,没办法,最后还是决定去请示大当家袁世凯。可这袁世凯也犯难了,炸吧,毁了就没了,下次对付革命党,就少了重磅武器。好不容易,三人才等到袁世凯的命令:"将该舰击毁。"于是,李鼎新决定以离肇和舰最近的应瑞舰、通济舰承担攻击任务。

萨镇冰提醒说:"听说应瑞舰、通济舰中也有革命党,就怕他们不听指挥啊。"

"如何去抵消革命党的影响呢?"李鼎新开始搓手了,眼睛却死死盯住杨善德。

杨善德知道自己不上也得上,马上说:"得拿出杀手锏了,马上派人到交通银行去提现金10万,分别运往两舰,厚贿海军!"

这10万大洋能"拿下"两舰的官兵吗?

本来应瑞舰、通济舰上革命党人接到肇和舰发出的信号,就想立即响应,但又顾虑舰中官兵意见不一,便又打算采取说服的办法,动员官兵们举义。然而,就刚刚达成同意马上举事一致意见的时候,杨善德派人送来的巨额贿款运到了。来人还说:"护军使大人还说了,在事成后再给100万元犒赏费,许愿给你们封官。"

舰中气氛顿时为之一变。已答应起义的官兵纷纷改变主意,先分了银元,说:"还有高官厚禄!"转而赞成攻击肇和舰。

革命党人虽竭尽全力进行阻拦,但收钱的官兵占了多数,他们再也无能为力了。

6日拂晓4时许,应瑞舰、通济舰突然发炮向肇和舰猛攻。正在"静候"两舰"佳音"的肇和舰毫无准备,急忙发炮进行还击。但官兵由于意外,仓皇迎战,多数炮弹都没命中。战斗持续一个多小时,肇和舰中弹不少,官兵死伤枕藉。杨虎大声高喊:"开出吴淞口去!"

谁知起义人员不懂电气起锚法,无法开船,结果,唯一的出路只能是死守,应战到底。这时军舰身已经起火,接着,锅炉房被炮弹击中,"轰隆"一声,锅炉炸裂了。杨虎见败局已定,不得不下令弃舰撤退。

"敌兵围上来了,如何撤退?"

"跳水吧。"

杨虎领头跳进了大海,其他一些人纷纷学他的样儿,凫水脱险。而陈可钧等几十个革命党人因伤势严重,行动不便,被袁军捕获,最后被杨善德"斩首"。

吴忠信预言"只要你们执行得当,完全可以一举成事"的起义由于孙祥夫"执行不当"完全失败了。

事后,蒋介石见着孙祥夫气愤地说:"你平时的大智慧哪去了,几个洋毛子就把你们拦住了。"

"我们去哪,他们堵哪。我们能有什么办法呢?"孙祥夫叫起屈来。

蒋介石冷笑一声:"你们带着的枪和炸弹是干什么的呢,你不是去造反吗?一个炸弹把他们炸不就成了!"

"这……这……"孙祥夫懊恼地拍打着脑袋,"我怎么就没想到呢!真是一时糊涂啊!"

"现在懊悔也没用了。"杨虎不甘心地说,"我们不能放过肇和舰!"之后,杨虎又带着孙祥夫、马伯麟等人南下澳门,追着去再夺肇和舰。但还是没成功。

返回上海后,他们继续从事秘密反袁工作。1917年9月,杨虎、孙祥夫应孙中山的号召前去广州护法,出任大元帅府参军。次年,孙祥夫和蒋介石被调去援闽粤军司令部任参谋。1919年,孙中山将中华革命党再次改名为中国国民党。1921年,孙祥夫复任护法总统府参军,不久与杨虎一同出任海军特派员。

这一次孙祥夫在驱逐闽旧海军的战斗又立下功劳,于是,接替杨虎升任海军陆战队司令。

孙中山整顿了海军,也就稳定了广州。但是,宽容大度的他仍然保留陈炯明的陆军部总长一职,希望他从哪里摔倒,从哪里爬起来。

04.蒋介石从此看不起陆战队

1921年5月9日,孙中山在广东韶关举行北伐誓师,号令北伐军兵分三路进攻江西。北伐军迅速北进,吴佩孚仓皇后退。

谁知这陈炯明不仅不思悔改,反而铁心要和孙中山干到底了。孙中山率领主力北伐了,5月18日,他暗中令亲信叶举突然率部返回广州城,在白云山设立指挥部,随即,"陈家军"纷纷折回广州,准备发动政变。

陈炯明再次釜底抽薪,拆孙中山的台。

6月1日,孙中山急急从韶关赶回广州,以安定后方。孙中山再次召见陈炯明、叶举等人。这些家伙还拒绝不来,孙中山公开放言:"我以前炮打莫荣欣,今天可以用同样的手段对待陈家将!"但是,他在内心里并不相信自己一手提拔的陈炯明会忘恩负义,背叛自己。

孙中山不动手,陈炯明却要动手。

16日,叶举等人终于发动了武装叛乱,半夜三更,派兵突然围攻观音山的总统府,炮击孙中山住所。

大炮一响,孙中山在总统府卫队长杨虎率领卫队全力护卫下,冲出叛军的包围,奔去长堤天字码头。

这时同样被孙中山一手提拔起来的海军司令温树德正在东堤酒楼宴饮,听见炮声急忙赶回司令部,马上接到总统府秘书长谢持的电话:"陈

蒋介石

炯明反了,炮打总统府!"

"孙总统呢?"

"在长堤天字码头,你赶快派人去接!"

温树德马上派孙祥夫率领叶剑英等 80 多名陆战队赶去天字码头,将孙中山接到海军司令部。陈策等人闻讯赶来了,说:"我担心不安全,还是上军舰吧!"

他们派小船将孙中山等人送去了楚豫舰。

孙中山在陈策、杨虎、孙祥夫、叶剑英等人护送下登上了楚豫舰,之后又转向停泊在江中的宝璧舰,再转登永翔舰,后改乘永丰舰。这样,才得以安全脱险。

孙中山登上永丰舰后,对陈炯明的叛变非常愤怒,当即下令海军舰队移驻黄埔,并召集温树德、陈策、孙祥夫以及各舰长官开会,当场宣布要亲率海军各舰讨伐陈炯明叛逆。

第二日早晨,孙中山下令海军炮击省城叛军。

温树德有些胆怯了,缩缩畏畏地说:"陆上没有部队接应呀!"

"怎么没有呢,我已经下令魏邦平率领陆上部队策应。"孙中山说。

魏邦平是谁?他是孙中山的香山县同乡,两年前被孙中山任命为广州卫戍司令兼第 3 师师长,也属于他一手提拔的人。

然后,孙中山亲自来到甲板上,对全舰士兵进行动员。海浪声声,官兵群情激昂。孙中山对温树德说:"赶快布置向叛军开火吧。"

温树德这才登上永翔舰,率领五艘战舰向陈炯明开炮。谁知有人偷偷地把孙中山炮击叛军的消息向叶举告密。叶举立即在珠江两岸调集多门大炮进行阻击。

孙中山率领永丰舰、永翔舰、楚豫舰、豫章舰、同安舰、宝璧舰、广玉舰向白鹅潭挺进。结果,叛军反倒先对着他们打炮。孙中山下令军舰进行还击。

双方对打起来了,炮弹在海面上掀起冲天水柱。

在炮战中,哈树德的永丰舰首先被叛军炮弹击中。这时叶剑英率领陆战队员正在宝璧舰上。紧接着,宝璧舰也中弹,甲板起火。陆战队与海军官兵们一边奋力灭火,一边向叛军猛烈还击。

在这紧急时刻,岸上的陆军进行驰援,情况就可能反败为胜。魏邦平却违抗孙中山命令,指挥第3师按兵不动,要当"看空不做空,看多不做多"的"中立派"。孙中山没办法了,只得带领舰队去黄埔港。

孙中山一返回黄埔港,立即电令在北伐前线的粤军大将许崇智率领北伐诸军回师广州。然后,派孙祥夫率海军陆战队驻守长洲要塞炮台,两军遥相呼应,等待北伐军回援。

这时蒋介石正在上海。两个月前,他因为看不惯陈炯明的两面三刀,又因孙中山信任陈炯明而不信任自己,愤而请假回了浙江老家。6月18日,正在上海解愁的他突然闻讯陈炯明炮击观音山,说:"果然不出我所料,这厮反了!"立即从上海赶去广州,面见孙中山。

孙中山先生(中)在永丰舰上,左侧为宋庆龄

陈炯明

6月29日，他一身风尘登上了永丰舰。孙中山紧紧握住他动手，很是感动，当即授命蒋介石以海上指挥全权。蒋介石"只身担道义"，与孙中山等人一起作战了。

在两军的较量中，叛军没法儿追上在大海上的军舰，只好前去偷袭长洲要塞。6月30日，他们突然打向了长洲要塞，企图强迫这里的海军陆战队缴械，结果，撞了个头破血流，反被陆战队打得仓皇而逃，丢弃机枪8挺、步枪500余支。

长洲要塞一战，使得孙中山这一边的局势开始好转了。

孙祥夫与蒋介石，一个在陆地上，一在海上，成为孙中山与叛军作战的左臂右膀。

这时在江西前线的北伐各军也已经派出粤军第2军（许崇智部）、滇军（朱培德部）、福军（李福林部）及粤军第1师（梁鸿楷）分别由大庾、信丰向广东火速前进。然而，在许崇智等将领火速赶往广州时，广州的海军却出现了叛变。7月4日，海军总长汤廷光和总司令温树德发表联合声明，赞成"统一"，并且要"孙中山下野"。

这边要求孙中山下野，那边陈炯明却派岭南大学校长钟惺可来到了永丰舰，向孙中山"求和"。孙中山回答说："陈炯明对我只有悔过自首，才可言求和。他是犯上作乱，对乱臣贼子怎有言和可言。"

陈炯明怎么要"求和"呢？原来这只是一个阴谋，其实他是以"求和"之名上舰来重金收买海军将领。眼见着黄灿灿的黄金，谁人不动心呢？结果，海军舰队中最大三艘军舰——海圻舰、海琛舰、肇和舰的主将都被银弹"买"下。

其中,温树德是最早被陈炯明买下的人,他收下了陈炯明送来的26 万银元贿款后,率先发出了要"孙中山下野"的声明。7 月 8 日,他下令三大舰调离黄埔,驶出莲花山江面。当晚 11 点,海圻、海琛、肇和三大叛变的舰艇悄悄地离开了黄埔港。

它们叛变而去,孙中山平叛的力量骤然减弱。温树德一个釜底抽薪,将孙中山完全架空了。孙中山获知三大舰叛变的消息,气得说不出话来,不得不下令蒋介石将各舰开往长洲要塞后方的新造村一带,以免被叛军封锁在黄埔港内歼灭。

温树德见利忘义,区区 20 万就被陈炯明"买"下了,蒋介石对他恨之入骨。1927 年,蒋介石在南京建立新政府时,不忘旧事,下令全国通缉温树德,吓得温树德流亡日本。后来,他的老友、国民党元老丁惟汾一再向蒋介石说情,说温树德是"难得的海军人才,对海军建设有贡献",蒋介石才撤销了通缉令,让温树德从日本返回山东老家赋闲。

海圻舰、肇和舰、海琛舰三大舰步温树德的后尘走了,孙中山依靠海军进攻叛军的打算成了泡影。但他决心坚守长洲要塞,以待北伐援军。这时其他小舰却决心紧随孙中山,蒋介石等人只要能坚持下去,援军一到,进行反攻,打败陈炯明,夺回广州并不是没有希望,谁知内部又出了问题。

这次出问题的,不是别人,竟然是与蒋介石等人一起并肩战斗多年的孙祥夫。

9 日下午 1 点,鱼珠炮台的叛军突然向长洲要塞发起了猛烈攻击。要塞司令马伯麟率领官兵奋起还击,打死打伤叛军多人。就在他要将叛军赶跑的时候,背后枪声响了。

背后放枪的,竟然是孙祥夫指挥的海军陆战队。在最关键的时刻,孙祥夫率部叛变,陆战队员在前头冲锋,领着叛军进攻要塞。

最大的敌人就是自己人。孙祥夫一反叛，长洲要塞很快就失守了。蒋介石获知长洲要塞失守了十分惊讶，连声问道："孙祥夫呢？孙祥夫呢？别人跑了，他应该守住呀！"

"孙祥夫也被陈炯明收买了。"

这下让蒋介石瞠目结舌，半天没缓过神来，当明白是怎么回事后，一拳擂下去："禽兽不如！"

长洲要塞易手，孙中山、蒋介石率领的各舰面临长洲要塞大炮的威胁，孙中山、陈策、蒋介石不得不指挥它们驶离黄埔港，在大海上漂泊着，等待援军。

前来救援的粤军第 1 师师长梁鸿楷率部已到达了信丰，听说长洲要塞丢了，突然不听命令了，他手下一个团连夜转向惠州，反过来与北伐军作战，导致曲江、韶关的北伐军发生总退却。

梁鸿楷等人也被陈炯明收买去了。

就这样，孙中山各个阵营都被陈炯明的黄金和大洋瓦解了，反攻完全无望了。"介石苦守"变得毫无意义了。

8 月 9 日，孙中山、陈策和蒋介石等人在海面上坚持 55 天后，怀着沉重的心情，离开广州，去了香港，然后辗转去了上海。陈炯明收编了他们留下的所有军舰，并重新委派了舰长。

大浪淘沙，时代的风雨磨砺着真假英雄。孙祥夫革命了大半辈子，连死都不怕，竟然也栽在这黄金上了，导致反击叛军全盘失败。事后，蒋介石对陆战队的叛变十分愤怒，对哥们儿孙祥夫尤其不满。

本来他们先是同为陈其美亲信，陈其美被害后，两人直接在孙中山手下，在长期的革命生涯中，他们过从甚密，在上海时，蒋介石带着小姜姚冶诚住在白尔部路新民里 11 号，孙祥夫则带着老婆朱氏和纳来的小姜长三堂子妓女杨素云住在白尔路。朱氏、杨氏与姚氏往来频繁，经常一起搓麻玩牌，亲如姐妹。而蒋介石与孙祥夫呢，出生入死，一起嫖过娼，一起打过仗，一起流过亡，就差没一起蹲铁窗了。这次孙祥夫率陆战队集体投降不说,还反戈一击,这让蒋介石是可忍孰不可忍。

回到上海后,蒋介石还是气愤不过,于是著书立说,写出一篇《孙大总统广州蒙难记》回忆长文,一则记录自己的光荣史,抬高自己在党内的声誉,二则揭露孙祥夫的叛徒嘴脸,其中根据孙祥夫率部投降叛军的事实,写下"海军陆战队孙祥夫所部,遽竖白旗,投降叛军,反戈相向,引敌登陆,长洲要塞,竟失之顷刻"一段文字。这本书后来成为专供国民党高级干部学习用的教科书。

孙祥夫虽然叛变了,但还是党国元老,被蒋介石一揭底,真是把所有脸面都丢尽了,在党内威信扫地,一本孙大总统的"蒙难记"成了他孙祥夫活生生的"叛变记"。蒋介石"记"成了孙祥夫的"忌"。他老孙也不是好惹的,失了大节,也不管细节了,跑去找着蒋介石一场大吵,两人从此反目。

俗话说:贪小利,丢大钱。孙祥夫这一次当叛徒,确实弄巧成拙,应验了这句俗语。

蒋介石经过这次与孙中山海上平叛,完全获得孙中山的信任,并成为他倚重的青年军事将领,以后地位节节上升。孙祥夫则因为贪一时之财当了叛徒,如同饶鸣銮一般,从此大走下坡路,在党内逐渐失势。1928年4月,蒋介石在南京成立国民政府,孙祥夫则被蒋介石解除一切兵权,"祥夫"成了"废夫"。

后来,尽管孙祥夫拿着自己的"革命史"到处炫耀,但知情的蒋介石对"关键时刻失去大节"的他乃至对整个海军陆战队都是冷眼相看,不再重用。这孙祥夫见自己不被蒋介石待见,脑子更犯糊涂,干脆自暴自弃,脱离主流政坛,跑到上海滩,与黄金荣、杜月笙等黑帮流氓为伍,当黑帮小老大去了。

若干年之后,一位熟知他的老友见着他,点着他的脑袋说:"你一生总是在关键时刻犯糊涂,在上海举事,你不知道杀了那些洋巡捕冲过去;在长洲要塞,你为了那点臭钱,叛变为之奋斗了十几年的革命;

被蒋中正揭了老底,你去和他吵架;不受重用了,你去黑帮当小老大,就是没一个清醒的时候。"

这是后话。

05."海军与空军打起来了"

孙中山的革命并没如温树德、孙祥夫等人想象的那样一派灰暗,相反,因为合乎历史大势,每一次陷入低谷又峰回路转,柳暗花明又一村。

这次陈炯明叛变后,不久各路新革命力量又重新开始聚集。

1922 年 10 月底,孙中山将撤退到福建的北伐军改名为讨贼军,任命许崇智为东路讨贼军总司令,蒋介石为参谋长;任命滇军总司令杨希闵、桂军第一路总司令沈鸿英、第二路总司令刘震寰以及粤军莫雄等部组成西路讨贼军。为了配合平叛作战,重新归附孙中山的海军肇和舰、楚豫舰等军舰组成驻汕头舰队,田士捷出任舰队司令。然后,两路讨贼军一东一西开始向陈炯明叛军进行反击。

陈炯明也变成了"陆荣廷第二",手下重蹈当年桂军兵败如山倒的覆辙,残部退往了东江、潮梅一带。1923 年 1 月 16 日,讨贼军进入广州。

2 月 21 日,孙中山再次由上海回到广州,担任陆海军大元帅,并设立了大本营。为了整顿海军,3 月 12 日,孙中山重新任命了各舰舰长。14 日,孙中山任命陈策为广东海防司令,杨廷培为广东江防司令。

温树德也变成了当初的"饶鸣銮第二",仓皇逃往香港。而跟随他叛变的诸如孙祥夫等降将纷纷再次"反正"。孙祥夫尽管摇身又变过来了，但因为他在长洲要塞叛变的恶劣行径，孙中山将海军陆战队的指挥权收缴，以控制海防的名义，派他与杨虎、李元等人为海军特派员，专门监视各舰。然后，将陆战队交给了自己信得过的陈策。

陈策

陈策紧跟孙中山，任何时候在信念上从没有动摇过。由他来执掌陆战队，对于革命阵营来说，无疑是一件好事。然而，这陆战队不久又出事，且直接将陈策从广东海防司令的高位上拉下了马。

陈策也摔跤了。这是怎么回事呢？

原来陈策虽然革命信念坚定，但也不是完人，像希腊故事中的巨人安泰一样身上也有致命的弱点——最过不了人情关。

因为海军总是反反复复，摇摆、飘忽不定，孙中山为了控制他们，将部分舰艇布防在自己老家香山县的金斗湾一带，陆战队也驻防在金斗湾附近，以便及时处理各种突发事件。

金斗湾就如它的名字，像个"金斗"，这里盛产粮食，当地乡民吃不完，还有卖。因此，不少粮商跑到这里收购，然后倒卖到香港、澳门。在这兵荒马乱的年月，做点买卖谈何容易？必须有政界、军界要人撑腰。后台硬，钱路就广。一位富商不知道用什么高招，竟然拿下了海防司令陈策。而陈策呢，一贯大方，也讲义气，收了人家的钱财自然得还人情，竟然出动舰艇为这富商跑收购、跑运输。而这富商土佬出身，靠着倒手投机而一夜暴发起家。这次有了陈策当后台，沾沾自喜，拉虎皮做大旗，在香山县一带耀武扬威，不可一世，有时候还强买强卖。

树大自然要招风。

1924 年 1 月 16 日,当陈策再次派军舰为该富商运谷时,被香山县县长朱卓文获知了。朱卓文勃然大怒:"好个司令!一个老革命,竟然堕落到为奸商牟利,保驾护航!拦住他们,不准出海。"

县政府的当差说:"对方是大军舰,我们咋拦得住的!"

"派部队去!"

朱卓文一个小小的县长,竟然有如此气魄和胆量敢拦海军司令的军舰,他到底是何方神圣?

这朱卓文虽是小县长,却不是简单之人。他是香山县当地人,与孙中山是同乡,远在陈策之前的 1896 年就去了美国旧金山追随孙中山,并在美国学习飞行技术,立志要在天上干出一番事业。1910 年 1 月 16 日,他加入同盟会,为孙中山身边的几员主要干将之一。当年 10 月,他获知清廷海军大臣载洵前来美国访问,与香山同乡、旅美同盟会党人邝佐治在屋伦车站进行伏击,准备刺杀载洵。结果,被美国警探发现,邝佐治被捕,而朱卓文侥幸逃脱。以后,他转而为孙中山负责庶务。1915 年 10 月,孙中山与宋庆龄在日本结婚,婚礼就是由他一手筹办的。

这朱卓文在航空史上还有一个传奇的事迹。1912 年 2 月,芝加哥华侨梅倍捐献两架飞机给民国政府,当局以一万美金年薪雇来的美国飞机师威尔霍斯竟然不会驾驶。有人获悉时任临时大总统府庶务司司长朱卓文曾在美国学过驾飞机,请他到南京小操场试飞。这朱卓文也不推辞,进了机舱,拉起杠杆就升空,结果,飞机愣是从半空摔下来,砸成了好大几块,而朱卓文呢,毫发未伤,从裂开的机舱走出来,对着一堆废铁踢了一脚,走人了。

1920 年 11 月 29 日,孙中山再度南下广州,在整顿军政时,决定建立航空局,任命朱卓文为局长。为此,朱卓文组织了两个飞机队。以后,他还当过广东兵工厂厂长。陈炯明叛变后,他也不愿在广州当官,

1910年孙中山在美国底特律成立同盟会分会，中排左一朱卓文

返回香山县，组织讨贼军，自任司令，率部直捣广州。1923年8月，他被孙中山委任为香山县县长。上任后，他在香山县拆城皇庙，拆城墙，筑马路，建立电话系统，建设家乡搞得轰轰烈烈，甚至还获得过孙夫人宋庆龄的赞扬。

而陈策呢，就是孙夫人宋庆龄的老家——文昌县人。他与朱卓文一样出过国，三岁时就随父去过新加坡，但他对航空不感兴趣，爱水军，小学毕业后就进了广州黄埔水师学堂学海军。与朱卓文大约同期参加同盟会。袁世凯上台后，他秘密组织海校同志会，筹划反袁起义，失败后出走香港，1917年，孙中山在广东发起护法运动，他代表海校同志会游说陈炯明并促使陈从漳州来粤支持孙中山。

朱卓文和陈策两人都是孙中山的忠实手下，都是资历颇深的老革命党，但是性格却不一样，陈策重人情，朱卓文则铁面无私；陈策重利，朱卓文则重义。因此，两人一交锋，自然就不可调和了。

结果，朱卓文的香山县县兵一去，陈策的大军舰走不了，双方发生冲突。这些海军上了岸，顿然没了海上的威风，竟然打不过民团式的县兵，眼看要吃亏了，立即派人跑去报告陈策。陈策闻讯，勃然大怒，骂道："他敢欺负我们海军？"当即派陆战队开着军舰赶去。

这陆战队一上岸，二话不说，噼里啪啦就开火。大水冲了龙王庙，自家人打起来了。陆战队训练有素，而且武装配备好，这一"进攻"，不仅将当地县兵缴了械，并攻入了香山县城。这朱卓文也不是好惹的，赶紧喊道："备马！"

他只身飞马，跑去孙中山那里告陈策的状："一个江防司令，竟然出动军舰为奸商牟利，蛇鼠一窝了，这革命还如何搞！"

陈策闻讯，也跑去向孙中山说朱卓文纵兵扣押商人的合法财产，粗暴干涉民间正当运输。

两人一闹，素来喜欢无风不起浪的记者立即以"海军与空军打起来了"为题发表新闻稿，弄得传言四起。孙中山很恼怒，批评朱、陈内讧。

12月22日，孙中山下达了一个命令："着陈司令策，将所驻香山部队，调往增援四邑、两阳前线，所遗防地交朱卓文所部接防。"

这才暂时平息朱、陈冲突。

之后，孙中山经过调查，查清了事实，下令撤去陈策的海防司令之职，改由冯肇铭代理。

这海军陆战队频频出事，随后，广东革命政府海军部将它改编，缩编为两个支队和两个独立连。

12月29日，孙中山接受苏联领袖列宁和共产国际的协助，重建大元帅府。共产国际派出鲍罗廷到广州为孙中山顾问，孙中山以苏共为模式重组中国国民党。

1924年1月，孙中山召开中国国民党第一次全国代表大会，宣布实行"联俄、联共、扶助农工"三大政策，并接受中国共产党和苏俄共产党帮助，改组国民党。中国革命又酝酿着一个全新的高潮。

3月,孙中山下令正式组建黄埔军校,任命蒋介石为校长。蒋介石受命创建黄埔军校后,在军校设立步科、炮科、经理科,乃至骑兵科、工兵科,但没有设置海军乃至相应的科目。对于改编过来的陆战队,蒋介石也因孙祥夫这老油子的往事而兴趣索然。

1925年3月12日,孙中山在北京协和医院病逝,蒋介石在国民党中的地位进一步加强,7月,国民政府在广州成立,蒋介石以黄埔军校校长身份兼任广州市卫戍司令、长洲要塞司令,并成为军事委员会八名委员之一。8月18日,国民政府军事委员会将辖下各地方军队名目取消,统一名为"国民革命军",简称"国军",蒋介石为第1军军长。第1军因为是以黄埔军校学生编成,是国民党最嫡系的部队,又号称"党军"。

在国民革命军建军时,蒋介石与国民政府主席汪精卫联手,将海军置之国民革命军序列之外。有人有意见,说:"我们海军怎么办?"

蒋介石说:"海军部队直属国民政府吧,我是不要的。"

就这样,海军由国民政府直辖。

06.北洋陆战队归附了北伐军

1926年夏,国共两党决定推进孙中山先生未竟的北伐大业。7月1日,广东革命政府发出北伐宣言,蒋介石以军事委员会主席名义下达北伐动员令,国民革命军兵分三路,向着北洋各路军阀盘踞的地盘进军。

这时北洋政府民心丧失殆尽,北伐军所到之处,人民夹道欢迎。1926年秋,北伐军肃清江西之敌后,东路军沿东海进军,浩荡而来,

杜锡珪

一路扫荡孙传芳及其附属兵马。福建海军眼看北洋政府就要倾覆，马上祭起救命法宝，暗中与广州互通款曲，决定偷偷放北伐军过境。

这些年，南方革命军海军陆战队发展曲折，隶属北洋政府的北方海军陆战队实力却获得大力扩充，成为一股不可小觑的势力。

这得力于大清时海军警卫队的步兵营管带杜锡珪。

进入民国后，杜锡珪官运亨通，在政界蹭蹭往上跳，几年之间，就出任了海军第二舰队司令。1917年程璧光率十舰南下护法时，他本来也要跟着走人，却阴差阳错地被段祺瑞软硬兼施留了下来。程璧光带走了10艘军舰，海军境况立即变得不妙，不仅遭受皖系政府歧视，甚至他们连粮饷都不给。杜锡珪见皖系只重乡党，知道跟着段祺瑞也是没前途可言，于是改投直系军阀吴佩孚。这次买中了潜力股，吴佩孚很快成为叱咤风云的实力派人物，1922年，他在吴佩孚的支持下出任北洋政府海军总司令，人称"海杜"。

杜锡珪出任海军总司令后，立即对陆战队开始提携。首先，派第二舰队司令部副官杨砥中为海军陆战队统带，率陆战队一个步兵营（营长林忠）和海军警备营两个连，前去自己的老家福建马尾一带驻防。

马尾在闽江下游，是福州东南的乌龙江与南台江汇合至入海口的一段河道，又称马江。这里建有马尾军港，距福州仅100余里，是福州的重要屏障，也是福建船政舰队的基地，这里还有造船厂，战略地位十分重要。海军陆战队移师马尾，就等于是回到了闽系海军的老窝。于是,杨砥中招兵买马,扩建成三个营,以林忠、马坤真、林志棠分别为三个营长。

北洋海军陆战队的主力转移到了福建后,杜锡珪在马尾的长门炮台设立海军陆战队讲武堂,轮训陆战队各营军士。这些军士毕业后,分派到各营担任尉官。

眼看陆战队这么红火,南方陆战队的叛将饶鸣銮立即跑去北京,找到同为闽县小老乡的北洋政府海军司令杜锡珪,表示希望能在闽海陆战队谋个职。当初他在离开广州时放出话说:"此处不留爷自有留爷处,走着瞧。"谁知到了北京,竟然没有"留爷处"。因为无节,杜锡珪很是看不起他的人品,过了很长时间,碍于同乡面子,才给了他一个海军部军务司的候补员虚职。饶鸣銮候补了一段时间,见补实缺迟迟无望,知道被戏耍了,不久灰头灰脑地回了上海。从此他见人就摇头感叹:"无论什么人,最终都是无法和命运抗争的!"

在杜锡珪的支持下,杨砥中继续在各地招募新兵。1923年春,他将陆战队由原八连扩编成步兵八个营,机枪、山炮各一个营,工兵、辎重各一个连,分驻福建的长门、马尾、琯头、长乐、连江、南港等地。6月,杜锡珪下令以上部队编成海军陆战队第一混成旅,以杨砥中为旅长,下辖三个团,林忠、马坤真、林志棠为团长。第二年8月,杜锡珪又将福建陆军第1团编为海军陆战队独立团,以第一混成旅参谋长黄懋和为团长。

1925年4月,第一混成旅旅长杨砥中去世,林忠出任旅长。

尽管福建海军陆战队比南方政府的陆战队发展得快,实力更加强大,但是北伐军起,北洋政府摇摇欲坠,附属于其下的福建海军陆战队也难逃命运的绳索。在面临着如何走下去的重大抉择时,他们跟从海军,暗中投了何应钦的东路军。

福建海军一倒戈相向,依附孙传芳的福建漳泉镇守使、福建陆军第1军军长张毅立即陷入进退两难的境地,成了夹缝中的蛤蟆。11

月下旬,何应钦北伐军直取漳州,张毅仓皇向福州败退,企图联合驻福州的省防司令兼陆军第二十一混成旅旅长李生春共同顽抗。何应钦不战而得漳州,立即派出先头部队——独立第4师师长张贞率部跟踪追击。

张毅的前卫教导团率先跑到了乌龙江南岸,利用木筏抢渡,先行过了江。张毅率领主力随即赶到,一万余人麇集在岸北,既没有船只,也缺乏其他渡江工具。张毅正在望江兴叹之际,"轰隆——",大炮响了。

驶入乌龙江的福建海军军舰趁机对着他进行炮击。

"不好啦!"手下乱喊着,四下狂奔。

张毅见势不妙,不得不下令走人。率领这一拨人马逃向了南港的瓜山地区。

陆战队第一混成旅第2团正驻防在南港一带。团长唐岱鋆是南港本地人,人熟地熟。当张毅率部退向瓜山时,海军第一舰队司令兼马江警备司令陈季良立即下令:"唐岱鉴率全团附山炮一连,协同张贞部围攻瓜山之敌。"

唐岱鋆接到命令后,犹豫了半晌说:"我实力不够啊!"

"那就加拨海军闽厦警备司令部卫队营庄宗周部归你调遣。"陈季良说。

唐岱鋆率部赶去瓜山后,陈季良又派陆战队林志棠率团从鳌头、下洋两处登陆,前去围歼渡江之敌。

陆战队旅长林忠也急急赶到了前线,亲自指挥调赴前线的陆战队各团、营。

陈季良部署好了后,下令海军江元舰和楚同舰(舰长李世甲)协同诸炮艇向瓜山张军的中央阵地及两翼连续炮击。在炮火的掩护下,陆战队进展迅速,激战一天,互有死伤。但是,陆战队因为兵力较少,没有拿下瓜山。

打仗很累人,不少将领喜欢喝点小酒解乏。这唐岱鋆团长素来好酒如命,在瓜山激战一天,也是累得人困马乏。当晚,他正在痛饮白兰地洋酒时,旅长林忠的命令来了:"趁天黑夜袭敌军。"

陈季良

这时唐岱鎏已是喝得醉醺醺,一听命令,把酒瓶子往地上猛地一砸:"老子和他张毅拼啦!"跳将起来,立即集合兵马。

随即,他率先发起了战斗。

在激战中,唐岱鎏的酒还没有醒过来,完全是"即兴指挥",一会儿喊向左冲,一会儿喊向右打,弄得官兵们像无头鸭子似的乱打乱冲上去,又灰头灰脑地溃退下来。眼看攻不上去,"杀啊!"唐岱鎏举着手枪,撒腿就往前跑,带头冲上敌军阵地,"噗、噗、噗",他接连中了三枪,在酒醉中饮弹阵亡。

他一倒下,手下的官兵立即陷入混乱之中。张军趁势包围过来,第2团连参谋长肖礼崇都被捉去了。

林忠正在临阵督战,目睹唐岱鎏阵亡、肖礼崇被俘,吓得惊惶失措,眼看情况不妙,只身跳入滚滚而下的河水。结果,在冰冷的河水中挣扎好久,差点儿被激流卷走,幸亏连长汪少波援手,将他拉住。林忠才落汤鸡似的登了岸,保住了一条性命。

这一仗因为唐岱鎏喝酒误事,完全打败了。但是,林志棠率团围歼在乌龙江南岸的张毅部教导团,却大获全胜。教导团大部分人马被歼,团长闻廷璋被俘,残部只剩下几百人逃向了阳岐一带。

瓜山激战还在进行。陈季良要求福建省省防司令李生春派兵参战。这李生春虽与张毅事先达成了默契,但在海军的强压之下,眼看张毅困在瓜山就要当"别姬"的"霸王"了,随风转舵,派出手下一个叫吕树堂的营长率领全营与林志棠并肩作战。结果,他们联手将流窜在阳岐一带的闻廷璋残部围住,然后,将他们收容。

在海军的炮击之下,张贞第4师日夜猛攻,瓜山负隅之敌伤亡惨重,困在山上,粮食也吃完了,将士均无斗志,纷纷缴械投降,张毅独力难支,结果束手就缚。

12月,何应钦率东路军进驻福州,组织政务委员会,一举结束了北洋军阀在福建的统治。此时担任北洋政府国务总理的杜锡珪被再次上台的段祺瑞逼得辞职下野,于是,他也归附了南方革命政府。

北伐军攻取福建之后,又进占江浙,一路凯歌行进,很快就进驻了上海、南京一带,蓄势攻打孙传芳的老窝——南京城。

1927年2月18日,北洋政府海军总司令杨树庄派遣楚同舰、楚谦舰、楚有舰驶赴江西九江,会晤北伐军总司令蒋介石。3月14日,他率海军舰队在上海宣布易帜,并且出任国民革命军海军总司令。随着杨树庄加入国民革命军的北洋海军多达33艘军舰,在马尾的海军与陆战队也公开归附蒋介石。陆战队步兵独立团扩编为海军陆战队步兵第1旅,林寿国升为旅长,下辖步兵三个团和炮兵、工兵、机关枪、迫击炮各一个连。海军闽厦警备司令部卫队营庄宗周部扩充为海军陆战队第1补充团,庄宗周为团长;闽南沿海各县盐务缉私队收编、组成陆战队第2补充团,何心浚为团长;原福建陆军第十一混成旅王麒部收编为两个独立团,每团辖两营,以沈珂、沈国英为暂编第1、第2独立团团长。随后,北伐军与海军联手合作,攻下了南京城。

眼看北洋军阀土崩瓦解,蒋介石也没走出当初陈炯明等人"一见胜利在望就野心大增"的怪圈。4月,他在上海发动"四一二政变",掀起全国性反共浪潮。月底,在南京建立蒋记国民政府。4月27日,南京中央政治委员会决议杨树庄为海军部部长兼福建省政府主席,组成第一届福建省政府。

蒋介石叛变革命,武汉政府的汪精卫厉声呵斥蒋介石"丧心病狂,自绝于党。"并且大喊:"革命的,向左来! 不革命的,滚出去!"蒋介石对付他就是一个办法:派兵就打。这汪精卫权衡利弊,眼看可能惹火烧身,立即决定"清共",说:"本人愿为杀共刽子手焉!"并提出"宁可冤杀千个,不使一人漏网"的口号,像条疯狗似的疯狂屠杀共产党。

蒋介石的铁杆在广州也大肆屠杀共产党。驻防在广东的海军部队也奉广东海军司令陈策之命参与了镇压行动。

血腥镇压终于激起反抗。

12月11日,张太雷等共产党人领导广州起义,部分海军陆战队官兵也参加。起义成功后,张太雷宣布成立广州苏维埃政府。在成立大会上,一位陆战队代表激动地站起来,高呼口号:"我们海军陆战队拥护苏维埃政府! 打倒反革命! 革命工农兵万岁!"

他喊的是普通话,许多人听不懂,以为他捣乱会场。维持会场秩序的赤卫队持枪跑来,把他抓起来,有听懂的人立即向前进行解释。

赤卫队说:"这是一场误会。"

事情的真相弄清了,众人又向他鼓掌叫好。

随后,广州起义遭到蒋介石重兵"围剿",不久就失败,参加起义的部分海军陆战队随起义军撤离广州后,参加了红军;而另一部分人留在广州,继续充当广东海军陆战队,成为广东新地方军阀的海军力量。

蒋介石与汪精卫合流后,宣布继续北伐,先后击败孙传芳、张作霖等北方军阀,进占北京,改北京为北平。各路军阀合流了。

1928年2月,南京的军委会海军部以陆战队步兵独立第1、第2、第3团为基础,改编为海军陆战队第二混成旅,林寿国为旅长,陈名扬为旅参谋长,下辖三个步兵团和一个炮兵营;林鋆、杨廷英、林秉周分别为团长。随后,杨树庄又应林寿国之请,收编福建各地的民军吴威、郑世美、陈国辉、杨汉烈残部,编为第3、第4补充团。

陆战队达到两个混成旅,还有四个补充团,声势浩大。谁知好景不长,11月,国民革命军进行编遣,裁减兵额,驻闽海军陆战队也不得不受命进行整编。

在海军部的策划下,原第1、第2两混成旅整编为第1、第2两独立旅,每旅辖步兵两团,每团辖三营,每营辖四连。其中,林忠为第1独立旅旅长,邱振武为副旅长,肖礼崇为旅参谋长;金振中、黄懋和为第1、第2团团长。第2独立旅旅长为林寿国,副旅长为林鋆,旅参谋长为陈名扬;林秉周、杨廷英为第3、第4团团长。

这次整编表面上是缩编了,而事实上陆战队形成了步兵每营四连制,一个营下增加到四个连,兵额也就增多了。这时几个团的实际兵员人数还不够呢。怎么办?到处是一派编遣之声,谁也不敢明目张胆去招兵,杨树庄说:"不足之数,由各补充团、独立团抽调补充。"

结果,原来几个补充团、独立团全部编入陆战队正式编制,两个独立旅比原来两个混成旅更加庞大了。

国民党

海军陆战队

GUOMINDANG
HAIJUN LUZHANDUI
SHILU

实录

第二章

乱世枭雄

01.震惊全国的"一六事变"

以闽系海军为主的北洋海军归附蒋介石后，因为不是嫡系，加上原来的种种成见，主宰"全国大局"的蒋介石虽身为国民革命军总司令，实际上对海军有戒心，视之为"后娘养"的，不重视，听之任之。很快，归附南京政府的海军乃至陆战队陷入了一种罕见的混乱之中。

这份混乱与海军部长杨树庄大有关系。

杨树庄也是福州人。他率领海军归附国民革命军后，被蒋介石任命为海军总司令兼福建省政府主席。经过一番精心组阁，1927 年 8 月，他在福州高调宣布福建省政府正式成立，并给自己加了一个职务——军事厅厅长，下以蒋系和自己的亲信方声涛、丁超五、陈培琨等人为省府委员。这一安排，将当初何应钦进军福建时组建的省政务委员的几位大佬谭曙卿、张贞、卢兴邦、陈季良排挤出局。当初大权在握的谭曙卿成了一实力不足的新编第 1 军军长，几乎被气晕。土匪出身的暂编第 2 师师长卢兴邦正野心勃勃，一夜之间成了"草根"，也不甘心。于是，谭曙卿在福州捣乱，卢兴邦在闽北割据，两人日夜拆杨树庄的台。

眼看各方倚重枪杆子称王称霸，杨树庄和亲信方声涛决定成立省防军教导团，作为嫡系军，以后再逐渐扩编为师。这时陆战队第一独立旅旅长林忠兼任省防司令，眼看杨、方要再建省防军教导团，马上警觉起来，说："这不是拆我的台吗?!"

杨树庄

杨树庄、方声涛选调了教导团团长、副团长，他们是陈齐瑄、周孝培哥俩儿。两人与林忠有师生之谊，在保定陆军学校时，林忠当过他们的队长。哥俩儿上任之初，专程拜谒老队长。林忠不怀好意地说："今后福建的天下总是你们的了。"

哥俩儿一出门，团长陈齐瑄就说："老队长视我们教导团为眼中钉啊！"

"是啊，已昭然若揭了。"周孝培认同地说。

不久教导团购进一批枪械，果然，被陆战队扣留。

在福州城内外，这么多大佬和实权派联手捣蛋，杨树庄的政令几乎只能在省府内转，无法下达下去，就是勉强下达，也没有执行力。为此，他十分伤脑筋。可又有什么办法呢？没办法。于是，杨树庄就干脆眼不见心不烦，住在上海公馆里，不再回福建。他撂挑子走人了，南京政府在福建却不能没有代理人，只好叫方声涛代省主席兼军事厅厅长。

这方声涛眼看大权在握，就急于干出一番政绩来，首先便去"统一政令"。杨树庄不行，他就行？他其实也不行。谁知他运气比杨树庄好。恰好这时北伐军陈铭枢率第 11 军来到福建，陈部参谋长陈维远是方的旧部。他马上命令陈维远接管谭曙卿的军司令部。谭曙卿一废,卢兴邦兔死狐悲。这方声涛居然成功了。

然而,不久陈军就开向了广东。1928年初,蒋介石派张贞率一师人马开回漳州驻防。这张贞当初也是被排挤出局的人,现在又"打"回来了。这马上就削弱了方声涛的势力。卢兴邦见状,开始反击,下令手下截留闽北税收。

海军陆战队和教导团每月军饷都靠其中的盐税应付,税收一旦被截留,官兵们马上就要断炊。省政府秘书长何公敢兼任盐运使,见卢兴邦截留税收,立即前往南京,向杨树庄汇报说:"这卢兴邦简直就是土匪,劣性不改!"

杨树庄听罢,也是勃然大怒,拍着桌子说:"他国税也敢截留?"

"是啰!"

"胆大包天!立即拘拿杨愚谷和吴铉!"

杨愚谷和吴铉是何许人,杨树庄要拘拿他们?哥俩儿是卢兴邦派驻南京的"驻京办"私人代表。

恰好林知渊也在场,马上劝阻说:"没准备好就动手,要出乱子的!"

卢兴邦

杨树庄这才摆手作罢。

谁知这一抓人的消息还是漏出去了,杨愚谷和吴铉获知杨树庄要"抓自己"后,马上密报卢兴邦。卢兴邦对杨、方等人怨恨更深,扬言说:"我非出这一口气不可!"

杨树庄眼看自己镇不住卢兴邦,只好去搬救兵,活动南京财政部派人去福州。财政部部长宋子文说:"派石磊去福州接任何公敢的盐运使吧。"

盐运使这差虽肥,油水多也烫

口,这何公敢也不恋栈,说:"交出这差也好,免得天天闹心。"

事情似乎有转机了。

谁知这石大员在赴任前竟然跑去参加卢兴邦的生日寿宴。参加寿宴就参加寿宴吧,他还即席发表祝寿辞,将卢兴邦大捧特捧了一场。这让代主席方声涛获知了,大为不满,破口大骂:"石磊无耻无德!"于是不准他接任这盐运使了。

这人事因为一场寿宴被卡住了,事后卢兴邦才得知此事,也对这盐运使动心了,急忙派杨愚谷、吴铉等人携巨款去上海活动。两人走宋子文大姊宋霭龄的门路,以十万现金轻松拿下宋霭龄,1928年10月,宋子文委任吴铉为福建盐运使。

卢兴邦得到这一肥缺,让方声涛悔之莫及,几乎是日日骂娘。

各方的矛盾不断加剧、激化,杨树庄见状,决定再次改组省政府,以自己为主席,以陈乃元为民政厅厅长,徐桴为财政厅厅长,程时煃为教育厅厅长,许显时为建设厅厅长,几人再兼省府委员;另两大员方声涛、林知渊为不兼职的省府委员。方声涛、林知渊虽然不兼职,实际上权力比谁都大,为杨树庄最亲信的马仔,掌握着省府大权。杨树庄当着挂名的老大,继续滞留在上海。

福建是海军的老巢。眼看方派势力就要"独霸福建",海军一些人眼红了,说:"闽省系海军的天下,海军界也应该得到一些利益。"于是开始插手地方事务。

谁知方声涛和林知渊看守得比古时宋江的梁山山寨都严密,他们不仅在省厅无法插足,就连各县县长也没法儿指染。吃不到肉,连一羹汤都分不到,他们对海军出身的杨树庄、林知渊大为不满。林忠等人一提起从海军中走出去的林知渊,开口就骂。

一次,林忠为母亲举行寿庆。在宴会上,他的好友福州公安局局长郭泳荣喝得酩酊大醉,借酒发疯,大骂林知渊:"忘恩负义!他要是没有海军的栽培,哪有今天的地位!"

这一"抛砖",马上就引来了"玉"。

有人马上接话说:"他现在掌了权却来反对海军,压制海军,真是忘本蛋!"

结果,一场生日寿宴竟然成了对"忘本蛋"林知渊的声讨大会。

海军的这一情绪立即被卢兴邦利用。

卢兴邦的"驻京办"主任杨愚谷从南京获知福建海军这一内幕后,立即报告卢兴邦。卢兴邦当即决定火中取栗,对杨愚谷说:"你去找他们谈谈。"

杨愚谷找到林忠等人后,煽动说:"杨纳京(杨树庄的字)完全是方声涛、林知渊的傀儡。不久的将来,林知渊就要接管陆战队,然后和教导团并成一个师。"

这正是林忠一直以来卸不下的心病,马上问道:"你这个看法很有道理!如何办?"

"如何办,联手呗!"

"好!"林忠立即和他握手,并且说,"我决心与卢师长密切合作,共同搞垮省政府。"

随后,他们经常聚集在汤井巷的海军俱乐部,密谋如何"共同搞垮省政府"。

1929年12月下旬,闽系海军的老将、时任南京海军部总务司司长兼海军新舰监造办公处舰装设计监造官的李世甲回到老家福州探亲。

林忠和马江炮台司令萨福畴闻讯,跑去和他会面,大谈林知渊"忘恩负义"、"背叛海军",倾吐了自己心中的不满。在李世甲离开福州时,他们又递给他一份给海军部部长杨树庄的报告,大意谴责林是海军害群之马,他们要"清君侧",为海军除害。李世甲到达南京后,还没来得及将报告交给杨树庄,震惊全国的"一六事变"就爆发了。

原来李世甲还没到达南京时,卢兴邦的堂弟、第2师副师长卢兴荣发电探询"驻京办"主任杨愚谷对于"清君侧"的意见，杨愚谷回电："蒋倒可行"。"蒋倒可行"，什么意思呢？他的意思是"蒋若倒，事可行"。卢兴荣喜形于色，马上去找林忠，见面就说："蒋介石倒台了，我们可以行动了！"他将密电误读成了"蒋倒了，可行"，以为正在中原大战的蒋介石被打败垮台了。

"好啊，天赐良机！"

林忠等人决定利用省府委员兼财政厅厅长陈培琨举行宴会之机，对方声涛、林知渊等人来个一网打尽。

1930年1月6日，卢兴荣暗地从洪山桥兵工厂调了一排兵到城内。傍晚，省政府委员林知渊、省府秘书长郑宝菁、教育厅厅长程时煊、建设厅厅长许显时、水上公安局局长吴澍以及卢兴荣、李承翼、江屏藩和国民党党部的方治、林寄华等人在陈培琨家里举行鱼翅宴会。

酒过数巡，当一大盘红烧鱼翅端进来的时候，卢兴荣忽然站了起来，拔出手枪，大声喊道："不要动！"

随即，卢兴荣的参谋处长陈促聪的"铁钳"就一把抓住了林知渊的西装领子，许显时、郑宝菁、程时煊、吴澍四人身后也站上了武装士兵。李承翼、江屏藩吓得慌忙钻到桌子底下。主人陈培琨急得满面通红，问卢兴荣道："老弟，究竟为什么事？"

卢兴荣说："你别管。这与你和其他人都不相干。"

这时陈仲聪指挥几个士兵将林、许、郑等五人绑捆起来，押出去门，送进汽车，连夜将他们押到了洪山桥兵工厂的一间空房子里。

约过了半个小时，民政厅厅长陈乃元也被送来了。他抱病在家，结果在病榻上被士兵强行绑走，从家里也送到这里来了。午夜时分，六人被押去南平县政府，然后囚禁起来。

卢兴荣将"六大省委"绑走后，福州城立即戒严。陈家的其余客人，则由林忠派来的陆战队第2团第3营八名士兵分别送回各自的住所。当晚，陈培琨跑到杨树庄那儿报告情况。杨树庄虽然事前也听到一些风声,却惊讶地说:"没料到事变如此突然!"

"主席,我害了他们,你要救人啊!"陈培琨生怕他们的家属找自己要人。

"你糊涂呀,宴会怎么在家里搞呢!"杨树庄边责备陈培琨,边下令马尾海军司令部赶快派兵舰到福州中洲海军公所江面听候调遣。

然后,自己也急急赶去了。

谁知第二天早上,林忠等人也急急跑到杨树庄这里来"请罪"了。

林忠跪在杨树庄的面前痛哭流涕地说:"杨老总,我们海军遭人打压,没有出路了啊!"

其实,这杨树庄也是一贯偏袒海军的,只是这几年忙于自己当官,忽视了林忠等人。现在林忠既请罪又诉苦,很快就把怒气冲冲的他说得"心软"了。

刚巧何公敢也赶到了杨树庄家,见此情景,对杨的左右人说:"趁此机会,把他们扣留,便可换回六大委员。"

但是在座的海军方面的一些将领马上反对,说:"哪有海军自己打自己的!"于是这个意见只好作罢。

林忠等人从杨树庄那里离去后,陈乃元、林知渊等六人的家属也结伴找杨树庄来了。陈乃元的老婆质问杨:"你身为主席,大权在握,发生这样的事情,如果说事前不知道,那么你今后又怎么做这个主席呢?"

"这……这……"

她直问得杨树庄无言以对。

林忠等人回到军营后,便讨论如何出"安民告示"。可是,怎么也无法自圆其说。因为他们一方面要拥护杨树庄个人,另一方面又要推翻他的省政府。正在几人犯难时,林忠的一个手下跑来了,报告说:"独立旅旅长林寿国一直没音讯。"

原来,陆战队第二独立旅旅长林寿国事前也参与了倒杨反蒋之事,并且还拍打着胸脯说:"我们一定积极合作!"现在他竟对起事置之不理,对林忠等人打去的电报一一不回复,因此林忠派手下去查询。谁知还是"一直没有音讯",林忠气得大骂林寿国:"这个老滑头,太狡猾,太可恶!"

林寿国这一搅局,让林忠等人有些被动了。

这次事变对杨树庄是沉重一击,可他却一直拿不出对策来应付。身边的人都是"足智多谋"的"诸葛亮",这个这样说,那个那样说,并且意见完全相反,让他难以取舍。最后,他只好赴南京去和有关各方面商讨解决办法。

第三天,林忠集合在福州的部下和陆战队军官们讲话,说:"我们与卢部合作,主要是为整顿福建政治,尤其是为了我们陆战队前途发展打算。林知渊、郑宝菁等把杨老总当作傀儡来摆布,利用政治力量来压制我们,还想把我们陆战队吃掉,我们必须除掉这些害群之马,才能有出头余地!"

随后,林忠、萨福畴等人在汤井巷海军俱乐部开会,讨论如何改组省政府,提出新的人选,同时拟定各种要挟办法。

然而,在这次会议上,他们错误地估计了杨树庄,以为他可能会接受他们的意见。

3月上旬,卢兴荣、林忠、萨福畴等人把关押的"六大省委"送到洪山桥兵工厂,作为谈判的交换条件。谁知杨树庄态度强硬,意外地拒绝接受他们的条件,他们只好又将六人押送回尤溪县城,继续监禁。

这消息急坏了六人的家属。几位夫人认为不能再指望杨树庄捞人了,相约一起赴南京"请愿"。

在南京,六位夫人受到"重视妇女工作"的蒋夫人宋美龄的接见。宋美龄对她们讲了一番安慰的话,劝她们要"相信中央"。事后,她还派代表到旅馆看望她们。

蒋介石一听夫人告状,拍着桌子说:"问题一直拖延不决,有必要时派张群到福州去!"

随即,上海特别市市长张群以国民党中央执委的身份来到福州,并且进驻了在南台东窑前的外交特派员公署。然后,他们召集方声涛和林忠等人进行调解。

张群!

这时冯、阎再次反蒋,风声紧迫,林忠等人认为形势对自己有利,对张群提出的调解办法不肯接受,并且决定把事态扩大,给省方更大威胁。

"驻京办"主任杨愚谷见多识广,说:"张群在这里坐镇,你们就没办法。"

"那咋办?"林忠说。

匪徒出身的卢兴荣说:"那就搞掉他!"

于是,他们找到地方帮会的头目林寿昌、江秀清,重金请他们去暗杀张群。

张群到了福州,与豪绅们呼朋喝友,天天赴宴。这一天,他去了上杭路华侨杨鸿宾家赴宴。宴会后,仍留在杨家过夜,对随从副官黎某说:"你乘车先去回寓所吧。"

黎副官坐的车经过观音井时,忽然冲出几个暴徒,有的向汽车开枪射击,有的掷手榴弹,黎某当场被乱枪打死。但是,在乱战中,一名暴徒左额角被弹片击伤,也昏迷在地,当场被赶来的警察捕获。

事后,经过三天调养,这暴徒已能说话了。省防司令部军法长吴舟孙进行审问。凶犯供认说:"是江秀清布置我暗杀张群的,手枪、子弹、手榴弹等武器都是江秀清发的,并说事情成功后,可去日本留学,一切费用由他负担。"

结果,这名暴徒被枪决。张群的调解也宣告失败,回南京交了差。

福建的事情就这样一拖再拖。皇帝不急太监急,几年前转行任福建学院院长的何公敢见状,为时局是既焦急又忧虑,日夜为"纾解时局"而冥思苦想,一天终于他终于想到了办法,然后,去找到前陆战队团长庄宗周,说:"你何不去找杨老总,提出请他与驻闽第56师师长刘和鼎合作,共同对付卢部?"

这庄宗周在陆战队改革中出了局,正欲东山再起,问道:"刘和鼎肯吗?"

"肥肉不能独吞,分他一块不就可以了嘛!"何公敢智慧地捋须说。

"这是办法。"

庄宗周马上赶去上海,向杨树庄汇报这个高招。杨树庄赞成"联刘倒卢",交代庄宗周说:"那你回去告诉何公敢,我就派他去与刘和鼎联系吧。"

何公敢一个"教育家",如何与那军界搭得上?于是托词请刘和鼎师长参观福建学院新建的图书馆。刘和鼎天天打打杀杀,也想沾点书卷气,做做雅士,兴冲冲地跑来了参观。

等他到了学院,何公敢问他:"你愿意和海军合作呢,还是和卢部合作?"

刘和鼎好歹也是保定军校毕业的正规军,马上不高兴了,板着脸说:"卢部是土匪,我哪能和他合作!"

何公敢当即说:"那请你进兵闽北攻取尤溪。"

刘和鼎瞪着眼睛看着他,何公敢赶紧解释说:"这是杨树庄主席之意。"

刘和鼎答应了,但是说:"那杨主席必须回福建坐镇。"

何公敢又赶去上海,向杨树庄转告刘和鼎的要求。杨树庄说:"你去找找方声涛。"

方声涛早就逃回了上海,本已买好船票打算第二日回福州,准备到闽南率省防军陈国辉部攻打卢部。谁知何公敢赶来了。

何公敢见着他,说:"你单独攻卢,卢可全力对付你。

杨树庄、方声涛等与涌泉寺方丈虚云合影

"不打不行啦,福建我不得不去救的。"

"你同刘和鼎合作,刘攻其前门,你攻其后门,如何?否则难操胜券。"

"上上策!"方声涛如同醍醐灌顶。

方声涛与何公敢一起回了福建,然后去了泉州,带领教导团和陈国辉旅等部队准备由永春、德化方面抄袭卢部后方。林寿国陆战第二独立旅驻在福安,也准备配合他从闽东方向向古田进攻。

杨树庄回福州后,下令陈季良率第一舰队司令部移驻马尾,并交代说:"你通知林忠、萨福畴等人到马尾开会。"

林忠、萨福畴等人匆匆赶来赴会,结果,人一到齐,就被宣布撤职,当场被武装士兵扣押起来了,并送去南京,交蒋介石处理。

随即,陆战队第一独立旅的第1团团长金振中被提升为旅长。

7月2日,刘和鼎和卢兴邦之战终于爆发,在白沙附近打得十分激烈,胜负难决。眼看战场上难分胜负,方声涛决定"不战屈人之兵"。可是,这比"上上策"还需要智慧,没有炉火纯青的手腕和绝招,肯定不行。然而,方声涛有办法。

不久,他就通过秘密途径打听到了一个秘密:卢部在古田的团长钱玉光并非卢兴邦的亲信,而是古田当地人,不得已才受编于卢部;且他与卢兴邦驻古田的另一团长陈荣标水火不相容。机会来了。他立即派人去收买钱玉光。

人见着钱玉光,也不拐弯,直接告诉他说:"方代主席说了,只要你倒卢杀掉陈荣标,事成之后就提为旅长。"

钱玉光本来就姓"钱",重名重利,哪会错过一个"不可错过"的机会,一口便答应下来了。

可是,这陈荣标也是卢兴邦手下一个狠角色,钱玉光要杀这陈荣标,也不是一件易事,不出狠招,一招致他于死地,反而会打虎不成反被虎伤,如何下手呢?最勇猛最聪明的人也有软肋。陈荣标驻兵水口时,曾与一个颇具姿色、诨名叫"水口妹"的女人有来往,后来这"水口妹"被钱玉光娶为妾。钱玉光于是派"水口妹"诱骗陈荣标来自己家玩。

陈荣标到了钱家,又是喝酒打牌,又是抽鸦片,还有老相好"水口妹"在一旁陪伴,心花怒放。这天晚上,钱玉光借故外出,"水口妹"趁机诱惑陈荣标,就在陈荣标迷魂失魄之际,"水口妹"突然从背后将他抱住,大喊:"来人啦!"

潜伏在门外的钱玉光带着部下马上冲了进来,开枪将陈荣标当场击毙。

这个消息很快传到了福州,陈荣标的表弟杨忠贞是卢兴荣手下一个团长,生性头脑简单,听到这噩耗后,立即说:"这是卢兴荣指使钱玉光杀害我堂兄的。"于是不听命令,在前线将部队后撤,结果引起卢部全线崩溃。

刘和鼎率部追击到樟湖坂。为此,卢部不得不以放回"五委",求和了结这场战争。

六大员中的陈乃元已在扣押期间病死。

10月23日,方声涛派人到尤溪接回被囚禁的五人。几人回到福州后,各复原职。

卢兴邦的第2师闹事,败北之后,受到蒋介石的缩编处分。方声涛再将林忠担任司令的省防司令部裁撤。林忠、萨福畴等人本来已拘解到南京进行"军法处理",谁知过了一个多月,本来应判死刑的他们不仅没申没判,反而又被放出来了。原来他们由海军第一舰队司令陈季良向蒋介石保释。几人性命无虞,只是丢掉了官职。一场兵变到此为止。

02.林寿国辞职弄假成真

1930年夏秋,对于海军陆战队来说,是个多事之秋。7月,第一独立旅旅长林忠被解职,到了8月,第二独立旅旅长林寿国也被迫卸职下台。

这林寿国倒台走人,倒不是因为一六事变。他本来参与事变,由于在后期幡然悔悟,并且反戈一击,成功地从兵变中脱身而出。他的倒台,另有原因。

这林寿国在福建军界中大小也算个人物。

他是仙游县龙华人,可以说是本地的地头蛇。林寿国是杀猪的屠户出身,从小就跟随父亲在县城经营羊肉铺,杀羊宰猪之外,还与人合伙走私,做鸦片生意,赚了不少的银钱。但是,在这乱世里,有钱也难保住财富,不是土匪明抢,就是官家暗夺。1919年,28岁的他被官府一顿敲诈后,把杀猪刀一扔,拍着桌子说:"贪官横行,守法走正道,就只能是穷人!"一气之下,决定去当土匪,于是拿出杀猪赚来的银钱买了一大批枪支,带着几个街头小混,扛着枪,投了仙游县的民军首领林安国。

这民军是什么？说好听点，是地方割据势力；说不好听点，就是一伙聚啸山林的土匪。袁世凯上台后，中国各派军阀混战，福建乡民为对付北洋兵痞们的打家劫舍，纷纷自发组织武装护家队，这就是民军的起源。但是，久而久之，他们也打家劫舍，演变成了遍布各地的土匪的代名词。这林安国虽然为匪多年，手下人数众多，但最缺的还是枪。林寿国携枪来投，他非常高兴，乐哈哈地说："你来对了，早就该来了！"

"此话如何说？"林寿国问道。

"这年头，胆大的，骑龙骑虎；胆小的，在家抱鸡母都没得抱。你看你，赚了钱也守不住，你入了我的伙，不仅能保住家业，还有钱赚！"林安国说罢，当场委任他当了营长。

第二年，这林寿国靠着打家劫舍，还真的把买枪的本"赚"回来了。谁知这时当过李鸿章亲兵的北洋军阀李厚基率部打回福建，派手下王献臣率兵进入仙游县，对民军又剿又抚。眼看无处躲藏，林寿国干脆取林安国而代之，并且由王献臣收编，出任他手下的陆军第一独立营营长。

然而，这李厚基不久又被孙中山麾下的粤军大将许崇智驱出福建，林寿国和独立营又被许部收编，为第2军第三混成旅第2团，林寿国并为团长。

后来，许崇智率部返回广东，孙传芳、王永泉率部进入福建。原仙游县民团首领吴威被王永泉收编，当上了福建陆军第6旅旅长，林寿国率部归附了吴威，但是，不甘居人下的他没过多久就与吴威起了内讧，说："同是土匪出身，凭啥你

林寿国

要管我！"率部脱离第 6 旅而去,被王永泉收编为福建陆军第一独立团。

不久孙传芳、王永泉又离去,林寿国投靠在马尾的海军练习舰队司令兼闽厦警备司令杨树庄,被杨树庄收编为陆战队步兵独立团。

1927 年夏,林寿国的独立团被扩编为陆战队步兵第 1 旅,他升为旅长。这时吴威病死在福州,他趁着陈铭枢第 11 军将吴部缴械之机,派人刺杀吴部团长王剑南,收编了吴部在仙游县的余部。11 月,接防泉属各县,势力进一步扩大。1928 年秋,林寿国的陆战队步兵第一旅被杨树庄改编为陆战队第二混成旅,他担任旅长;几个月后,陆战队又整编,陆战队第二混成旅编成第一独立旅,林寿国继续担任旅长。

以前,林寿国靠着反复投靠、被收编,几乎是一年半载上一个"台阶",谁知进入蒋家王朝之后,改编来改编去,好几年下来,他还是个旅长,想升官却升不上,当着旅长,烦旅长。他每次见着林忠等人就感叹万千地说:"官场太复杂,你我都不及格啊！"

眼看这官场如此,当林忠等人一起准备谋反时,他也欣然参与其中,并且成为事变的主谋之一。谁知恰在这时杨树庄突然许愿让他当师长,因此,他在林忠等人兵变的关键时刻熄了火,并且眼睁睁地看着林忠等人驾着那辆刹不住的"破车"往前撞去……甚至最后不惜反戈相向,希望趁机以武力在两个陆战旅中树立当师长的威望。

眼看林忠等人被抓,他林寿国当师长也已成大势。谁知兵变结束后,杨树庄根本没有合编陆战队的意思,也不兑现让自己当师长的诺言。这让林寿国好不烦心,逢人就说:"都看见杀猪了,可是谁看见猪肉了呢?"

杨树庄掌控了大局,就是不给他猪肉吃,林寿国怎能奈何得了他?江湖出身的林寿国也不是平庸之徒,于是决定以辞职为名向杨树庄要挟。林忠等人一从南京放出来,他就向杨树庄提交了一份辞呈。

结果,他犯了当初林忠等人犯下的错误,"误判"了杨树庄。杨树庄说："少了林屠户，就吃带毛的猪肉？"大笔一挥："准"。

这样的结果让林寿国几乎是目瞪口呆，后悔莫及地找到还在福州的杨树庄："老总，你就是不给师长，就是没有工资，我也愿把这旅长当下去呀！"

杨树庄把手一摊，说："不是我要你走人的，是上面的意思！"

"上面的意思？"林寿国更加吃惊了，"我与林忠他们没有瓜葛啊！"

"不是那事儿！"杨树庄说，"你这祸起东墙，比林忠他们还早两年呢。"

然后，他对林寿国说起了事情的"原委"。

原来这火星子还是 1928 年夏的事情。当时林寿国的海军陆战队第二混成旅驻莆田、仙游一带，他又是种鸦片，又是搞走私，还像当年逼他当土匪的贪官污吏一样敲诈勒索，泉州的泉安汽车公司每天要给他 200 元大洋，一个月达到 6000 元之多。发财不少，也惹得民怨四起。

一天，仙游商会的下朱尾商人林小气之子贩运油蚝干，驾船行到湄洲海面，结果，因为偷税，被肖厝厘金局（税务机关）缉获。之后，他不仅拒绝向厘金局补税，且还强行逃走。这厘金局的税官可是好惹的？他们全都配上了长枪，当即噼里啪啦开枪射击，当场将他击毙。

在仙游，林寿国早已暗中参与油蚝干生意，从中牟取暴利。而这次被肖厝厘金局缉获的商船就与他有瓜葛。林小气立即跑到林寿国那里哭诉。

"罪不该死啊！"林寿国感叹说，"这年头当老百姓想发财就是难！"

"你要我做主啊！"林小气跪下了。

"我给你出面出气！"

林寿国接下了林小气的"投诉"。

但是，他本人也牵涉其中，如何去出面帮人出气？拔出萝卜就会带出泥，林寿国不敢去找厘金局"算账"，只好迁怒于举报的肖厝民众。事后，出动一个营兵力，先后两次从厝后处、沙格、埔路岭三处进入肖厝村进行"剿匪"。

这些陆战队员比土匪还凶恶，见房屋就纵火，见财物就抢夺，临走时还抓走了35个无辜乡民，扣留了三艘在海上的肖厝商船，折腾得肖厝村的乡民纷纷弃家逃亡，十室九空，景况惨不忍睹。

俗话说久走黑路必遇鬼。这次林寿国却撞上"大神"了。这肖厝村有一木材贩子的儿子叫肖碧川，毕业于燕京法政大学，此时正在上海。他听闻老家被打砸抢后，先是带人向南京政府告状，状子递上去，一年多如同石沉大海般没有音讯。没人理睬后，他函电齐发，求助于同窗好友——时任上海市市长吴铁城以及淞沪警备司令钱大钧。

这两大佬正是蒋介石的红人，马上转托福建省政府主席杨树庄查办此案。恰巧这时林寿国要辞职，弄巧成拙地撞到了枪口上。正患无辞的杨树庄立即抓住这点，决定把这他拿下。杨树庄讲完"前因后果"后，故作惋惜地说："你真是糊涂啊！此事已经惊动了高层，要瞒也隐瞒不住了，你说我咋办？"

此刻林寿国才知道自己真是完蛋了，说："希望老总看我跟随多年的份上手下留情。"

杨树庄答应了："去吧，我会帮你的。"

随后，杨树庄下令将被捕关押了好几年的乡民释放，被扣商船归还肖厝村，并以"擅自兴兵，枉害无辜"的罪名将林寿国"撤职查办"。

林寿国被撤职没有被"查办"，下野之后，带着金银财宝去上海寓居，旅长一职由他手下的团长林秉周接任。

当福建政坛传闻"又一个栽了"时，杨树庄放出话来了："高处的朋友，自重吧！"之后，已将福建军政两界整顿完毕的他也回了繁华都市大上海。

03. "剿共"成了"自剿"

陆战队这些人事变动,弄得官兵人心惶惶,处于一片惊恐之中。在这极度的混乱之中,陆战队带伤奉命开始了征战。

这时共产党领导的红军如星火燎原,从江西发展到闽西。1930 年 9 月 16 日,惠东农民自卫军组建福建红军独立第 1、2 团。在团长蓝飞鹤、政委陈琨率领下,红 2 团在后洋村后大埔举行了授旗、誓师仪式,然后向山柄村民团发起攻击,一举攻下了民团的炮堡,打响了惠安暴动的第一枪。

随后,在一片欢呼声中,惠安县第一个红色乡政权——五陈乡苏维埃政府宣告成立。红 2 团继续进军,边打民团,边杀恶霸地主,向着县城挺进。

惠安县是陆战队第二独立旅的防地。驻扎在惠安县城的,是该旅的一个连。听闻红军要攻城,连长赶紧向营长魏铎民报告:"红军见恶霸地主就杀,我们也难保啦!"

魏铎民立即上报团部,团部立即派实力比魏营更强的陈忠缪营支援县城。

18 日午后,红 2 团按预定计划,经石井村挺进距县城十多华里的屿头村,准备与惠北起义的第 1 团合攻县城。

19 日凌晨 3 时左右,陈忠缪带着两个连、一个迫击炮排,并纠集县民团常备队和涂寨、赤埕、东湖、辋川、后曾等处民团约千余人枪,分三路由石并、赤埕、后曾向屿头山进犯。

陈忠缪本以为起个早能捡个便宜,谁知还是被红军发现了。山下的红军立即上山,摆开阵势迎战。

战斗打响后,十分的激烈。红军利用山石、树林作掩护,以步枪、鸟统迎击。红2团政委陈琨带头冲杀,在数倍于己的敌兵围攻下,他们打退了陆战队一次又一次的冲锋。陆战队死伤无数,龟缩在山下,再也不敢正面发起进攻了。

陈忠缪眼看没办法了,说:"征招敢死队,谁愿意来当敢死队?"

谁愿意去死,傻啊!没有人"应征"。

他只好又喊:"悬出大大的重赏,只要不死,官升两级;死了,家属给地两亩。"

还是没有人出来。

"你们想想,当兵就得去打仗,这次不死,下次保不住不死!平时战死,就没这么奖赏了啊!"

他这么一做思想工作,有人远远地问:"说话算数不?"

"说话算数!"

重赏之下,终于有几个"勇夫"出来了,几人一带,又出来了八九人,于是敢死队组成了。

这些敢死队并非是不要命的凶徒,随后有人提出说:"就是要拼命,也得巧干。"

"咋巧干?"陈忠缪问。

众人七嘴八舌地想办法,过了一会儿,有人说:"从山背后悄悄爬上去。"

众人立即赞同。

随后,迫击炮在正面拼命进行掩护,敢死队则悄悄从山东北角的乌石嘴口偷偷地攀爬而上。刚刚组建的红军终究没有足够的战斗经验。当他们发现陆战队时,敢死队已经冲上阵地了。陈琨率领部分战士进行狙击,其他队伍从北面缓坡往下撤。在激战中,陈琨大腿受了重伤,他干脆举着大砍刀扑上去与陆战队员搏斗,结果,寡不敌众,英勇牺牲了。

眼看红 2 团主力撤下了山，陈忠缪追着喊着："扛上迫击炮，追。"

谁知追上去时，在后溪村前红军突然杀了个回马枪，陆战队又死伤不少人马，恐慌地退去，以后只在远处虚张声势地鸣枪。

到年底的时候，各地红色暴动越来越多，海军陆战队在马尾终于待不下去了。陆战队第一独立旅参谋长何志兴首先受命亲率第 1 团前去连江，配合陆军第 259 旅"剿共"。

何志兴去后，经多次激战，"剿共"之战成了自杀式的"自剿"。因为人去多了，怎么也找不到红军或者赤卫队，白跑几十里山路，累得筋疲力竭，毫无功劳；人去少了，偏偏撞上红军和赤卫队，瞬间就被包围缴械，连人带马被捉去。何志兴连连受挫后，真是沮丧得不得了，多次向旅长金振中报告："又栽了，又栽了！这仗没法儿打了，希望早日回到大本营！"

这第一独立旅的何志兴拼命叫嚷着要回来，但是，迟迟不被获准，在红区半死不活的，谁都同情。谁知一日，第 2 旅旅长林秉周竟主动向省政府请缨，要求率部前去"剿共"。

这林秉周吃豹子胆啦？

其实，不然。

这林秉周与林安国、林寿国等人大有渊源。他也是福建仙游人，家住安贤里菜坑村。他名本礼，号秉周，可一直以号为名，填表写履历时，在名字一栏总是写上林秉周。

林秉周少年时的家境就如这"菜坑村"的名字一样，饱饭都吃不上。好在有乡人可怜他，支助他去福州师范学校读书，但最后还是因家贫中途辍学。回乡后，他开设私塾收徒教书。然而，在深山小村中，塾师收入十分低微，林秉周教书越教越丧气，决意离乡出山，去闯世界。可寒门出身的他，哪有什么前途可谋呢？折腾了好多年，还窝在深山老林中，当着清贫的孩子王。

皇天不负有心人。折腾到 1918 年，他终于经人介绍，投靠到了仙游民军首领林安国手下当司书。尽管在乡间不伦不类的土匪游杂武装里混，林秉周还是"坏兵"部队当成"好兵"部队干，对林安国拍马溜须，不久就被提升为书记，还兼了军需。

这军需管后勤采购，林秉周靠着好脑子和巧手腕一夜脱贫。

一夜暴富起来后，林秉周并不以当小地主为满足，在军界继续拼命拓展。1920年，他转投林寿国，被升为副营长。次年，林寿国取代林安国，被王献臣收编为第一独立营营长后，林秉周随之改任连长。当林寿国被许崇智收编为团长时，他也升为营长。

在土匪堆里混，这林秉周本来还是个读书人，谁知跟着好人变好，跟着坏人变坏，越混越像个地道的土匪，满口脏话。但他唯一没变的，就是那好财的本性。1926年，他率部随北伐军攻进闽东，驻扎在福安县，派兵四出勒收烟苗捐，挨家挨户地逼，当地百姓不堪陆战队的扰害，纷纷上街进行请愿。这林秉周竟下令部下开枪镇压，当场枪杀十多个人。事后，也没任何人追究。老百姓气愤地说："蒋介石连北洋军阀都不如！"

没人管了，这林秉周以后更加肆无忌惮，甚至公开对手下们说："杀不了穷人，起不了家。"他疯狂搜刮民脂民膏，家业越来越大，有了钱连娶好几房妾。

这林秉周发财之后，又悟出"大官护小官，小官喂大官"的官场之道，拼命往上打点和送礼，仕途也不断地飞腾。1927年7月，他升为陆战队第二混成旅参谋长，不久兼任新扩编的第3团团长。几年后，林寿国摔跤，官运亨通的他升任旅长。

他这次请缨出兵"剿共"，是与共产党有仇？不是。是想去立战功？也不是。那他还急着要去送死，犯傻了吗？也不是。他此次请缨出兵，还是为了一个"财"字。

原来他同林安国一样，信奉"撑死胆大的，饿死胆小的"名言，此去是要从"剿共"中"拓展财富良机"。

这"剿共"如何去发财呢？原来他眼看各路"剿共"人马所到之处烧、杀、抢、掠，啥都可以干，完全可以放开手脚，且无人追究，高兴地说："干的和土匪一样，还不是一条上好的生财之道么？"

为了实现发财梦，他主动请缨要求上战场。

1931 年春，林秉周的请求终于获准了。杨树庄令他率部驻防崇安的兴田、赤石街一带进行"剿共"。

他率部抵达兴田、赤石街之后，打着"剿共"的名义，抢老百姓的家当，夺地主豪绅的财物，见啥抢啥，简直成了明火执仗的"抢劫犯"。谁知就在他毫无忌讳地打家劫舍时，方志敏带领江西红军由赣入闽，攻占崇安县城，守城国民党军告急。

林秉周立即集合人马，喊着说："机会来了，进城去！"

林秉周率陆战队前去救援，准备在崇安大劫一把。谁知刚到崇安城边，就掉入了红军布下的圈套。他骑着大马，行抵城门兜时，城内的红军突然枪炮齐发，陆战队顿时就如猕猴散，仓皇而逃。

城门大开，红军立即紧追猛打。林秉周拼命地拍打着大马，使劲地逃，还是险些被红军追上活捉。幸亏他跑到江边，拍马浮游而过，及时跑脱。

而他麾下的那些连长、排长全部被俘。

这一次陆战队第二独立旅大败而归。

林秉周偷鸡不成，"反被黄鼠狼咬"。陆战队回到马尾后，被人讥笑说："鸭子上架，能有好戏看？不败才怪呢！"

04. 长乐十三乡民变

这林秉周大败而归，陆战队第一独立旅旅长金振中又粉墨登场了。

蒋记新政府上台后，与北洋政府几乎没有二样，各级政府和要员们绞尽脑汁，巧立各种名目，对老百姓进行疯狂"吸血"。1931年，长乐县大旱。福建海军溉田局有机可乘，马上决定：不论农户庄稼是否有收割，均加倍征收水利费。

为什么要收取水利费呢？

因为这水是海军溉田局弄来的。

这海军溉田局是大有来历的。早在1925年前后，福建各地军阀割据，长乐县因为靠近莲柄港，划归海军的势力范围。一天，福建船政局局长陈铿臣找到杨树庄和陈季良等人，说："今年又是大旱之年，由于龙腰山阻隔，江水不能东流，长乐中部平原农田几乎颗粒不收。"

对于这些，杨树庄等人并不关心，也不感兴趣，谁知这陈铿臣还是继续说："长乐中部这么大，每逢天旱之年就要绝收，乡民望天兴叹。请海军方面兴修水利，解决这个难题。"

兴修水利就得掏钱，一听要掏钱，杨树庄、陈季良两人的脸色就变得难看了，杨树庄冷冷地说："海军买船都没钱，哪有钱去修水利？"

陈铿臣哈哈大笑："这样的好生意，你们不愿做，那就算啦！"转身就走。

还是陈季良反应快，突然悟到这陈局长平时也非慷慨为民请命之人，今天竟然说这样的话，好生奇怪，见他要走人，马上拦住，赔笑说："这……好生意，你说说？"

陈铿臣说："投资60万大洋，开发一个长乐莲柄港水利工程，受益田亩可达10万亩，然后按亩摊收水费，区区三年内就可以全部收回投资，第四年起的水费钱就是白赚的了！算一算，每年能赚多少。"

陈季良一算："好几十万大洋啊！"

"这样的生意做不做得？"陈铿臣接着说，"有人出钱修路，设卡收费，人家绕着走。这农田没水，你还能不要水种出稻子来！"

杨树庄说:"果真是笔好买卖。可是,我们穷成那样,家里哪里拿得出钱呢?"

见杨树庄不愿意自己掏出钱,"这还不好办!"陈铿臣说,"先叫老百姓缴纳预支水费,用他们的钱去修水利,再来赚他们的钱。"

几人拊掌称好。

随即,杨树庄派出海军人马,大张旗鼓地宣传还没构图的"莲柄港水利工程",炒作成福建四大水利工程之一。接着,海军成立莲柄港溉田局,派兵上门预收一年水费,少了,再从军费中挪出部分资金。杨树庄等人以个人名义参股,由溉田局负责施工、收费、分红。

第二年,溉田局招募上海工程队前来勘测施工,然后,由乡民义务出工,进行水渠开凿。不去的,由陆战队上门罚款,结果,水渠凿成了。可是由于溉田局的人员贪污,工程钱瞬间就"用光"了,达不到直接通水的目的。怎么办?不仅没法儿向交款的乡民们交代,挪用的海军经费也眼看着要打水漂了。杨树庄说:"我们不能就这样跑了,必须给人家一个交代。"

其实,谁都知道,他还想着要以后的分红。最后,吐出部分吃进去的工程款,分别在龙门村二桥与莲柄村马林桥建了两个抽水厂,各装一台400匹马力的抽水机,抽水高8.5米,这样勉强可以流进渠道了。1929年春,莲柄港开始"西水东调",左干渠的水经北山、鹤上、云路、洞湖一直到达渡桥,受益的还有山边、屏洋等乡;右干渠的水经北山、岱岭、桃坑到达沙京,同时受益的还有屿头、湖南、古槐、港尾、旒峰等乡。通水了,海军溉田局贴出安民告示,通告百姓水利修成后按亩收费标准:上等田交谷子50斤,折合1.35银元;下等田30斤,折合0.81银元。虽然收费较重,总比大旱没水好,乡民也表示拥护。

谁知随后几年,时局变幻,这半拉子工程一直没有完成,还只是那两台老抽水机抽着水。这点水近处都不够用,山边、演屿、旒峰、壶井、屿头等地方逢小旱年就滴水皆无。现在恰逢老天爷大旱,无水的情况更加严重了。

然而,溉田局不仅不想办法供水,反而趁机加钱,安民告示宣称:不管有无灌溉之利,每亩一律收 237 斤谷子作水费。237 斤是什么概念?此时作物亩产不到 300 斤,一般是两百七八十斤,农户劳作一季,交了这水费,只剩下二三十斤谷子,还得去交地主的租。这样,他们自然反对加费,有的甚至拒交。

溉田局的后台老板是海军大佬们。你不交,他们就派兵登门勒收,你拒交、抗交,立即捆绑起来,然后押送到灌田局设立的大牢里。到了那里,大兵们脱了衣服,赤膊上阵对乡民进行鞭打。乡民受刑不过,只好叫家人赶快想办法筹钱。家属送来了水费,捆绑者释放时,还得缴纳捆绑费、松绑费各三块银元。

溉田局这样的做法更加激起民愤。各乡派代表上省城上访告状。

省主席杨树庄就是灌田局的股东,上访到了省府,省府当即以长乐属海军管辖为辞,不予受理。上访告状的花尽了车费,用完了伙食住宿费,只得灰头土脸地回来了。

旱情严重,庄稼下种也是有季节的,季节一过去,就是有水也没法儿下种了,因此这溉田局不仅要与乡民斗,还得与季节抢时间,为

长乐尚存的明代桥闸一体的交通水利设施——璞石斗门

此海军股东们赶紧派出陆战队营长陈锡安带一个连前去反抗缴费最强烈的疏峰、演屿、壶井等乡，加紧勒收水费。这些兵痞一上门，就是翻桌打椅，一锅端，把捆绑的人用绳索牵着往灌田局的大牢里送。

这时长乐在外的名人林素园恰好回乡。这林素园何许人也？长乐甘墩连开人，父亲就是大清时的武庠生(武秀才)，他本人留学过日本，当过吴佩孚直鲁豫巡阅使署的秘书，1926年当过北京女子师范大学部学长(校长)。这次他从北平(即北京)回乡，见家乡的贪官们逼得乡民走投无路，义愤填膺，说："官商求利心切，不顾民众死活！"发动各乡联合抗缴，并推选代表赴南京告状。

谁知告状代表路经马尾时，被海军发觉，马上派陆战队截访，并且将他们扣留起来。10月，林素园见去南京上访的人员杳无音讯，于是和弟弟林鹗如等人一起来到壶井，邀请北山、岱岭、鹤上、壶井、云路、洞湖、渡桥等十三乡代表商议组织民团，反对海军苛征水费。

这秀才都要带兵了，不能不说这是时代的悲剧。

十三乡民团组成总团，下设五个团，各团都有团长；总团部设在壶井，众人推举林鹗如担任总团长，林鹄如、王天锐为参谋长。其中，王天锐是福州人，原本是日本士官学校毕业的高材生，好不容易在省保安团谋了个补充团长之职，可是没有兵源，只得赋闲在家。这次，他闻讯参加了长乐抗费义举。

杨树庄等人获知十三乡组织民团与溉田局对抗，马上派陆战队第1旅旅长金振中与省民政厅厅长郑宝菁等人前去长乐进行调停。

这金振中与郑宝菁来到长乐，哪屑于与这些草根见面会谈？叫来长乐县长陈希彭说："你为溉田局代表，去与民团代表谈谈。"

第一轮谈判在沙京湖尾宗祠举行。陈希彭首先提出："我们以先解散民团为条件，征收水费可另议。"

"先解散民团，我们还不成了板上肉，任你们宰割。"民团代表说，"我们不愿当傻子。"

双方第一句话就发生争议，并且无法达成共识，不欢而散。

数日之后，海军当局又以溉田局名义，通知各乡代表到沙京龙泉寺举行第二轮谈判。

11月11日，金振中暗中调动了两个营的陆战队，一个营部署在莲花山，居高临下，荷枪实弹地监视着龙泉寺动态；另一个营驻扎在桃坑、下井，架上小炮，准备随时策应莲花山方面的行动。

他的这些行动，全没逃过乡民的眼睛。有人立即报告民团总部，林鹗如说："这样看来，如果谈判没有结果，他们就会先扣押谈判代表，然后进乡抓人。"

"怎么办？"林鹄如问道。

"先下手为强，打！"王天锐说。

林鹗如说："总部马上发出通知，打。"

各乡立即敲锣召集乡民，汇聚了近2000人。

随后，林鹗如下令说："沙京民团就近打头阵，屿头民团从南向挺进，其他各乡民团立即从驻地出发跟进。"

各路人马出发了。其中，旒峰、滨屿、壶井三乡民团行动最快，他们用秋收后田野竖晒的稻草顶在头上，手执大刀、长矛及枪械，蜂拥跑上莲花山。陆战队在仙冠峰的号兵首先发现了"敌情"，马上吹号报警。"乒——"他的号声刚吹响，就被民团一鸟铳远远地击毙，倒地而亡。"杀啊！"民团呐喊着冲起来了，然后，齐心协力地围攻陆战队，稀里哗啦击毙一批官兵，其余的陆战队员见势不妙，尖叫着："快跑啊！"

跑哪去呢？四周都是拿着大刀、木棍和鸟铳的乡民，他们只好溃退到龙泉寺中。带队的洪营长跺着脚说："你们把民团引到这来干嘛啊！"见势不妙，带头举手投降。

莲花山这边的陆战队投降了，驻扎在桃坑、下井进行策应的那个营闻风丧胆，不战自溃。

这一次战斗，民团大获全胜，击毙陆战队员数十人，俘虏100多人，缴获枪械200多支。当地群众高兴地称之为"痛打莲花山"。

这时福建各地是暴动不断，不是共产党搞暴动，就是大刀会拉队伍，这林鹗如见打下了莲花山，说："陆战队根本不敢打，他派来的人马越多，就越证明其心虚胆怯，做样子吓唬人！"决心干到底。于是，民团总部出钱，雇请外地人陈伟率领20多人组成的敢死队，连夜前去攻打惠安县城。

他们这一去，气势汹汹，在县城郑氏宗祠找到海军陆战队，将驻扎在这里的一个连缴械；接着，众人赤膊挥刀上阵，轻松占领县政府，林鹗如自封为"长乐县长"。

然而，他们占据县城后，内部为争权夺利发生矛盾，窝里斗闹得疯。1932年2月3日是农历大年12月29日，王天锐、林素园借过年会餐之际设下圈套，把民团沙京团长李孝寿诱进县府杀害。

林素园一个读书人都动了杀心，计杀弟兄，这年头真是疯了。于是县城出现混乱。各民团团长纷纷说："牛打江山马坐殿，你还要杀人，老子不干啦！"

队伍开始分崩离析，各乡民团纷纷自行离开县城，回老家去了。

但是，既然你林家兄弟为了县长可以杀别人，这县长宝座就是铁定你坐的？也应准许别人来杀你夺位。农历正月初二，鹤上乡民陈维汉等人为了"夺位"，又设计抓获林鹗如等人。

陈维汉吩咐手下说："这些人读了不少的古书，很狡猾。不能让他们跑了，否则我们就完了！一定得要看紧！"

一个负责看管的乡民喽啰说："这些读书人，我们如何看得住！"

另一个喽啰想了想，说："我有个简单的办法，很管用！"

"你快说。"

"我在当民军时，抓了人，就挑断他们的脚筋。将林鹗如的胫筋割断，他就再也跑不掉了。"

于是，几个人将林鹗如打倒在地，七手八脚地硬是将他的胫筋割断了。人是跑不掉了,下一步怎么办?陈维汉和这一伙乡民平时只知种田交租,没办法了,商量来商量去,陈维汉说:"如果林素园从上面搬来了救兵,我们就完蛋了,不如干脆将林鹗如献给海军陆战队。"

"好,要打,也让林素园去和陆战队打。"

他们将林鹗如抬着送去陆战队,杨树庄等人闻讯,如释重负,海军当局立即下令给金振中:"马上执行枪决!"

就这样,林鹗如被陆战队连夜处决了。

各地民团撤回各乡后,县城又落入了陆战队的手中。金振中请示杨树庄:"民团已经瓦解,下一步如何办?"

"一边与民团联系,能和则和,缴清欠交水费;一边派兵进行清乡。"

金振中和灌田局的人马出动了,告诉乡民说:"要和就和,民团就地解散,缴清欠交水费;不能和,就派兵清剿。"

在劝说之时,金振中派出一个团开始清乡了。正月廿七,这个团突然袭击旒峰、壶井、演屿三个乡,见人就抓,见男子就杀,几十人被杀掉。随后,陆战队拼命追捕民团头目之一王天锐,一直追到福清,才将他擒获,然后,就地将他枪决。

两个民团头头处决了,而幕后指挥林素园等人呢?早就逃之夭夭,跑回上海去了。于是,陆战队也没有什么顾忌了,在十三乡进行疯狂报复,滥烧民房1000多间,灌田局声称:"再不缴纳水费,见一次,打一次!"受害的乡民无家可归,扶老携幼,成群结队地往外逃亡。

长乐十三乡民变成为福建民国史上一次有名的民变事件。但是,蒋介石和南京政府则对此采取不管不问的态度,听之任之。事后,海军耆宿萨镇冰听闻陆战队的暴行,又知晓乡民还在外四处颠沛流离,叹息说:"兴,百姓苦;亡,百姓苦。这些人真是作孽啊!"于是不顾自己已经年迈,从福州跑到长乐县,在旒峰、壶井、演屿几个乡进行赈灾,帮助在外的乡民们回归故里,重建家园。

金振中尽管四处出兵,为杨树庄等人拼命打压"变民",但他的旅长位置还是没坐多久。不久就在海军内部的人事争斗中当了败将,让位于手下团长杨廷英。

05.又一次出尔反尔

蒋介石"一统天下"后,因为各路人马都不服,不得不继续为自己的霸业作战,中原大战、江西"剿共",一直忙得不亦乐乎。因为这些战争都是在内陆腹地进行,海军大多派不上用场。军委会偶尔想起海军,也是派它们运运子弹、粮食。对于这些只能搞搞后勤运输的部队,哪支部队不能代替?加上在蒋介石心中海军都是靠不住的"异己",因此他一直对海军冷冷淡淡,爱理不理的。

不受重视,自然就没地位。海军建设一直滞后,几乎在北洋时期的水平上原地踏步,没什么发展。海军每况愈下,将领们内部的倾轧和争权因为分配那紧俏的"一羹汤"而变得更加厉害,每隔一段时间,就演出军舰变幻大王旗的闹剧。

这些倾轧让杨树庄精疲力竭。

1931 年 12 月,他终于以身体多病、难胜繁务为由辞去海军部部长一职。12 月 29 日,代部长陈绍宽被国民政府任命为海军部长。第二年 1 月 1 日,陈绍宽正式上任海军部部长、军委会委员。

然而,陈绍宽也救不了海军,并且还将海军送到了风口浪尖之上。

由于蒋介石专权,手下高官大僚疯狂掠夺,民不聊生,国内局势十分不稳,战火连年不熄。东邻日本对中国一直虎视眈眈,眼看蒋介

陈绍宽(左三)、曾以鼎(左二)

石等人把中国折腾得一团糟糕，于是梦想趁机夺取中国，先是于1931年9月发动九一八事变，夺取东北。战火一起，蒋介石采取不抵抗政策，日军轻轻松松地侵占了东北。

谁知日军是喂不饱的狼，得了东北，又看上了上海，于是开始在上海滋事寻找出兵的借口。1932年1月18日下午，天崎启升等五名日本僧人在上海马玉山路三友实业社向在外的工人抛石头，寻事挑衅，结果，被愤怒的工人们围住殴打，一个和尚被打死，另一人重伤。事后，日本浪人放火焚烧三友实业社总厂，并砍死砍伤三名上海警察。蒋介石还是不敢发一句硬话。1月24日，日本海军陆战队向上海增兵，把事情闹大。28日夜，一伙日军由租界向闸北一带发起进攻。驻守上海的第十九路军在蒋光鼐、蔡廷锴等爱国将领的指挥下与京沪卫戍司令陈铭枢率部奋起抵抗，打响了淞沪抗战。

之后，他们坚持了一个多月之久，使日军遭到沉重打击，死伤一万余人，四度更换司令。蒋介石生怕事情闹大，暗中搞垮抗战的第十九路军，迫使淞沪抗战夭折，逼着第十九路军官兵哭泣着撤离了上海。

在此期间，驻防在吴淞口的海军对日军没放一枪一炮；2月1日，日军军舰在下关炮击南京城，海军也没有还击。在第十九路军战败后，陈绍宽和海军执行蒋介石投降政策，受到全国人的指斥。

凑巧的是，第十九路军撤离上海后，因一二八淞沪抗战触犯了南京政府的对日不抵抗政策，遭到蒋介石的"整肃"，1932年6月，被蒋介石发配到福建。年底，国民政府改组福建省政府，任命蒋光鼐为省政府主席,蔡廷锴为驻闽绥靖公署主任。老主席方声涛丢了官帽子,心灰意冷,遁入涌泉寺出家为僧。

第十九路军因为进行淞沪抗战,受到全国人的称赞,威信很高,到了福建,仍然保持着抗日爱国的热情,边整理福建乱局,边关注对日时局。

然而,蒋介石任凭国人怎么骂,学生怎么游行,对日本人还是一个"让"字。软骨头谁不想欺负?1933年1月3日,进占东北的日军干脆向关内进发,占领山海关,热河告急,中日民族矛盾进一步激化。蒋介石继续对日妥协,派人签订卖国的《塘沽协定》。在卖国协议签订后的第三天,在福建的蒋光鼐和蔡廷锴十分生气,说:"自从那拉氏以来,全世界就属中国的最高统治者最好欺负,我们不愿当被活宰的冤大头!"于是,在福州召开群众大会,通电全国,反对对日妥协,并就《塘沽协定》的卖国条款向南京政府提出质询。

可是,质询有什么用?石沉大海还有"扑通"一声水响,这质询却毫无音讯。蒋介石对外软,对内狠,对日军的入侵一味进行妥协,打内战却丝毫不手软。七八月间,日军正在华北召开庆功酒会,蒋介石却

中日签订《塘沽协定》

一再逼令第十九路军去进攻共产党领导的红色苏区——连城,结果,遭到红军痛击,一个师损失三个团。9月,第十九路军又被蒋介石逼得没办法,硬着头皮再去"消灭红军",在闽北又损失一个团。蔡廷锴说:"积极反共,折兵损将;消极反共,就难于立足!"第十九路军成为了"两头堵",怎么办?他和蔡廷锴等人决心干脆一边倒,联共抗日,反蒋救国。

本来他们与陈铭枢有隙,日军大敌当前,几方摒弃前嫌,联起手来了,决定联合反蒋势力在福州成立福建人民政府,进行救国。

反蒋抗日,必定会遭到蒋介石的重兵镇压。而福建东临海滨,海防辽阔,到时蒋军可以登陆的地方达20余处,特别是马尾、厦门两个军事要港在战略上十分重要。在事变之前,蔡廷锴亲自与在福州的海军元老萨镇冰商议对策。74岁的萨镇冰决然支持他,说:"抗日救国,是民心所想。蒋家王朝在内欺压百姓,在外卖国,这样的政府反了大快人心!"蔡廷锴聘请萨镇冰为革命政府的高等顾问。

随后,萨镇冰亲自出面做福建海军方面的工作,陆战旅两个旅长杨廷英、林秉周均表示接受福建绥署的指挥。

随后,散布在各地的海军陆战队和教导团退到飞鸾、福州,准备参与事变。

1933年11月20日,蒋光鼐、蔡廷锴、陈铭枢等人联合李济深等反蒋势力,在福州召开中国人民临时代表大会,宣布成立中华共和国人民革命政府,外求民族解放,内求打倒军阀,推翻国民党统治,实现人民民主自由。

事变发动之后,蔡廷锴密令手下第78师师长兼马尾要塞司令云应霖、厦门警备司令黄强派兵强行接收福建海军。

云应霖和黄强率部先后将属于海军的马尾、厦门要塞司令部,马尾海军造船厂,厦门海军航空处,长门炮台,长门海军练习营,弹药库等强行接收。谁知正在他们行动之时,狡猾的马江要塞司令李孟斌闻讯，立即率领五艘军舰在夜色中逃跑。第78师追去，只截获两舰，其余三艘军舰跑掉了。

随后，蔡廷锴责令李孟斌率舰一致行动。

福建事变的消息马上传出了。南京的蒋介石惊呆了，马上拿出"宁赠友邦，不与家奴"的铁腕作风，命令海军部部长陈绍宽指挥海军出动弹压。

这陈绍宽在淞沪抗战中指挥海军避战，受到全国人的指斥，对第十九路军也没好声气，马上下令海军军舰前去"平乱"。很快，李孟斌接到陈绍宽的命令，把江元舰、楚观舰两舰开赴三都岛，躲避革命军飞机的轰炸。

22日，海军鱼雷游击队司令王寿廷率舰急急赶到了三都岛，协同李孟斌布防"抗敌"。

11月24日，福建革命政府军事委员会召开首次会议，将原福建绥靖公署改为司令部，在漳州、延平分设行营，对所辖部队重新编组。蔡廷锴出任人民革命军第一方面军总司令兼第十九路军总指挥，下辖五个军。两个旅的海军陆战队编为第一方面军海军陆战队，以杨廷英、林秉周分别出任正、副司令。

在会议上，司令部决定即日出兵讨蒋。

陆战队与海军艇队受命负责巩固沿海口岸。随即，陆战队调往三都岛担任闽东防务，其中一部扼守宁德、罗源一带。

同一日，陈绍宽也动手了，下令隶属南京方面的海军封锁闽浙

蔡 廷 锴

沿海,其下的十多艘军舰先后到达三都岛附近,在福建海面游弋,这样一下切断了福建革命政府的海上交通线,对革命政府构成很大威胁。此外,温州、瑞安驻军也调集了两艘运输舰,也准备随时出动运送陆军赴闽作战。

蒋介石的行动既获得了"友邦"的支持,也获得了敌人的支持,日、美、英等国的舰艇纷纷往福建海面云集,并且说:"随时配合蒋镇压'闽变'。"

外国人的这架势完全如同当初帮助那拉氏镇压太平天国一样齐心。有了强大依靠,11月28日,陈绍宽在南京宣布:海军从本日起对福建进出口船只实行检查。同一日,广东舰队的海圻舰、海琛舰也开到汕头,监视革命军的行动。蒋介石倾全国之力出手对付第十九路军了。

这时,蒋光鼐、蔡廷锴等人派代表同红军谈判合作,双方草签了抗日反蒋的初步协定。

12月的一天,关押在福州大牢里的地下党负责人马立峰、范式人等被革命政府释放出狱。他们回到闽东后,立即与在此进行发动工作的福州中心市委特派员叶飞等人在福安县一个叫鹳里的地方召开中心县委扩大会议,决定趁机发动农民武装暴动,先打下赛歧镇,创建闽东苏区。

赛歧镇原来驻有海军陆战队一个连和高而山民团武装。在两个月前,陆战队在甘棠镇遭到闽东工农游击队的狙击,毙伤九人,还包括一名排长。福建发生事变时,该陆战队连身处基层,对上面的动向一无所知,内心十分害怕,对时局无所适从。眼看赛歧的地下党在大街上张贴标语,到处传言说:"红军要打赛歧啦!"他们是人人坐立不安。连长立即决定带部队一走了之,喊道:"紧急集合。"

这可把民团团长高而山吓坏了,他慌忙跑进连部,一进门就嚷:"连长,搞么子哟?你们要走?"

"上级有令,要调防！"连长撒谎说。

"你走不得！我们民团和你们不一样,吓唬老百姓还行,要真打仗,全是一伙怕死鬼。"高而山大声说,"你们走了,我们咋办？"

"输赢乃兵家常事,你又何必计较呢。"连长一副满不在乎的态度,说话也是上不着天儿。

啥计较？到了这个时候还计较什么？高而山先是一愣,接着喊着:"不是计较不计较的事儿！你不能出卖兄弟啊！你们一走,我全团89条枪保丢！"

在场的陆战队员听到这话,忍不住笑了起来:"我们走,你就丢枪啊？"

"没事的别幸灾乐祸,总有轮到你的时候！"高而山还是嚷着。

这话倒提醒了和他是一根藤上瓜儿的连长,于是转而和高而山商量,说:"哥们儿,这里不好混了！好汉不吃眼前亏,保住实力为上策,一起走吧！"

不走,难道坐在这里等着抓去游街？高而山这次急急赶来,要的就是这句话,于是立即回了团部,下令团丁们收拾东西,准备跟陆战队撤往三都岛。

赛岐镇的地下党特别支部立即把这个情报报告中心县委,负责指挥暴动的詹如柏可急坏了,说:"陆战队要撤走,这是意料之中的事情,但决不能让民团把89条枪卷走。"

艺高胆大的他立即化装进入赛岐,通过关系,动员镇上头面人物找到高而山,提出:"人家海军陆队是没家没产的,说来就来,说走就走。赛岐有你我的钱庄当铺,眷属财产都在这里,搬不动,走不了。民团走了,财产没人看守啊！"

高而山跺脚说:"我不走,共产党就要找我算账的！"

"那把民团留下来,我们组织一个维持委员会,到时由民团负责治安,维持会出面和共产党打交道。"

"可以。"有的民团头目说,"红军有政策,不会为难我们。我们不走啦。"

他们在赛岐镇有家有室的,不愿意离开老婆孩子。高而山支吾了一番,见民团拉不走,深夜带着几个亲信,爬上海军陆战队的汽艇,逃去三都了。

当他们急急赶到三都时,各路陆战队和海军其他部队都到达了三都。杨廷英、林秉周呢,正被陈绍宽暗中争取,几方正在进行讨价还价的"谈判"。

12月中旬,蒋介石的手下大将蒋鼎文坐着软轿子,屁股后面跟着挑着菜品担子的厨师班,率领11个师的兵力,由浙、赣两省分三路向福建进攻了。重兵压境,对革命军形成夹击之势。这李孟斌马上行动,亲率楚有舰、楚泰舰进攻长门和马尾军港,驻防在此的人民革命军见势不妙,开始撤退,福建革命政府的海防缺口被打开了。

25日,陈绍宽又调集宁海舰、应瑞舰、海筹舰等大型军舰到吴淞口外鸭窝沙待命,准备南下福建。眼看形势不妙,福建海军纷纷倒戈,陆战队也随之转向。

29日,海军部政务次长兼第一舰队司令陈季良乘海筹号军舰到达三都,统一指挥闽口、厦门两个要港司令部、各要塞和反水的海军陆战队以及所有驻闽舰艇,与革命军作战。

眼看革命政府大势已去,林秉周下令陆战队第二独立旅准备"反攻"。

1934年1月3日,人民革命军闽东警备司令邱兆琛率领三个独立团增兵连江,进攻罗源、宁德。在途经飞鸾岭、白鹤岭时,他们突然遭到陆战队的阻击。革命军猛打猛冲,打跑了陆战队,占领了罗源。可是,次日,林秉周又指挥陆战队拼命夺回。随后,革命军不得不后撤,林秉周乘势攻击了闽东的丹阳、连江等地。

就在这个关键时刻,共产党发起了暴动。1月7日清晨,闽东工农游击第一、第五支队和赤卫队、红带会三四千人,在叶飞和詹如柏、马立峰等人的率领下,兵分三路从象环岔头、宅里后门山和水路向赛歧镇进发。

与此同时,赛歧镇的地下党里应外合,死死控制了民团,并掌握了 89 支枪。当晚,起义军就进入了赛歧镇。

第二日上午,在赛歧王厝祠堂前,福安中心县委召开 4000 余人的祝捷大会,宣布成立闽东革命委员会,然后,詹如柏下令:"乘胜出击溪柄、穆阳。"

赤卫队一去,民团不战而溃。

这时各路国民党正规军在忙于平定闽变,海军鱼雷游击队司令王寿廷带领逸仙舰等三艘舰艇和一个营陆战队从三都急速开往厦门,与驻厦海军及陆战队会合,一起进入厦门城,人民革命军驻厦特务营、宪兵队被林秉周派人接收,改编为陆战队。众人正在庆祝"收复"厦门时,传来了乡下赛歧暴动的消息。

陈绍宽说:"真是乱上添乱。"

陈季良道:"马上调用军舰载着陆战队去弹压。"

林秉周率领陆战队第二独立旅官兵坐着军舰呼啦啦地赶去赛歧镇,哪里有什么闽东游击队呢?林秉周只好回了三都岛的大本营,谁知一回旅部,手下又报告:"赛歧镇又发现红军了。"

他不得不又派手下率陆战队一个团急急赶去。

可是这个团赶去,红军又不见了;他们走人,红军又出现了。陆战队人多时,找不着他们;人少时,他们突然出现,围住一阵死打。这个团"剿共",还是没有走出"自剿"的怪圈,折腾得自己遍体鳞伤,却不见什么效果。团长没办法抓到共产党,林秉周就不准他回去,官兵只好像无头苍蝇般在四乡乱转着,与林旅长"周旋"着应付这挠心的苦差事。

叶飞和地下党领导的赛歧暴动一处点火,四处开花,不到 40 天,福安全县农村红成一片。这支部队后来不断发展,成为抗战时新四军的精锐主力,叶飞在几十年之后成为了新中国的海军司令。这是后话。

手下们在赛岐折腾的时候,11日,海军部部长陈绍宽由沪乘宁海舰南下,次日到达三都海面,然后下令各部向福州推进。

林秉周一马当先。第二日,陆战队和海军舰队逼近福州市区。

第三日夜,林秉周指挥海军陆战队先头部队冲进了福州城。人民革命军还有一部人马留在城内,没来得及撤退。萨镇冰又从中斡旋,他们于次日中午全部撤出。随后,林秉周率领陆战队3000人浩浩荡荡地入城。

福州失守后,邱兆琛率领的三个独立团还在连江、罗源与陆战队对峙着呢,得知福州战败后,也分别撤军走了,两地均被陆战队完全占领。随后,蒋光鼐、蔡廷锴、李济深、陈铭枢等逃往香港,至此福建事变终告失败,第十九路军部队被蒋介石收编。

事变平定后,南京国民政府行政院及军委会以“海军迅赴事机,戡定闽疆”下令嘉奖。海军陆战队在“平乱”中立下了大功。年底,陆战队第一独立旅司令部受命迁往南京办公。但是,没过多久,旅长杨廷英被陈绍宽调职走人,改由马尾要港司令李世甲兼任陆战队旅长。李世甲又将该旅司令部从南京迁回福建马尾。

作为海军的老将,海军部部长陈绍宽多次体会到海军陆战队的反复善变,痛定思痛,决定对陆战队进行整顿,为此,1934年5月,他将海军陆战队第一、第二独立旅互易番号,马尾要港司令李世甲改兼第二独立旅旅长,林秉周换任第一独立旅旅长。

这次人事调换之后,海军陆战队的两旅编制得以确定下来,以后每旅辖两个步兵团、一个炮兵连、一个特务排;官兵约5000人。

随后,林秉周率领第一独立旅赴江西“剿共”,接防南浔路,官兵背着长枪日夜打家劫舍,闹得四乡鸡飞狗跳,大有“陆上猛虎”之势。

国民党
海军陆战队
GUOMINDANG
HAIJUN LUZHANDUI
SHILU 实录

第三章

抗日烽火

01. "封江捕鱼"的计划失败

面对内忧外患,蒋介石对外一味退让,醉心打内战,使得日本人气焰更加嚣张,在中国为所欲为。眼看日本人势力大涨,党国要员见着他们都无不低三下四,不少趋利附势的人干脆为日本人效劳、奔走,当起了汉奸。

国将不国了。

1937 年 7 月 7 日,日军炮击北平附近的宛平驻军,驻守卢沟桥的第 29 军官兵奋起抵抗,在全国人民的巨压之下,蒋介石不得不宣布对日作战。全面抗日战争由此爆发。

这些年蒋介石忙于内战,对于事关"外战"国防的海军毫无兴趣,不管不问,海军全靠军委会属下的海军部部长杨树庄、陈绍宽掌控。陈绍宽接手后,小部长当大家,没钱买军舰,不得不搞些小舰,国民党军海军中"小舰主义"盛行一时。

卢沟桥大炮轰响时,陈绍宽才在蒋介石的指令下在德国交涉购买潜水艇,听闻国内已经和日本人开战,匆匆说了句"亡羊补牢,哪里来得及",便急忙飞回国。一到南京,他就下令海军属下的四个舰队及海军其他部队全力备战,分驻在青岛、南京、上海、厦门、马尾等东南沿海军港的陆战队,除协同海军舰艇准备参战外,并负责各防地警卫任务及护路工作。

这时日军各类军舰正云集在上海附近的黄浦江、南京附近的江阴等地,企图进犯长江中下游各城市。蒋介石虽然宣战了,却把希望寄予国际联盟的调停上,仍然憋着气"忍耐",备战无力。陈绍宽见大势不妙,下令林秉周率领陆战第1旅调往上海、南京,协助海军看护炮台,陆战第2旅则在福建"守家"。

在蒋介石的忍耐之中,上海、南京东南沿海的战事眼看即将爆发。江阴军港位于长江下游,地处上海、南京之间,与北岸靖江隔江相望,南岸山陵起伏,形势险要,是南京的海上屏障。自清代以来,历届政府就在此设有炮台,并派驻军防守。江阴口的日军军舰最多,耀武扬威,甚至进入内河威胁南京城。面对日军的大舰重炮,陈绍宽手下那些小舰小炮毫无办法,根本不可能与之一战。眼看日本人的军舰威胁南京城,陈绍宽绞尽脑汁,最后想出一个不是办法的办法来救局,去自沉军舰将江阴航道堵塞,达到阻止日舰上驶的目的,以免南京受到日方炮舰的威胁,并且将部分进入长江口的日舰封锁,再来个瓮中捉鳖。

对于日军海军,蒋介石和军委会几乎是束手无策。陈绍宽等人提出这个"自损"的办法,蒋介石点头赞同,并且说:"要沉就快,免得后发又受制于人!"

随后,军委会决定,在江阴自沉军舰,构筑"海上封锁线"。在封江之前,陈绍宽下令用于江阴封锁线的沉没舰只,如海圻舰、海筹舰、海容舰、海琛舰、通济舰、大同舰、自强舰等舰上所有的大小炮全部卸下,移作炮队和炮台之用,陆战队上岸担当看台队。

八一三沪战打响前一日,8月12日下午,蒋介石召集陈绍宽等少数几人开会,并且下令:"今晚封江!"

这时,日方在长江上游一带有八重山号旗舰、浅羽号浅水舰以及驱逐舰和商船等 13 艘舰船。陈绍宽他们打算"自损"将江阴航道封锁后，亦使这 13 艘舰船跑不脱，一网俘获。

为了达到'捕鱼'的目的，海军部在汉口、九江、湖口、南京下关及草鞋峡等港口都安排了舰艇，尤以湖口港较多，除了第二舰队外，还有第一舰队的建康号驱逐舰。草鞋峡港口的四艘鱼雷艇都装上了准备作战的雷头，待命袭击；各港口的舰艇官兵纷纷磨拳擦掌："作好了出战的准备，只等上级下命令，便可'捕鱼'了。"

虽然有点悲情，但能够与日舰"同死"，也壮烈。

黄昏时分，陈绍宽来到海军部，正要下令执行江阴封锁线计划时，突然手下跑进来报告说："泊在上游的 13 艘日舰竟突然发疯了，飞速启动，跑起来了！"

"赶快去堵截啊！

"来不及了，它们已经冲过江阴，一溜烟地逃离了长江口。"

"这……这……！"陈绍宽顿时目瞪口呆，"鬼子咋啦？比老天爷还神通啊！"

他立即报告蒋介石。

蒋介石开始也是惊讶得说不话，过了好久，才缓过神来："它们事先肯定获得了准确情报，因此才行动如此及时和迅速。"

"封江捕鱼"的计划就此完全落空了。而知道这个计划的，也就区区那么几个人，坏事的竟然就是蒋介石身边的人。这让蒋介石坐立不安，伤透了脑筋。

事后，经过宪兵几个月的调查，终于揪出了内奸。这内奸不是别人，正是行政院主任秘书黄浚。他是参加蒋介石"封江"秘密会议的几人之一。会一散，他马上就把情报报告了日本谍报机关。因此，日舰的速度比国民党军海军还快。这是后话。

第二日，淞沪抗战打响了。尽管没"鱼"可捉了，海军还是悲壮地上演"沉船封江"。封锁江阴航道的任务，由海军第一舰队司令陈季良主持,陆战队协助。

除平海舰、宁海舰被日机炸毁,先后自动沉没外,这一次海军部下了大决心,将大同舰、自强舰、海容舰、海筹舰、通济舰、德胜舰、威胜舰等军舰,连同商船如宁兴号、醒狮号等全部沉没。为此,陈绍宽还交代陈季良说:"沉舰工作复杂而又艰巨,必须事先进行精密的设计。"

结果,这些计算全部失灵。沉舰这活儿把海军和陆战队官兵折腾得够呛。为什么?那些计算全是纸上谈兵。由于水流太急,舰船下沉后,被水流冲袭,都达不到理想的竖立状态,沉得太深了,日舰照样能过。怎么办,陈季良只好下令说:"再找一些民船,装上石头,压下去。"

沉舰的官兵征收一些民船如法炮制,重叠着沉下去,才算补救了一番。事后,陈绍宽说:"既然第一舰队司令陈季良不行,那就改由海军第二舰队司令兼江阴江防副司令曾以鼎去负责。"

这一次,他们接受了上次的教训,选择水浅的地方去沉。谁知这次沉的全是海容舰、海筹舰、通济舰等大型军舰。它们下沉后,桅杆露

江阴封锁线的沉没舰只

出水面两三尺,在落潮时则露出更多,尤其是通济舰的桅杆长为 137 尺,露出水面更多。协助沉船的陆战队员说:"这无疑是告诉鬼子这是封锁线。不成!"

"那如何办?"

"非锯不可。"

结果,他们又花钱从上海雇来两位电锯技工,副官刘崇平带领一班士兵前去锯杆。这时淞沪抗战正激烈,日军飞机日日轰炸江阴港口。他们冒着日机的多次俯冲轰炸,经过三天时间的紧张工作,终于完成锯杆任务。

这样,才将江阴航道封锁。随后,曾以鼎下令布置了水雷。江阴航道终于成了日舰西进的阻碍。

南京封江后,曾以鼎率所辖的一些陆战队继续留在江阴要塞,由江防军总司令刘兴指挥,保卫要塞。

10 月 1 日拂晓,日军第 24 分队三艘驱逐舰鱼贯上驶。

沉船后,逸仙号军舰舰长杨希颜带着几十个士兵,将江楚舰上卸下的四尊十二寸口径大炮,在江阴下游的乌山临时建了个炮台,居高临下监视江面。乌山炮台上的瞭望兵发现敌情立即报告,副台长陈秉清当即下令:"各炮兵开炮!"

四尊大炮同时瞄准射击,其中一尊因炮座没巩固,一经震动,竟然塌倒,差点把开炮的官兵砸伤,其他三尊各发射一炮,除一炮未命中外,两炮击中三舰中的一舰,顿时硝烟弥漫,日军军舰开始倾斜,其他首尾两舰见势不妙,立即靠紧伤舰,挟同着"伤兵"一同仓皇逃窜。

日舰受此重创后,再也不敢轻易进犯江阴要塞了。战后,曾以鼎高兴地说:"陈秉清指挥有方,勇敢杀敌,明令嘉奖。"

官兵们守住了江阴要塞,蒋介石指挥几十万大军在上海与日军激战。然而日军偷偷从杭州湾登陆,抄了抗战部队的后路。这一下蒋介石淞沪抗战前功尽弃,11 月 12 日,上海沦陷,淞沪战役告一段落。

随后,日军分兵三路,对南京采取分进合击的态势,长驱直下南京。在上海和南京之间的江阴战事开始日趋紧张。从下旬开始,日军从三面向江阴发起进攻,陆战队日夜与日军激战,胜负难分。战至月底,海军陆战队和其他守备部队终于扛不住了。

在江阴失陷的前一天下午,江防副司令欧阳格竟向江北溜走,出城时在路上遇到曾以鼎。

"你去哪?"

曾以鼎和欧阳格同为副司令。欧阳格满脸通红,为了掩饰其窘态,托词说:"另有任务,先走一步。"

接着转头对卫士说:"把那些罐头和食物送给曾司令。"

曾以鼎此时也知大势已去,但尚无离开江阴之意。当晚,他把欧阳格所送的罐头打开,与副官刘崇平等一起饮酌,酒酣,从抽屉内取出手枪放在桌上,喟然叹息说:"我身为守将,耻作日俘,如日军进城,只有自裁报国。"

两人正默然相对,恰逢刘兴司令的亲随送来撤退命令。原来刘兴在江北亲点将校,发现手下的将领中只缺曾以鼎一人,知道他尚在城内,于是命亲随将撤退命令送到了江阴。

曾以鼎接到手令后,随即带上手枪,偕副官乘坐平海舰留下的小汽艇,由刘崇平掌舵上驶,到镇江后,改搭海军差船"和平"号直驶南京。

随即,江阴要塞也陷落日军之手了。

战事推到了南京。

这时海军的军舰基本上损失殆

刘兴

尽,陆战队有人在撤离江阴要塞时,气愤地骂道:"叫你驾船,你把船员丢了,把船砸了!陈绍宽把海军的家当败了个精光。"

02.南京保卫战

当日军直扑南京时,蒋介石决定保卫南京。在军事会议上,蒋介石问:"谁负责固守南京为好?"

谁知众将竟没一个人作声,全当了哑巴。蒋介石盯着众将一个个地扫视,他们还是耷拉着脑袋,没人站出来。蒋介石的面色正要变时,军委会执行部主任唐生智打破了沉寂,说:"委员长,若没有别人负责,我愿意勉为其难。我一定坚决死守,与南京城共存亡!"

蒋介石连忙说:"很好,就由孟潇(唐生智的字)负责。"

然后,他对军政部长何应钦说:"就这么办,有什么要准备的,马上办。可让孟潇先行视事,命令随即发表。"

唐生智原属于湘军,在北伐之前就带兵打仗。何应钦发表了唐生智为南京卫戍司令长官的任命后,唐生智开始调兵遣将,准备迎战了。

江阴沉船封江,使得海军主要力量丧失殆尽,南京保卫战已无海军可用了,林秉周率领陆战第1旅本来奉命参加南京之战,但随后被指令撤往武汉。

这时曾以鼎从江阴逃到了南京,江元舰将要离开南京往上游驶时,海军部稽查谭旺霖和陆战队营长杨崇栈,带着十余名海军医院的陆战队警卫兵,来求见曾以鼎。

他们见着曾以鼎说:"南京驻军都奉令撤退,城陷在旦夕,目前电信不通,我们尚未接到海军部的撤令,请求曾司令转报并准予我们舰离开南京。"

曾以鼎说:"你们上来吧。"

然后,将这个情况报告海军部。江元舰往上行驶不久,曾以鼎接到了海军部的电令,命他率部暂去大通港。

当他们达到大通港时,那里聚集着一批沉舰的官兵,听候分配,偏僻的大通港一时变成闹市。曾以鼎把这些官兵先后分往洞庭炮队、上游各临时炮台及布雷队等处。随后,又奉命驻防湖口。

海军和陆战队在大战之前撤离了南京。留在南京城内参战的,除了从上海撤退下来的陆军外,还有一支部队值得一说,那就是装备最好,实力最强,兵员足额的中央军校教导总队。

它号称是蒋介石的"铁血卫队",总兵员达到三万人之多,辖有三个步兵旅,共六个团。尽管如此,教导总队还是略显得实力有些不足,六个团中三个新兵团在湖南训练,实际上只有3个步兵团在南京。另外,它还有炮兵团、骑兵团、工兵团、通信兵团、军士团和特务营、通信营等直属部队,但各团均是刚刚由营改编成团,因无兵员和装备补给,实际上仍为营。教导总队总队长桂永清,是蒋介石的嫡系,被公费

装备最好、实力最强的"铁血卫队"

送去德国希特勒军校留学过。他手下的参谋长、团长等将领，多是留德学生。其中的是工兵团团长杨厚彩，是湖南浏阳县人，与桂永清为留德同学。他留学归来后，就在桂永清的麾下，先在教导总队担任工兵连连长，再到营长、团长。

这一次教导总队受命协同友军固守南京，布防在工兵学校、西山、紫金山、岔路口、中山门、太平门一带，负责阻击、歼灭沿京杭公路来犯之敌。工兵团的两个连配备步兵旅作战，其他连与军士团、输送团、特务营、通信营担任总队预备队，驻在太平门、富贵山一带。

12月8日拂晓，日军三路兵力同时向南京发起了正面进攻。双方稍一接触后，就在白骨坟、工兵学校高地展开激战。十几日前，工兵团通信兵连长施有仁率连骨干到皖北阜阳接收新兵。当他们过江住在昆庐寺时，日军已在麒麟门与国民党军前哨开始接触了。杨厚彩获知他们到达后，立即命令施有仁："通信连马上去架设线路。"

守军与日军展开激战

施有仁说："我连全是新兵，没进行一天训练，怎么完成任务？"

"所有工兵部队和你连一样，都是接来的新兵，都要构筑工事，埋设地雷。"杨厚彩说，"你先派骨干去嘛。"

施有仁没话可说，硬着头皮去架设线路，开设总机。

这时海军陆战队连长高时炳刚刚到达南京。他在江阴要塞激战中突然得了痢疾，被送往南京治疗，路上鬼子一追，护送人员全跑掉了。他刚到南京，日军的铁蹄也逼到了钟山下，他气愤地说："鬼子追着屁股了，只有先把治病撂下来！"决定先找部队打仗。可是，陆战队已经撤走了，他哪里找得到部队呢？找不到自己的部队，他拿着一杆枪,主动请缨,加入了宪兵司令部作战。

战斗十分激烈,光华门外的七桥瓮、中和桥却还没来得及破坏,2000多日兵和十多辆装甲车就推进到了光华门外。这里只有教导总队代守城防的少数官兵,眼看情况万分紧急,他们立即将城门关闭,并把沙袋垒到半城墙高,防止敌人冲进城来。日军把山炮推进到高桥门,"轰——轰——",向城门射击,泥沙向外倾下,100多余名鬼子乘势从沙袋的间隙爬进了城门,官兵立即枪炮齐发,将他们歼灭,又将城门堵死。

总队长桂永清获知光华门情况紧急,马上下令杨厚彩:"你指挥工兵团新兵去增援!"

杨厚彩一去,终于把城门阵地巩固。

第二日,鬼子又组成敢死队,向前冲来,工兵团新兵奋力阻止,鬼子像野兽般乱跳乱冲,战到后来双方进行肉搏战,愈战愈烈,光华门又被突破,200多个鬼子冲进了城内;随后,守军又把100多名鬼子歼灭,但是直到下午,少数鬼子还潜伏在城门瓮洞内死守不退,守军的步机枪均射杀不到,情况依然危急。

桂永清接到杨厚彩的报告,急了,说:"我丢了南京的城门,就是第一罪人!"亲自率领卫士及警卫连一个排跑去督战。

这时,杨厚彩组织工兵们协助第1旅2团在五龙桥至光华门御道上垒起了三道沙袋,留有枪口,准备巷战。杨厚彩和第2团团长谢承瑞见着桂永清,立即赶了过来。杨厚彩说:"瓮洞之敌不多,但步机枪射杀不到。"

桂永清说:"想办法吧,一定要把他们干掉,我们不能当罪人!"

谢承瑞有了主意,说:"我们不如用汽油将这些敌兵先烧一把,我再率敢死队冲上去将他们消灭。"

"行!"桂永清当即打电话给参谋处:"你们送来几桶汽油。"

汽油送来后,谢承瑞亲自带领士兵将几桶汽油背到箭楼上,打开桶盖,向瓮洞推下去。随着汽油流出,几个士兵立即扔下火种,一时汽油猛烈燃烧,瓮内敌人全部被烧死。

这时天快亮了,城外日军的火力依然密集,城墙守军居高临下,也进行压制。突然,谢承瑞团长率领敢死队打开城门,出敌不意,十多挺轻机枪齐发,鬼子纷纷倒地,终于退下去了。

激战几日,局势越来越危急。12月12日10时左右,施有仁接到杨厚彩的命令:"你连设法过江。"

"不知道路啊!"施有仁说。

"你们沿着中山大道,经新街口出挹江门,然后设法渡江过去。"

施有仁率部来到挹江门时,陆军第36师士兵荷枪实弹地守在门口,不准任何人出城。施有仁说:"我们是奉命出城,为什么不让出城?"

"为什么,没有为什么,上头有命令,谁也不准出去!"

施有仁怎么说也不成,只好带着全连在马路边休息。因为几天都没睡觉,他竟然在休息中睡着了,梦中被传令兵推醒说:"第36师已经撤走,临走时把拿不走的弹药堆积在城门洞内,放火燃烧,城门无法通过。"

施有仁带领全连官兵走上城头,说:"用绑带搓成绳子,将人系下城外。"

随后,他们才到了江边,找了上船的木板,扎成筏子,准备渡江。因为人多,没有登上几个人,筏子便沉入水底。之后,施有仁带着不足20名士兵,在江边截住了一个木排,用钢盔和枪托把向岸边猛划,去了江新洲。

杨厚彩下令他们过江,是因为局势已十分危急了。

就在施有仁出城不久,南京各处城门相继被突破。下午4时,唐生智急忙召集城内外的各军长、师长到长官部开会,下达了撤退命令。桂永清离开长官部,先到城内的直属团、营和第1旅传达撤退命令,杨厚彩等人率部开始了撤离。

桂永清回到富贵山地下室总队部,命令副官处向下关撤退后,自己也带着卫士匆匆离开。当他们走到三义河准备过江时,已找不到渡船了。突然,卫士说:"工兵团杨团长还在这里。"

原来杨厚彩还留有部分人马在这里,他本来想架桥,架桥不成,正组织他们在扎木排。

杨厚彩见着他们,立即找来一只木排,说:"老总,快上,鬼子就要追来啦!"

桂永清和众人登上木排,就急急地向浦口划去。

天黑人多,木排划行很慢,半夜才到北岸。这里芦苇一人多高,江边平坦如纸,淤泥光亮如镜。桂永清不知深浅,和一个卫士首先跳了下去,谁知脚刚着地,身体立即下沉,愈陷愈深。木排上的人看到这种情况也慌了,杨厚彩立即说:"解绑带。"

众人解下两只绑腿扔下去,才慢慢地把两人全力拉上来。

大家判明方向,赶到了浦口。这时已天明,找不到车辆马匹,铁路线上又不好行走,众人只好沿着公路,往滁州方向走去,终于脱险了。

在一派混乱之中,陆战队的高时炳也随宪兵撤到了江边。但他没有急于自己跑人,而是与宪兵们一起负责掩护一些机关和市民撤离。日军越来越多,宪兵被包围打散,宪兵副司令萧山令中弹牺牲。高时炳抬头一看,江边已没一艘渡船了。

好在他是陆战队的,水性极好,在路边匆忙捡上一块小木板,抱着它,纵身跳入大江,竟然游过了长江。上岸后,拦车去了武汉。

跑到武汉后,他获知林秉周率部已到了湖南辰溪,便赶去湖南,找到了他们,回到了陆战队,见着老战友时,他拍打着屁股说:"还是陆战队学的那点本事救了我一命。"

03.从护路到护炮台

南京丢失后,整个东南和华中地区岌岌可危,蒋介石决定在武汉与日军决一死战,发起武汉会战。

上海、南京两战之后,全国海军仅存1000吨级以下的炮舰、炮艇、鱼雷艇34艘,除十几艘在长江内河外,其余的在福建和广东内河。1938年1月,蒋介石撤销海军部,改设海军总司令部,隶属军政部,陈绍宽任海军总司令。

4月,林秉周接到陈绍宽命令,由陆战第1旅接替第85军丁炳权第197师,负责从武昌县的纸坊镇起,沿粤汉铁路向南直至湘南宜章县白石渡的护路任务。

陆战队本来承担军舰航行时陆岸上的掩护任务,即平时所谓的"护路"。现在长江内河的军舰只能布布水雷,运货物,完全不能作战。它们不能打仗了,陆战队还为它们搞什么水上护路?因此,军委会干脆把他们调离江河,去负责保护粤汉铁路和附近公路安全,防止汉奸破坏。

此护路已全非彼护路了。

这林秉周也不在乎,到哪不是带兵护路呢?可是经过实地考察,他发现武昌到湖南白石渡的路程还真不短,全长700余公里,两地之间的桥梁、隧道、车站、仓库也不少,于是选择160余处分兵防守,并对手下说:"要防空,要保护铁路,还要防贼!"

这些地方虽然是后方,没有日军,然而汉奸不少,日军常常在汉奸的引导下进行空袭。陆战队可以入海,但不能上天,面对空袭毫无办法,官兵损失惨重。

正在林秉周大伤脑筋的时候,军委会又来命令了:驻防湖南辰溪一带护卫铁路的陆战队第1、第3团调去湖口增强防务。

林秉周很是奇怪："何志兴（第2团）不是已经在湖口了吗？"

陈绍宽说："武汉会战就要打响了，那里炮台的守备力量太弱。"

原来，南京失陷后，国民政府退守武汉。为保卫武汉，海军在马垱、湖口、田家镇及葛店等地相继建造了不少的临时炮台，以阻止日军沿长江而上。曾以鼎到了湖口后，鉴于江阴失守、乌山炮台轻易被鬼子攻陷的教训，认为守军不够，于是找到江防总司令刘兴说："湖口已迫近前线，要加强炮台的力量。"

"湖口不是已经有两个炮台了吗？"

"虽然有一个总台长一个副总台长，他们手下有两个台长、两个副台长，但是两个台长和副台长手下的台员和炮兵，不过区区几十人，实力还比不上乌山炮台。如果日舰来犯，炮台可以与他们周旋。但是，保卫炮台的驻军，只有海军陆战队第2团，兵力过于单薄，不足以防御呀。"

"哦。"江防总司令刘兴又问道，"那该怎么办？"

"请示军委会，把驻防湖南辰溪一带护卫铁路的陆战队第1、第3团和驻防马江的陆战队第4团，都调来湖口增强防务。"

这陆战队第3团本来是属于陆战队第二独立旅的，怎到了辰溪和林秉周混在一起了呢？

这话说来长。

抗战爆发后，林秉周的陆战第一独立旅部分官兵被派去协助曾以鼎进行封江时，陆战队第二独立旅也受命参加福建海防。李世甲派第3团团长林耀东率部驻厦门，为海军厦门要塞担任护台队。之后，军委会还是认为厦门防务太空虚，又令陆军第157师师长黄涛率部进驻厦门。这样厦门防务就有了两员大将，一为黄涛，一为海军厦门要港司令林国赓，一山不容二虎，两人暗中结下解不开的疙瘩。一日，黄涛以部署防务为名，请林国赓到师部商谈。林国赓一踏进第157师师部大门,就被黄涛硬生生给扣下来,没了自由。同时,海军陆战队第3团也被第157师包围缴械,林耀东被责令开赴同安。

消息传到马尾,李世甲叹道:"悲剧啊,大敌当前,两人该枪毙!"本来他可以高高挂起,不会去管他们,可涉及自己手下一个团,于是,他赶紧报请第四战区福建主任、绥靖公署主任陈仪紧急处理,并电报海军部。

第二日,林国赓就恢复了自由,黄涛收缴的陆战队的枪械用汽车悉数送去同安,交还给了第3团。

随后,海军部下令调林国赓去南京任职。海军陆战队第3团恢复武装后,被调到长乐整训。不久,黄涛师也调离厦门,代之而来的是陆军第75师韩文英旅。

9月,杭州告急,海军部急令李世甲派陆战队第二独立旅一个团驰赴参战,李世甲于是说:"那就由第3团去吧!"

第3团紧急出发,受命驻扎在金华,可上级一直没派他们去参战,只是天天看着报纸进行"观战"。到了12月的一天,突然一个惊人消息传来:"杭州陷落了,日军西向而来!"他们还如何去保卫杭州?不成了,团长林耀东不得不率部跟随大军一路溃退,跑去了湖南,1938年初受命暂归林秉管理,参加护路。

既然有军委会的调兵命令,林秉周权衡比较一下,说:"与其在这里遭鬼子袭击,还不如上前线去打鬼子呢!"于是率领手下的两个团急急赶去湖口。

林秉周走得爽快,在福建马尾军港的李世甲接到陆战队第4团调防湖口的命令后却为难了。

陆战队第二独立旅只两个团,第3团走了,剩下个第4团,现在连唯一的第4团也要调走,福建老家怎么办呢?他认为这个团走不得,立即与海军总司令部进行协调。

最后,军委会同意第4团仍留马江驻防。

林秉周率领第1、第3两团陆续到达湖口后,与第2团一起,归曾以鼎指挥,负责炮台的保卫。

04.血战长山要塞

为了打赢武汉会战,中日双方都投入了巨大的兵力。另一支海军陆战队也奉命参加看守马垱等炮台的战斗了。

他们就是从山东青岛撤退而来的陆战队。

南京陷落后,驻防青岛的海军第三舰队无法再坚守下去了,山东省主席兼第三舰队司令沈鸿烈一声令下,官兵将军舰上的武器拆下,扛上岸,把军舰沉入青岛湾,"堵塞"海上通道。然后,舰艇上官兵和海军陆战支队分成两部分,一部分随沈鸿烈上山,到胶东半岛的大山中去打游击,"海上蛟龙"做"密林之鸟";另一部分由副司令谢刚哲率领前往武汉,追随国民党军主力部队。

谢刚哲率部到达武汉后,负责武汉江防的江防司令郭忏说:"海军没了军舰,海上就没戏唱了。你们就去协助步兵防守长江要塞吧!"

于是,这支部队被改名为江防要塞守备司令部,下辖三个总队和陆战支队第二大队。其中,第一总队原是拥有国民党军著名的海圻舰、海琛舰和肇和舰三只"光荣兵舰"的官兵,受命负责戍武汉外围江防;第二、第三总队和陆战支队第二大队受命负责长山要塞属下的马垱要塞和湖口要塞江防。

本来青岛海军第三舰队的陆战支队是要随沈鸿烈上山的,第二大队之所以没被沈鸿烈带上,主要因为他们是陆战支队的炮兵部队,山林茂密,大炮上不了山。沈鸿烈一句"你们不便打游击!"便把他们抛了。因此，官兵们只好随谢刚哲来了武汉。现在守备江防要塞，他们都是兵舰炮手，却不会打这岸上大炮。为此，军政部不得不派少校参谋杜隆基到陆战第二大队，出任大队附，专门训练他们如何岸上用炮。

好在这些官兵本就是炮兵，有打炮的基础，杜隆基临时磨枪，两周就将他们训练好了。

这时一场恶战悄悄来临了。

结业没过几日，他们就发现长江水面封锁线和布雷区外出现一些零散的日本军舰。鬼子时不时用小艇的小口径火炮在江面乱射，好像显耀炸弹用不完似的，其实是试探国民党军在江水中布设的雷区。炸弹一轰，不时击中水雷，引爆的浓烟和水柱达二三十丈高。经过五六天的折腾，鬼子炮弹消耗数万发之多，被击中的水雷也有十几个。岸上官兵们远远地看着，说："这些鬼子折腾个啥呀！"却没意识到危险正在来临。

6月24日拂晓，陆战支队第二大队照常用电话与第三总队防守香口江面的第一大队联系，谁知电话咋摇都摇不通了。杜隆基马上用

陆战队官兵们不顾流血牺牲，用大炮对日军进行反击

电话与附近驻防的第 16 军第 313 团联系,也是摇坏了电话也联系不上,只好说:"派出联络兵,一面去查线,一面联系他们。"

没过多久,联络兵就火急火燎地跑回来了,大汗淋漓地报告说:"香口街上发现很多鬼子!"

杜隆基一听,暗叫不好,脱口而出:"第三总队第一大队肯定被鬼子消灭了!敌人从哪里登陆的,什么时候登陆的?"

"这……这……不知道。"

第二总队总队长鲍长义和陆战第二大队大队长金宝山闻讯,立即下令:"通知各队准备战斗。"然后,几人立即研究敌情。

当薄雾散尽时,他们终于发现香口街上有鬼子正在整队,好像要开始大行动了。早饭后,鬼子的大炮就响了,"轰——轰——",炮弹在长山后洼地国民党军炮兵阵地附近爆炸,地动山摇。陆战队的炮手们也立即进行还击。可是香山比长山高,鬼子站在山顶上能看清国民党军的炮兵阵地。结果,双方对打炮击,陆战队的大炮总落后于敌方。但是,官兵们不顾流血牺牲,英勇地进行反击。

在隆隆炮声中,日军步兵抬着重机枪,从太白湖的水荡里像野鸭子般窜出,突然发疯似的向长山阵地发动了攻击。

太白湖口至江边约 800 米宽,纵深约 600 米。这一地带原是一片水稻田,由于涨水水田被淹没,变成了湖荡,反成了守军在长山阵地前的一道屏障。日军一进入湖荡,大半截身子陷在水里,像猴子上跳下蹦地往前杀,浑身弄的像落汤鸡,轻重机枪的火力也因此减弱了不少。长山阵地的守军轻重机枪一齐射击,火力异常猛烈,鬼子们纷纷倒在湖荡里,尸体浮在水面上。

在激战中,日海军舰开始猛闯布雷区,引起水雷"轰轰"地爆炸,但是硬闯只能是挑战威力巨大的水雷,最后还是没能冲进封锁线,只好远远地向着长山守军阵地猛轰。鬼子每只军舰在舰首不过两三门火炮,全靠横侧火力打,但守军力量太弱,阵地被鬼子军舰的火力摧毁一部分,人员也有不少的伤亡。

自发现日军后,总队长鲍长义就立即向马垱要塞司令部报告。要塞司令部参谋说:"王司令去参加抗日军政大学结业典礼去了,司令部没有负责的人。"

这王司令就是马垱要塞司令王锡涛。原来这一日,第16军军长李韫珩在驻地举行轮训干部的军政大学结业典礼,王锡涛和附近各部队的指挥官全去捧场子、凑热闹了,前线要地没有指挥官了。

鲍长义只好又要马湖区要塞指挥部,那里的电话也不通。好在陆战队与在汉口的江防要塞司令部有无线电联系,他当即向在那里的谢刚哲司令报告了敌况。他才放下电话,火线上的陆战队押来了两名逃兵,说:"他们自称是逃散的第313团的,王队长说怕是敌探,所以把他们押送到指挥部了。"

"怎么抓到的啊?"

"我们在通过长山阵地前的太白湖公路时,被陆战队捉住的。"逃兵自己抢先回答了。

杜隆基随后问了些情况,说:"他们确是第313团的。"

"我们被打散啦!"逃兵说,"没办法才逃的!"

杜隆基说:"鬼子是如何登陆的,什么时候登陆的?"

"早晨4点左右,鬼子从我连阵地登陆。他们用小艇偷偷靠岸的,一上来就用轻机枪扫,我们班长第一个被打死了。"

"其他指挥官呢?"杜隆基问道。

"连长去参加结业典礼吃酒宴去了,有的排长还在那里受训,连里只有一个排长和买菜的司务长。他们还没来得及明白咋回事儿,鬼子一阵猛击,阵地就被占领了。鬼子腿子短,上岸飞快,一咕隆涌上来。我们没办法,只好边打边跑。鬼子向香山推进,我们就跑散啦!"

鲍长义、杜隆基等人这时才知日军登陆的实况,但其他地方联络不通,只有独自死战。

这时日军陆、海、空三军向守军要塞阵地发起了一阵阵的进攻，只有陆战队的江防要塞守备部队与他们死战。第 16 军和马垱要塞司令部忙于结业庆典，对前方战事浑然不知。直到下午 3 时左右，众人会餐完毕，鲍长义才好不容易接通了与第 16 军军长李韫珩的电话。

李韫珩说："我没有接到我的部队的报告呀。"

鲍长义报告说："香山、香口早被鬼子占领了！"

李韫珩马上说："香山、香口都是我的部队，你太不沉着啦！你看见鬼子没有？"

你的部队全被打光了，我孤军抵抗鬼子，还反被说'太不沉着'，难道像你手下全完蛋了还浑然不知地交杯换盏就'沉着'?!鲍长义气极了，大声回答说："我们阵地被鬼子打乱了，人死了一半，还说看见鬼子没！你说香口是你的部队，为什么把炮搬到香山上向我炮兵射击，你们有炮兵没有？"

李韫珩哪有炮兵？炮兵部队全由江防司令部直管直统着呢！这下李韫珩无言答对了。

此刻鲍长义的守军还在与日军海、陆两军激战着。忽然，鬼子军舰停止了炮击，而香口之敌仍在组织突击队，用轻重机枪向长山陆地进行突击。陆战队忙着消灭湖荡里的"落汤鸡"，突然八九架国民党军飞机从宿松方向飞临鬼子军舰上空，好像正在等候着的日舰高射炮立即转向飞机射击。飞机毫无畏惧，在炮弹够不着的高空，对着日舰投弹，"下雨"之后向宿松方向而去。可是，"雨点"并没砸中鬼子军舰。飞机一走，日舰反而"发怒"了，炮火对着长山阵地猛轰，战斗又变得十分激烈了，湖荡里的鬼子也趁机连续组织两次突击，好在都被英勇的守军一一消灭，鬼子突击一次，丢尸一批，终于暂时"歇菜"了。

第二日，日军增加了不少军舰，以海军火力向长山阵地轰击，香口的鬼子步兵还在不屈不挠地组织突击队，经长山阵地前的湖荡向长山阵地突击，但是，这些"落汤鸡"还是照样全被陆战队消灭在湖荡之中。

因为日舰还在狂轰,江防司令部又派空军从宿松方向飞临敌舰上空,向敌舰袭击。奇怪的是,如昨日一样,飞机未临空之前,敌炮火停止向长山阵地射击,飞机一到,它们就全力射击飞机,吓得空军急忙投弹后就急匆匆地向望江、宿松方向飞去。它们跑了后,日舰又集中火力向长山阵地轰击。突然从东流方向又飞来九架国民党军飞机。这一次它们飞临日舰上空时,鬼子竟然毫无察觉,舰上炮火正在向着陆战队阵地"哐当哐当"地射击呢,这下飞机少了地面上的威胁,对着日舰投下大量炸弹,炸弹掉下来,炸起的水柱飞溅,遮住日舰。在溅起的浪花消失后,日舰有的中弹起火,有的中弹下沉,一派混乱。长山阵地上守军见状,欢呼声响彻云霄。

然而,日军在香口的步兵愈聚愈多,多次从湖荡里向长山阵地发起袭击,日机也来助战了,低空飞掠长山山头,进行轰炸扫射。陆战队炮兵射击日舰时,炮弹飞越长山顶巅时,一架敌机正巧撞着了它,当即在长山上空爆炸,"轰隆"一声,人机俱毁。

官兵误认为敌机是被炮兵击中的,又在阵地上鼓掌欢腾。这再一次鼓舞了士气。

陆战队官兵与其他国民党军步兵扼守长山要塞,死死捍卫着阵地。他们与日军海陆空军鏖战数日,伤亡颇多。鲍长义多次向马湖区指挥官李蕴珩请求派部队增援,谁知这大军长不知咋了,一概置之不理。

6月25日下午6时许,江防要塞守备司令谢刚哲来电话。他大声而又激动地说:"委员长从武汉来电,江防守备司令部第二总队和陆战支队第二大队抗敌有功,传令嘉奖。武汉卫戍总司令陈诚长官也来电传令嘉奖。"

除传达蒋、陈的电报外,谢刚哲本人也发来贺电嘉奖。

这一摞子的嘉奖电报,如同兴奋剂,对官兵们鼓舞极大。然而,因为伤亡太多，战斗力减弱，官兵急待补充，鲍长义担心以后的战斗，又向李蕴珩请求派部队增援。李韫珩回答说："已派第167师增援。"

放下电话后，鲍长义十分疑惑地说："他为何不派驻马垱附近的部队，反派远驻在彭泽的第167师呢？远水救不了近火，这道理他大军长就不懂？"

金宝山说："他一直对我们置之不理，这次好歹派了兵，总比'无兵可派'好。"

"又是一出空城计，你我都是司马懿。我们等不及了，向马垱要塞王司令请求增援吧。"鲍长义说。

他们急忙把电话打过去，王锡涛回答说："马垱要塞司令部编制只有一个守备营，除担任警卫哨所外，实在无兵可派。"

鲍长义说："你即使派一个连来增援也好，也可鼓鼓士气。"

可是，王司令大讲"巧妇难为无米之炊"的"困难"，让鲍长义越听越失望，无奈地撂了电话，对金宝山说："站着说话不腰疼，废话一片。他们都靠不住。"

这边无兵可派，那边鬼子却发疯了。天一黑，鬼子的炮兵和军舰的炮火增强了，飞机轮番进行轰炸，守军牺牲惨重，控制太白湖口公

陆战队官兵死死捍卫着阵地

路的两个重机枪掩体全被炮火炸坏,长山要塞的防御工事也被摧毁,鬼子兵开始从公路上向长山阵地突击。守军终于控制不住太白湖口公路,使得鬼子突进了阵地。陆战队的炮弹已尽,又无法补充,官兵只好以步枪应战,可他们本来是炮兵,步枪极其有限,只好边打边在混乱中掩护着部分人把三门大炮装上汽车,准备变换阵地再打。鲍长义见鬼子已突入了阵地,只得对金宝山说:"下令转移吧!"

"不行,"金宝山坚持说,"阵地一丢,我们要吃军法的!"

就这样,长山阵地虽然被鬼子切为了数段,但剩余的官兵们仍继续在阵地上坚持与鬼子抗衡着。他们一直坚持到第二日中午,终于扛不住了,鲍长义、金宝山和杜隆基只好率领剩下的官兵退出了长山阵地,且战且走。

下午4时,他们到达马垱附近,终于见着了第16军一个团由马垱分两路向长山去堵击日军。他们很希望这些援兵能堵住鬼子,恢复自己失去的阵地。谁知这个团更不行,上去后不仅长山阵地没恢复,连炮台也丢了。当初当不了"巧妇"的要塞司令王锡涛也逃到了马垱镇,在镇南头他听闻炮台丢了,一把瘫坐在地上,摇头叹气说:"我们的责任已完啦,完啦!"

什么"我们的责任已完啦"?他的意思是"部队完了、阵地丢了,自己也完蛋了"。那其他援军呢?李大军长答应的第167师呢?到此时还不见一丝踪影儿。鲍长义等人见王锡涛那怪状,率领残部继续向彭泽方向撤退。

27日,他们退到彭泽县附近的流泗桥时,才得知第167师奉李韫珩之命,由彭泽去增援,却不走公路,经太白湖东边的小道爬山越岭去香口。

"他们专走崎岖的羊肠小道。这要用多少时间才能达到香口呢?"鲍长义说,"这也是一群糊涂蛋!"

其实,他们这支救兵并非李韫珩主动派出的,而是副参谋总长白崇禧亲自下令的。当时白崇禧正在田家镇要塞视察，突然得知日军已在马垱要塞登陆，当即用电话指令驻彭泽的第167师薛蔚英立即率部从公路兼程驰赴香山增援。孰料这胆小的薛蔚英没遵白崇禧的命令，却执行李韫珩的命令，专去走崎岖小路，以致贻误战机。至此时，他们还在羊肠小道上折腾着呢。

这时三架敌机又飞来袭击彭泽县。几名陆战队员远远发现一人身穿白衣白裤，站在一山岗上乱喊乱叫，手舞足蹈的。随即，一幢军用仓库被敌机炸毁。他们很奇怪，立即报告鲍长义说："那人穿白衣白裤在干啥？"

鲍长义对王金山说："派一名排长带一班人去查看。"

他们去后发现高岗附近有一个防空掩体，内藏有三名汉奸，还有一部收发报机。排长气极了："鬼子比他爹娘都亲，杀！"几人当场将三个汉奸打死。

杜隆基听了排长的报告后，想起李韫珩这段时间一直折腾的"抗日军政大学"，说："那里受训人员复杂，肯定夹杂汉奸，且向鬼子告了密。"

"是啊！"鲍长义一想马上也说，"你们想想，'抗日军政大学'结业典礼定在6月24日，事前发了通知，要各部队主官于23日下午到达马垱第16军军部参加次日典礼。结果呢，鬼子于24日拂晓前在东流江边第16军313团防守地带登陆。该部无主官，鬼子轻易登陆。难道鬼子真有这么神，会掐会算？"

"对啊！日军的登陆时机与结业典礼就这么巧合，没内鬼才怪！"金宝山也说。鲍长义又说："你们还记得6月25日吗？我空军多次由汉口方向飞来袭击日舰，日舰在飞机飞临之前停止向我们射击，把炮火转向空中，飞机一来就开火。他们总是早有准备。只有从东流方向飞来的九架飞机，才把几艘敌舰炸沉。这不是有内奸的一个例证吗？"

"这李韫珩真是害人害己！"杜隆基气愤地说。

　　但他们也顾不上去管李韫珩了,向湖口方向继续移动。随后,鲍长义和金宝山两人去了武汉,将队伍交给大队附杜隆基率领转移去后方。

　　杜隆基他们到达湖口县太平关时,遇上第73军彭位仁部正在布防。这是来自湖南的地方杂牌军,彭位仁想要陆战队分担一点守备任务,可一问,发现他们武器不全,弹药缺乏,只好作罢。陆战队继续前行,在湖口三里街遇上第三总队总队长康肇祥率队赶来。他对杜隆基说:"我和你们一同去武汉司令部吧。"

　　杜隆基说:"你来得正好!我们由你指挥。"

　　康肇祥答应了。

　　第26军郭汝栋的部队正在湖口布防,不让陆战队通过。康肇祥派人与第26军联系,第26军听说是陆战队,派人来了解他们的力量,结果对残兵败将也没有兴趣,倒是对他们拖着的三门日造三八式野炮兴趣盎然,一问,对方回答说:"没一发炮弹了。"只好作罢。他们通知陆战队说:"战况日趋紧张,上级命令凡无战斗力的部队,要快速离开战场。"

　　陆战队离开三里街,沿鄱阳湖湖边从鞋山过湖,到达了庐山脚下的海会地区。第74军俞济时的部队驻在德安,又派部队把他们拦住,并且说:"委员长有命令,抗日战争的部队,不准过湖来,凡过湖来的,一律缴械,官兵收编。"

　　康肇祥集合校级军官商议,问道:"武器交不交?"

　　"第二总队和陆战第二大队已没什么武器,仅剩三门没弹药的野炮,只有第三总队带有武器。"有人说,"留着这些武器,也起不了啥用。"

　　最后,经过商量,大家认为还是交出武器为好,士兵留部队使用,校、尉级军官一起去南昌。此时第一兵团总司令薛岳坐镇南昌,闻讯下令把陆战队转送到武昌。于是,就在列车上挂上几节车厢,并无人看守,仅两位军官与康肇祥、杜隆基等人坐在一起谈笑自若。

7月13日中午,火车到达了武昌宾阳门。下车后,陪同他们的两位军官领着康肇祥、杜隆基和十几名军官步行到武昌阅马场,走进西场口附近的一个巷子。众人进屋一看,原来这里是个看守所。结果,这一大批人全被收进了看守所,当犯人处理。

这是咋啦?谁也不知道。

天气炎热,十几个人住在一间小房子里,实在难受。有人后悔了,说:"还不如在途中走了呢!"有什么办法,走已经来不及了。众人只好稀里糊涂地蹲在看守所里。

7月16日开始审问。晚上8时,才轮上杜隆基。他到楼上一看,上面写着"军法执行总监部审判厅",呀!自己要接受军法审判啊,老天爷这是咋啦?自己犯了什么军法啊!

坐下后,法官们先问了他的姓名、年龄、籍贯,杜隆基万分疑惑地问道:"你们审判我,是什么案由?"

法官回答说:"作战不力、擅自溃退。"

杜隆基一听到这八个字,头就发晕,这可不是小罪啊,重则杀头,轻则坐监。法官们开始对他进行审问,杜隆基说:"我们的部队,不是作战不力的部队。"

对方问:"你有何为证?"

"6月25日傍晚,我们还接到委员长传令嘉奖的电报。委员长咋嘉奖作战不力的部队呢?怎能说我们作战不力呢。"

军法官又问:"你可记得电报字号?"

杜隆基说:"我们正在激战,只知道有两份电报,有一份是武汉卫戍总司令陈诚长官发来的嘉奖。不知它们的字号,你们一查不就知道了。"

法官又问:"那么你们溃退呢?"

"这是事实。"杜隆基回答说,"我们从6月24日早晨开始与鬼子作战,直到 26 日上午,上级没派一兵一卒来支援,弹尽粮绝,阵地被鬼子切成数段,伤亡惨重,我们才不得已退出阵地。2000 人的第二总队,付出了 1800 人生命的代价,也迫使日军留下近 2000 具尸体,而马垱要塞的长山阵地岿然不动。"

法官似乎明白了,说:"这样说来你没什么责任了?"

"这个你当法官不知道?"杜隆基回答,接着又气愤地补上一句:"有责任也推脱不掉。"

法官们又说:"我们问了一天,没有人像你这样讲的。"

杜隆基说:"他们是海军,不知道陆军作战的情况。"

"他们是海军,你呢?"

"我是陆军,是学要塞的,原来在国防部,派到这个部队来训练要塞作战技术,遇上战争,就义不容辞地参战了。"

这一说,法官们到感动了,竟然离开法官席位,与杜隆基坐在一起,和他攀谈起马垱作战的细节来。杜隆基也无拘无束地和他们交谈起来。后来他们说:"上面交下顾祝同的电报说:'康肇祥率部先行,以致影响全局。'"

顾祝同是负责闽浙赣的第三战区司令长官,只是配合武汉作战,咋管起江防司令部这边的战事来了呢?原来蒋介石听闻费了无数人力、物力、财力苦心经营的马垱要塞这么快就丢了,异常震怒。丢了马垱要塞,作为武汉东大门的九江也就无险可守了,因此当即责令顾祝同追查失职的将领。这一追查,贻误战机的第 167 师师长薛蔚英等 5 名旅以上军官被枪决,30 多名团以上军官受到军法审判。而康肇祥负责防守湖口要塞,因为溃退早,而被李韫珩等人推诿为马垱要塞失守的"第一责任人",所以被顾祝同下令军法处置,把与康肇祥一起的陆战队军官也被关押起来了。

杜隆基说:"第三总队的二、三两个大队是没参战就离开了阵地,但不能以他来影响全局。影响全局的是第 16 军,他们坐视马垱要塞和长山要塞危急,不派一兵一卒增援,使其丢失。他们才是真正的责任人!"

既然责任不在陆战队一方,对陆战队军官的"军法会审"也就不得不到此结束了。7月18日下午,除康肇祥等12位第三总队校官留下外,其他陆战队官佐被送去江汉师管区军官队收容。杜隆基等人到达江汉师管区军官队后,约过了三四天的时间,江防要塞守备司令部又将他们要回司令部,另行分配,大部分人继续留在第一总队工作。陆战队第二支队就这样销声匿迹,没了。

05.林秉周的"风雅"

日军占领马垱后,立即进犯湖口。驻在湖口的陆战队奋勇抗敌,血战多次,双方互有伤亡。

但是,他们的装备与日军的大炮、钢枪相比,枪械多是北洋时期的老套筒,过于陈旧落后,尽管林秉周率领官兵们豁出去打,伤亡还是比日军惨重。不久,曾以鼎奉令撤退,移驻蕲春指挥防务,他立即下令给林秉周:"转饬陆战队及炮台官兵撤到后方候令。"

随即,湖口沦陷,曾以鼎将剩下的海军官兵分配到了陆军,林秉周率领属下的陆战队回了湖南辰溪一带,继续担当护路任务。

10月19日,南方的广州城也陷落日军之手。粤汉铁路也因此中断,国民党军只能控制岳阳至衡阳一段了。之后,随着国防重心向西移,看护这一段铁路的战略意义,渐渐变得不大了。1939年5月,搬迁到重庆的军委会下令林秉周率部离开粤汉铁路,前往湘西,负责维持湘黔公路和沿线治安的任务。林秉周率领三个团到达湘西后,接防了大坪至安江、榆树一段湘黔公路。

陆战队由为海军护路"降级"到看守铁路，又从看守铁路"降级"为看守公路了。林秉周率领旅部驻扎在黔阳县。

黔阳县是湘西一个山区，是一个僻静的小后方。在这大山之中，林秉周没了仗打，又恢复了当初在福建老家时的习气，和当地一些豪绅吃喝玩乐，为非作歹。同时，他还抖出当年福建师范学校学生的"风雅"，与一帮"乡间雅士"应酬唱和，"倜傥"得不得了。

这土匪出身的他，出口就是脏话，举止邋遢，哪里能做出什么雅文韵事呢？好在这山沟里的"雅士"们见的世面也不多，众人聚集在一起，把酒作诗谈文，虽然水平不高，自娱自乐，也颇怡然自得。

一天，酒醉饭饱之后，一位"雅士"说："踏青云游去。"

"这荒山野岭，去踏什么青云什么游？"林秉周说。

有乡绅解释说，"古人李太白、苏东坡都是带着酒壶，踏青、云游四方。"

古人是这样做，林秉周兴趣来了，站起来说："去！去哪？"

"去看历史古迹，看大墓去吧。"有人建议。

"小小的黔阳县地处偏僻的湘西，除了高高的雪峰山外，哪有什么历史古迹，甚至于名人的大墓呢？"

其实，乡绅还真没骗他，这黔阳县真有一座几百年的古墓。

这个墓穴是明朝修筑的，主人名叫宋以方。

这宋以方为何许人也，竟惹得林旅长要联合地方一起为他修墓？

原来这宋以方是有名的"绝世忠臣"，对皇上忠心耿耿。他是明弘治十八年进士、当过户部郎中。正德十年，江西王宸濠造反，宋以方时为瑞州知府。眼看上司造皇帝的反，他就举兵打叛王。可是，他一个书生出身，手无缚鸡之力，更不懂得兵法，哪里会打什么仗呢，没上战场，就被叛兵擒了个结实，眼睁睁地当了俘虏。被抓后，他死活就是不投降，并且破口大骂宸濠。他越骂，这"爱才"的反王宸濠就越看重他、喜欢他,然而用尽了一切手段,还是"收"不下这个宋以方。最后,宸濠只好恼怒地把他装在船中的铁笼子里,带着他随自己去征战。叛军呼啦啦向着朝廷大军打去,打到安庆时,突然中了对方的重兵埋伏,大败而归。宸濠本人也是狼狈不堪,不得不不停催促着舟子:"快,快!"

船只逆水而上,哪里快得了呢。面对江水,他一派沮丧,突然问舟子:"这是什么地方?"

舟子回答说:"黄石矶。"

"王失机?失什么机?"宸濠急忙问道。

"不是'王失机',是'黄石矶'。"手下告诉他说。

原来这"黄石矶"江西话叫起来谐音"王失机",宸濠以为大不吉祥,抬头又见宋以方在铁笼子里冷笑,马上下令:"斩宋以方祭江。"

宸濠一声令下,刽子手将宋以方押上船头,手起刀落,宋以方身首异处。

事后,朝廷平定了叛乱,其子宋崇平要尸体不得,就捡了家里几件破衣衫,在老家黔阳县保安龙兴汤村埋了个衣冠墓。这就是宋以方墓的来由。

众人把这个故事讲完,林秉周喊道:"走!"

于是,众人簇拥着林秉周,带着一份清醒一份醉意出发了。

经过几百年风吹雨淋,宋大墓早已破烂不堪,四周杂草齐人头高。林秉周等人来到这里后,围坐在这杂草之中,人人吟诗,折腾到半夜,才摸黑赶回县城里。

事后,经过好几次酒桌畅谈,林秉周决定与地方联手,一起来修宋以方墓,重建历史古迹。

就这样,在这烽火连天之时,一座长满杂草的破衣冠墓,被林秉周和一帮"雅士"当宝贝挖掘出来了。林秉周下令手下团长马鸿炳与黔阳县保安司令龙万贵联手协作修筑大墓。可是,这兵荒马乱的,修墓哪来的钱?林秉周自然不会自己去掏,县财政也被县长太爷们吃得入不敷出,根本出不了钱。咋办?林秉周说:"还是老办法,由百姓捐。"

结果,黔阳县的老百姓连饭都没的吃,家家又遭到摊派。随即,陆战队和保安队走村入户,挨家挨户地收,地方士绅也没放过,必须"捐献"。结果,在这乱世中竟然还是收下了不少的捐款,然后,林秉周等几位主事者来了个屠户切猪肉,一人分得一块,悄悄地藏起来了。

黔阳县民风强悍。林秉周说:"还得买些石料来,请些石匠做个样子。"

"对对,"有"雅士"附和说,"精雕细刻一些虫鸟花草,我们写的诗词楹联也刻上。"

该墓修建后,主体由青石砌成方形塔身,四周是矮如围墙的石板,上面刻的是军政官员和地方学士的诗词、对联。黔阳县龙田乡长碛村秀才段幼燧的诗被评为佳品:

当年大节更休论,
坯土衣冠今尚存。
沅□青山长抱恨,
石矶碧血旧留痕。
寒烟惨淡孤猿啸,
宿草迷离薄雾昏。
千载坟门松柏冷,
斜阳独自吊忠魂。

石墓修成,林秉周也怀揣满罐银子准备走人了。1940年5月,湘黔公路大坪至安江、榆树段交由陆军第103师接手,林秉周率部前去辰溪县。

辰溪县没有黔阳县平定,民风比黔阳县更强悍,土匪成堆。林秉周将旅部安置在县城的米氏祠堂内。随后,陆战队奉命进行湘黔路段周边的"绥靖作战"。林秉周"风雅"不再,浑身都是杀气,亲自领着陆战队进入深山老林,对盘据山区的土匪进行大规模的围剿,缴获好几百支枪。林秉周的"铁腕手段"受到上峰的好评。

但是,陆战队的军纪很差,剿匪,也剿老百姓,当地老乡中流传着一句话:"防火,防盗,防陆战队!"

06.马尾军港的失而复得

海军陆战队独1旅在外四处"征战"的时候,独2旅一直窝在福建老家。它虽说是一个旅,因第3团在湖南,其实只有一个团和一个直属炮兵连,驻扎在马尾、长门地区。

但是,李世甲还兼任着海军马尾要港司令,手下还有一些海军。

1938年5月,日军陆战队突然进攻厦门,陆军第75师韩文英旅稍事抵抗后,就撤离,厦门失陷。因为受到日军威胁,福建省政府从福州内迁到永安县,福建绥靖主任公署和第25集团军总司令部迁往南平县。福州进入了战时状态。陆军第100军军部驻在福州西郊,李世甲和所属海军受命归该军军长陈琪指挥。

陈琪日夜很忙,却不知是废寝忘食忘了海军,抑或根本就是瞧不起人,没对海军下过一道命令。李世甲没办法,只好自立自强。经过敌情研究,他认为日军如果进犯福州,主力必从连江登陆,于是将陆战队第4团主力部署在长门要塞右侧翼的下岐和东岸,派部分兵力扼守琅岐岛,并加强对长门要塞南岸烟金炮台侧后的防卫。

第4团团长陈名扬出发时,李世甲叮嘱说:"鬼子太狡猾,你要小心!"

"怕什么？如果需要的话,我还可以借一个连给×××(第75师某连长)打前锋。"陈名扬回答。

陈名扬到达下岐和东岸后,将团部设在下岐。

日军侵占厦门后,虽然经常轰炸马尾、长门一带,但事后并没有发起进攻。全国各地烽火连天,福建却难得见战事。

就在这平静的时光中,有一个人坐不住了。

他就是不甘寂寞的饶鸣銮。在一个深夜,他悄悄地从福州老家登车去了南京。

岁月变迁。这饶鸣銮本性未改。他当初被杜锡珪戏要一番退居上海后,不甘心退出政坛,经过一番重金贿赂,三年后再次复出,来到淞厦海岸巡防分处出任筹备员,谁知还是个虚衔,尽管几个月后被授了个海军中校,还是没有实职。这下痴心的他终于明白:这海军的路自己已是走到尽头了!于是,干脆脱下这层"黑皮",悻悻回了福建老家。好在他在多次"善变"中收取的贿金确实不少,几番奔走,又重金拿下省主席方声涛,当上了省电政管理局局长,但名声臭了,干啥都不顺,之后转任省船舶总队队长,后来又下到福安、华安等县当县长。虽然巧取豪夺,腰包里的银子越赚越多,可这官却越当越小。这令他万分沮丧。抗战爆发后,各地一派混乱,这县政府的人员也几乎跑光,县长又成了虚衔。饶鸣銮又开始蠢蠢欲动,这次他瞄向了在南京的汪精卫。

这饶鸣銮投靠汪精卫当了汉奸,1940年3月被汪精卫任命为伪政府海军部作战处处长。饶鸣銮的丑行再次传来,福州一派讥讽之声,海军官兵更是觉得耻辱。

李世甲听说此事后,竟然笑了。

手下问他:"你笑什么？"

李世甲说:"汪精卫这个人没骨气,去当汉奸,再用个没人品的蹩脚角色当海军处长,岂不更砸自己的牌子？真是蠢上加蠢!"

态度决定人生。饶鸣銮这次投敌，彻底断送了自己的仕途。

尽管福建暂时无战事，李世甲不敢松懈，他对手下们说："我们不能像一些人那样，只等着人家翻车，自己不备战。"他带领官兵日夜进行操练，准备与鬼子进行大战。

李世甲

这练兵一直练到 1941 年春。

4 月中旬，马尾要港一带的海上一直浓雾弥漫。18 日傍晚，大雾稍霁，长门监视哨突然报告："马祖海面泊着日军很多军舰，还有运输船和小型航空母舰！"

日军终于开始进攻福建了！

李世甲急忙向第 100 军军部报告，并下令陆战队第 4 团紧急进入马长地区，准备战斗。

第二日，马祖海面的日军兵分两路，在飞机掩护下，开始向福州进犯。

第 100 军在连江驻有第 80 师一个营，长乐金峰镇驻有第 75 师一个营，两个营负责在最前沿抵敌。鬼子登陆后，他们稍事抵抗，就呼啦啦地往后撤。下午 2 时，日军就占领了连江县城，主力直捣福州。为了切断长门要塞后路，鬼子还派出部分兵力去进攻琯头岭。

下午 3 时，陆战队第 4 团第 3 营与镇海筱埕与登陆之敌在下岐交火，战斗越打越激烈，一直到第三日拂晓还没有减缓。然而，陆战队每个营只有 4 挺重机关枪，相对于好枪好炮的鬼子来说火力差远了，终于渐渐抵抗不住鬼子的进攻了，伤亡越来越多。

当初扬言要借兵给第 80 师的团长陈名扬先是烦躁不安，后来竟然悄悄地脱离战阵，开溜走人了。

他一失踪，千斤重担全落在副团长周嘉惠身上。这周副团长个子不高，倒是条硬汉子，说："团长临阵走脱，你们归我指挥！"

他率领官兵浴血奋战，最后血洒阵地。

他一牺牲，陆战队又没了将领。正在群龙无首、万分危急的时刻，第3营营长戴锡余站了出来，喊着说："跟我来！"领着官兵一边抵抗，一边向长门要塞靠拢。

这时日军两艘驱逐舰泊在川石岛，协同驻川石的日军向长门要塞猛攻。陆战队一退，琯头岭之敌开始向长门要塞侧后节节逼近，对长门渐渐形成了包围之势。

激战到晚上，李世甲眼看抵敌不住了，只好下令放弃长门，向亭头、闽安镇转移。

随后，陆战队进入了第二道阵地，继续御敌。

前方仗打到这种地步了，可主力第100军却一直不见枪声。直到大半夜，第100军军长陈琪才给李世甲打来了电话，说："我马上就到军部去指挥作战。"

李世甲问道："你现在在哪？"

官兵们浴血奋战，阻击敌人的进攻

"在汤井巷涤庐洗桑拿。"

仗已经打一天多了,他老人家还在福州城内洗桑拿,李世甲撂下电话后十分气愤:"不怕鬼子强,只怕自己烂啊,悲哀呀!"

21日凌晨3时,李世甲正在部署第二日的战斗,忽然接到手下报告:"福州秩序一派混乱。"

"怎么回事?"

"城内所有机关和军队全部撤退,连警察也都集中后撤,还准备炸毁闽江大桥。"

李世甲不知发生了什么事儿,急问:"陈军长不是回军部指挥作战吗?怎么都跑了?"

"不知道。在城北门外新店和南台岛白湖亭均发现了鬼子。"

李世甲急忙用电话向第100军军部查问究竟。折腾到早上5点钟,才接通电话,军部参谋处处长郑某说:"军部已下令放弃福州,你将部队和所属机关向鼓山、鼓岭后撤。"

李世甲说:"我要军部下达命令。"

"时间紧迫,电话即为命令。"

李世甲再追问:"撤到上述地区后有什么任务……"电话却断了。

没办法,李世甲只好自己下达命令:(1)防守马尾的陆战队第2营向鼓山转进,(2)驻嘉登岛的第1营撤至闽安镇后,经马尾转进鼓山;(3)驻亭头瓮岐的第3营监视当面之敌,与敌保持接触,掩护第1营到达闽安镇后,取道彭田至鼓山集结待命。

8时,李世甲率领马尾各机关官兵和长门要塞官兵离开马尾,11时到达鼓山时,第100军的第80师和第75师各一个营早就到了这里,正在生火吃饭。李世甲冷笑着说:"瞧他们,逃跑比谁都快!"

"平时不是很牛吗?打仗就当狗了。"官兵们骂着。

傍晚时分,陆战队第1、第3营才先后到达,至此陆战队全部集结到了鼓山。李世甲命令第3营营长戴锡余代理团长,第3营连长陈午孙代理该营营长。而第 1 营营长李传馨在由嘉登岛向鼓山转进途中落伍,李世甲下令该营连长林苞代理营长。随即,各部布置警戒,构筑野战工事,准备再战。

为了协同作战,李世甲派人去寻找第 100 军军部和第 80 师师部。22 日天亮之前,寻找的人员跑回去,纷纷说:"都没有找到,几乎是失踪了。"

"有什么战情?"李世甲问道。

"敌军正从汤岭出动,通过宦溪、小北岭岭头之间的公路急速向前推进。福州昨晚陷落了,马尾也于昨日下午被鬼子占领了。"

这时鼓山处在敌人的包围之中。李世甲有心杀贼,也无力回天了,于是决心率部突围。陆战队要走,退至鼓山的第 80 师和第 75 师那两个营见势不妙,立即派人跑过来说:"我们要求李司令收容,我们愿听从海军的命令共同突围。"

李世甲答应了。

要去突围了,可陆战队屁股后面还跟着马尾要港各机关一大堆文职人员,怎么办?李世甲下令说:"文职人员一律离队,分散行动,指定南平为后方报到地点。"

李世甲又令陆战队向鼓岭、陈洋、战坂出发,第 80 师和第 75 师各一个营分任左、右两翼。众人一阵猛冲猛打,终于冲出了敌包围圈。

当晚,各部队顺利抵达战坂。正在埋锅造饭时,手下报告说:"发现鬼子搜索队,约有一连之众!"

李世甲命令第 1 营营长林苞率部驱逐。

日军因为兵力较少,又加上天黑,稍一接触,就转移他去了。

李世甲率部队乘夜继续向弥高、项虎急进,向大湖而去。

第二日晚上,李世甲率部最先进入大湖,可是与谁都联络不上。休息一晚后,李世甲获悉第 100 军军部已撤到大目埕去了,于是把陆战队交给参谋长何志兴,嘱咐说:"你们暂时留在坂头待命,陆军第

80师和第75师的各一个营叫他们各自归还建制,我去大目埕找陈琪军长联系。"

在去大目埕的途中,李世甲突然听到白沙方面炮声隆隆,一打听,鬼子还在继续往前攻。接着又遇到福州警备司令部的撤退人员,正往雪峰方向撤退。司令部军法处处长宋庆烈认识李世甲,告诉他说:"第100军军部正从大目埕后撤,军部将设于洋里。"

李世甲一想,你们后撤了,我还去大目埕做什么?便于第二日早上,返回了大湖。

这时鬼子已占领江洋,正从白沙、下寮向大湖进攻。留在大湖的第80师部队和军政各机关均已后撤,陆战队也向古田方向转移了。李世甲赶紧追去。到达古田后,他打电话向在南平的第25集团军总司令陈仪请示下一步行动。陈仪命令到:"你来南平,陆战队开往罗华待命。"

5月1日,李世甲到达了南平,陈仪委派他为闽江江防司令,划谷口至闽清口为防区,由海军陆战队担任防卫;并且,福建所有的水警大队和水警巡艇队均归李世甲指挥。

李世甲又把突围经过向远在重庆的海军总司令部报告。陈绍宽电令:撤销海军马尾要港司令部,委任李世甲为海军闽江江防司令,仍兼陆战队第二独立旅旅长。

就这样,众将将福州丢了。

日军占领福州的部队是华南方面军的第48师团和第23旅团。他们进驻福州后,日本特务头子矢崎少将带着汉奸孙少泉四下活动,找到退役的海军少将李孟斌,把"大东亚共荣"计划一揽子兜出。这李孟斌当初在福建事变中死不

陈仪

127

与蔡廷锴等人合作,表现出惊人的"气节"。这次被日军一拉,他竟然俯首而应,当上了日本人的走狗——福州维持会会长。

他附逆后,又亲自捧着日本人送来的金条,走乡串户,将部分旧海军人员诱下水。结果,一烂又是一窝。福州被汉奸们弄得乌烟瘴气。

福州沦陷如此快速,在重庆的蒋介石震怒,第三战区司令长官顾祝同亲临南平与古田某乡镇,召开福州作战检讨会。

在会上,顾祝同拍着桌子说:"不能再让蹩脚的演员们来砸第三战区的牌子了。"

随后,他宣布将撤销陈琪的军长之职,解送重庆军法讯办(后判处 10 年监禁);第 100 军调往江西战场,以第 70 军接替福建防务;第 100 军的第 80 师划入第 70 军。

顾祝同下令各部准备全力收复福州。

没过几天,胡琏率领预备第 9 师入闽,与第 80 师、省保安纵队反攻福州。

汉奸们的好日子并没过多久。8 月下旬,福州的日军见势不妙,准备撤退。李孟斌等人仓皇逃往南京,投了汪精卫。

获悉日军要退出福州,陈绍宽立即下令李世甲准备收复马长地区。

9 月 1 日,日军开始了撤退。李世甲将陆战队第 4 团集中起来。第二日,他亲率第 4 团向福州推进。第三日中午前,陆军第 80 师主力逼近了福州西北郊,李世甲说:"头功不能让他们抢了。"

艺高胆大的他立即亲率特务排抢先入城。

进城一看,城内的鬼子和汉奸们早就跑光了。

李世甲于是命令陆战队第 4 团乘轮船运去直奔马尾。李世甲走人后,当日下午,第 80 师师长李良荣率部入城。陈仪说:"李世甲第一个入城,夺了头功,当兼任福州警备司令。"

当晚,陆战队第 4 团到达马尾。随后,李世甲将海军闽江江防司令部也移设马尾,海军其他机关相继从各地迁回来。

然而,马长地区进了一次鬼子,像进了强盗野兽似的,被糟蹋得简直不成样子了,房屋被烧毁,东西被砸烂,街道没了,道路坏了,要塞几乎被夷为平地,填筑在长门港道阻塞线航道上的石坝也被鬼子不知用什么办法弄陷了,马尾几乎成了一座废墟。官兵见状,大为惊讶地说:"这鬼子就算是一群专门打砸抢的疯子,又如何能把偌大的军港折腾成这样呢?"

鬼子是用什么奇术毁坏马尾的,官兵不得而知。李世甲下令说:"不要探究鬼子的事情了,马上修复闽江口阻塞线。"

陆战队第4团团长戴锡余说:"长门右岸的嘉登岛还在伪军林义和部之手,是不是……"

"好,你率第1营渡江进攻嘉登岛。"

结果,第4团一去,林义和吓得带着汉奸和土匪逃出海外,跑回老巢南竿塘岛去了。

经过官兵日夜整修,闽江口的阻塞线不久就恢复原状。陆战队独2旅司令部与江防部合署办公,第4团团部设在闽安镇,以两个连兵力分驻长门和嘉登岛作为监视哨,日夜监视着海上之敌。

07.福州第二次不战而陷的内幕

中国海军弱,一直是不争的事实,陆战队只有两个旅,且像没娘的孩子无人去管,全靠"自强"。

1943年初,林秉周奉命率部从辰溪转入湘西雪峰山一带,分驻各地,继续负责治安和维护交通线。1944年1月,为了配合保卫陪都重庆的战争需要,他们又从湘西千里迢迢开赴四川,然后,第1团驻防万线负责当地的警备工作,第2团驻梁山拱卫机场,第3团也在四川,具体防区不详。

在这几年中,陆战队官兵辗转在大山之中,连海是什么样都忘记了,有人说:"还叫什么陆战队,干脆叫陆军算了。"

重庆的军事委员会听到这些话,正好求之不得。与海军总司令陈绍宽打左的军政部部长何应钦立即决定将第1旅归并到新组建的第66军,派到缅甸去参加远征军作战。但是,经过陈绍宽一番力争后,才拦住何应钦的黑手,独1旅勉强保留了下来。

独1旅在外闯荡,独2旅"守家",收复福州后又平静了几年。此时驻闽国民党军开始频频出击,骚扰日军,企图收复厦门,虽没成功,但给鬼子不少的压力。

1944年秋,日军又准备从海上登陆作战了。9月27日,独2旅在长门的监视哨突然发现鬼子泊于南竿塘海面的军舰有异动迹象,马上报告李世甲:"军舰有向连江登陆迹象。"

日军登陆作战

"鬼子有多少军舰?"李世甲问道。

"两艘小型军舰,还有4艘运输舰。"

李世甲立即下令陆战队第4团准备战斗,并向第70军军部和第80师师部报告。第80师负责福州、连江防务,师部就设在北门外新店。第80师师长李良荣接到李世甲的电话,死活肯定海上企图登陆之敌是伪军而不是日军,并对李世甲说:"日军过去进行登陆作战,一贯有空军配合。这次你发现有飞机吗?"

"没有。"

"是喽,没发现敌机,咋就说鬼子要登陆了呢?"

"这……"

李世甲还想说什么,李良荣断然打断了他的话:"肯定是马祖列岛的伪军要来抢粮了。有我第 240 团一个营守在连江浦口,不足为虑。"

谁知事情却与李良荣"斩钉截铁"的判断相反。下午 2 时,日军第 62 旅团率领伪军从浦口登陆。驻防在浦口的第 80 师第 240 团第 2 营营长立即向团部报告:"来犯之敌确实是日军,而非全是伪军。"

团长马上转告师长。这李良荣就像一个偏执狂,愣是不相信是日军。

"双方已经交火了,全是穿黄军服的矮个子,我们主力不得不赶去参战了。"团长没空再与他争辩了,火急火燎地撂电话了。

李良荣见势不妙,马上打电话给李世甲:"命令陆战队进入预设的阵地。"

第 80 师主阵地在大小北岭,陆战队的作战地区为第 80 师右翼。李世甲决定率江防部官兵和陆战队第 4 团第 3 营及军士教导队迎击由连江进犯马长地区之敌。

"你走了,马尾怎么办?"参谋长何志兴问道。

"你留下指挥第 4 团(缺第 3 营)留守。"

这时,日军已经占领了连江县城,一部兵力占据琯头岭,主力由潘渡正向大小北岭进犯福州。

李良荣亡羊补牢,已派出第 239 团中校团附陈维金率搜索连向连江搜索前进。结果,搜索连在途中与鬼子发生遭遇战。第 80 师与日军主力的正面作战随即打响了。

开始,日军的进攻十分犀利,第 240 团第 3 营营长眼看抵挡不住,擅自开溜,导致全营因为无人指挥而溃败。李良荣大怒,骂道:"无能,无德!可悲,可气,可耻!"立即派参谋长逮捕该营长,将他就地正法。

这一举将第240团官兵"振奋"起来,人人奋勇杀敌。

李世甲率陆战队第3营占领岭头门阵地后,在恩项村设立了指挥所,以一个连留守鼓岭,作为岭头门的右侧卫;以教导队占领一个山口,作为岭头门的左侧卫。

30日拂晓,战斗全线打响。陆战队官兵凭借岭头门险要地势拼命死守,鬼子连续猛攻,但都没得逞。第3营第9连连长陈崇智负重伤,其他官兵亦有伤亡。

10月1日,战斗还在继续。福州各军政机关纷纷后撤。李良荣见状,对李世甲说:"你下岭头门去福州城,找到警备司令黄素符和市长黄澄渊,告诉他们前线情况稳定,不要惊慌。"

李世甲立即去了福州城。

福州市长黄澄渊得知前线挺住了,慌忙又将一些已撤离的机关迁了回来。

谁知一天之后,战事突然又变得十分紧张了。李世甲立即命令第4团团长戴锡余率第2营增援岭头门,以第1营的两个连分别守备闽安镇和马尾,旅直属部队和第1营的两个连转移到福州东北郊待命。

这次日军主攻相当凶猛,第80师的3个团奋力作战,伤亡很大。10月3日凌晨,在战况汇报会上,李良荣问李世甲:"你能否派出一支部队由闽安镇去南阳,在敌后发动攻势。"

"具体的战法是?"李世甲问道。

李良荣说:"交战数日,敌情已经明朗:鬼子前锋已推进很远,而其他部队还在守着登陆点,没有相应的行动,为什么这样?只能说明他们海上补充不能缺少,攻取福州的决心似乎不太大,所以时时保留着一条退路。现在你派一支部队去南阳敌后,主力向小北岭集结,我第238团也向那里集结,再以第239团从红庙出击,先夺取鬼子的炮兵,杀其威风,接着向降虎、宦溪攻击,然后直接进攻鬼子的登陆点!"

李良荣

"好啊!"李世甲大喜,"鬼子损伤很大,我们定能把他们赶下大海!"

散会后,李世甲找来第1营营长林苞:"你带两个连由福州台江轮运去马尾,配合驻守在马尾和闽安镇的两个连去南阳,攻敌侧后。"

"好的!"林苞答应了。

"我预计你们午后4时就可以到达,限令在黄昏前完成袭击部署。"

林苞还是"好的"一声,率部就走了。

李世甲盘算着林苞此去背后击敌,应该能够扭转战局。不料11时许,福州市警察局局长谢桂成呼哧呼哧地跑进他的办公室来了,惊慌失措地说:"李司令,第80师已准备全线后撤,弃守福州啦!"

"什么啊,不可能吧!"

李世甲急忙打电话给李良荣。在电话中,李良荣说:"你率部后撤,在桐口至大目埕之线布防并进行警戒。"

"这……这,"李世甲劝止他,"这样做,就是当年陈琪的下场啊!顾总司令定不会饶了你我的!"

"这就是第三战区司令长官顾祝同的命令。"

这是怎么回事呢?

原来上午在李世甲调兵时,李良荣将自己的计划向第70军军长陈孔达请示。谁知这陈大军长一听就不同意:"你的理想太大喽!"

李良荣说:"激战三昼夜,鬼子经七次增援才进至大北岭,其损伤疲惫已到了相当程度。昨日通夜鏖战,鬼子没能拿下莲花峰,今日如此沉寂,显然是攻击受挫。我军尚有四个未投入战斗的完整营和海军陆战队一部,莲花峰上还有一个完整连和两个不完整连,第240团也恢复了一些战斗力,集此力量,相当于两个团,在敌困顿之际,奋力一击,可望把敌赶下海去。"

但是,陈孔达还是不同意,李良荣也是员骁将,就和他在电话里吵起来了,说:"不打,战机稍纵即逝……"

谁知电话却断了。

过了一会儿,电话铃又响了。李良荣拿起电话,是刚才挂电话的陈孔达,他严厉地命令李良荣:"马上撤出战场,退出去。"

"为啥?"

"第三战区司令长官顾祝同的命令。"

"我的部队还能打……"

不待他说完,陈孔达就打断他的话说:"你师能战,固然好。万一战败呢?不但你师完蛋,闽北、闽西、江西都会跟着你完蛋。如果鬼子再去一捣闽北,连顾总司令都要被赶跑了!"

"没这么严重!"李良荣在电话里和他争执。

"怎么没这么严重?顾总司令说有就有,你说咋办!"

两人争执很久,李良荣最后还是被霸道的陈孔达压服,不得不下令全师和陆战队与鬼子脱离战斗。

现在李世甲来电话问,李良荣气愤地说:"什么时候国家完蛋了,什么时候他们就都老实了!"

李世甲说:"顾总司令怕鬼子危及自己,所以不战。你我还有什么办法?走吧。"

"小小的师长,还不如一只小蚂蚁!"李良荣气愤地撂了电话。

下午5时,李良荣也率领江防司令部和独2旅司令部直属部队,离开洪山桥,轮运去了大目埕。

驻防部队撤走后,4 日清晨,日军约 4000 人不战而进入了福州。事后,日军旅团长喜一万分庆幸地对日本共同社随军记者说:"国军如再坚持一天,我军粮尽腹空,当会退下海去,皇天佑我!"

日军第二次攻陷福州后,没有像上次那样撤离。以后,双方在小北岭一带对峙着。期间,日军两次溯江进攻甘蔗,均没成功。双方在桐口、小桥等地多次发生小战斗,互有伤亡。但是,日军总是局限在福州周围,走不远,一次一个大队长率部稍微打远了点,一仗下来,身边只剩下几个残兵,他羞愧得跪地剖腹自杀。

日军和第 80 师以及陆战队就这样对峙着。

1945 年 4 月,海军总司令部参谋长陈训咏病故,遗缺由海军第二舰队司令曾以鼎升任,李世甲调任第二舰队司令,所遗闽江江防司令由海军第三布雷总队总队长刘德浦继任,海军陆战队第二独立旅旅长职务由参谋长何志兴代理。

李世甲高升了,而他的部队——海军第二舰队却远远地驻防在四川长江上游,从广西西犯的日军已占领贵州独山、都匀,交通阻断。李世甲去不了四川,只好在南平、永安等地等候,准备搭乘陈纳德第十四航空队的飞机去赴任。谁知折腾近一个月,飞机都没来,他也没走成。

5 月间,福州的日军又有撤退的迹象。李世甲马上向重庆海军总司令部报告,陈绍宽命令他:"你再率陆战队第 4 团收复马长地区。"

5 月 17 日,李世甲返回大目埕,协同闽江江防司令刘德浦进行战斗部署。刘德浦说:"我们把陆战队集结在甘蔗,前头部队先挺进小桥。"

李世甲说:"还是先派人与陆军第 80 师取得联系。"

结果,他们与第 80 师师长李良荣商定,兵分三路进军福州,其中,陆战队担任西路,第 80 师担任东、北两路,由第 80 师先派别动队入城,预定以城隍庙举火为号,各路同时并进,会师福州。

5月18日,李世甲到达了古山洲,忽然见城内烽烟突起,当即下令刘德浦率陆战队入城。

国民党军主力浩荡奔来,城内的日军慌了,马上从福州向闽东退却。李良荣率部尾追。陆战队进入福州城后,也继续进军,相继收复了马尾、长门地区。

收复马长地区后,李世甲留在福州继续等候飞机,准备前往重庆转川江去当司令。谁知8月14日,日本无条件投降,李世甲的川江之行也随之作罢了。

08.“劫收”之争

1945年8月14日,日本宣布投降的消息,对于蒋介石和众多要员来说,完全是十分突然和意外的。抗战八年,天天盼反攻,夜夜盼反攻,越盼越是丢城失地,日军拿下桂林,眼看就要打到重庆来了,却宣布投降了。众人的第一反应是不相信,然后才是欣喜若狂,欢呼雀跃。

日本人宣布投降了。海军大总管——总司令陈绍宽还在英国呢。早在5月份,他作为中国代表团海军顾问前往美国旧金山参加联合国宪章会议。会议结束后,众人回来了,他却还在英国伦敦徜徉。

日本投降的喜讯传来,他如同抗战爆发时那般立即从异国乘机飞回国。

陈绍宽为什么在英国滞留呢?原因是他在重庆军委会中地位并不稳固,滞留在伦敦主要是解闷儿。

这些年来,蒋介石一直对海军不放心,认为他们不是嫡系,隔着心,靠不住。而陈绍宽虽然归附了老蒋,不管怎么做、如何努力,还是不受老蒋待见,看透了,也就心存芥蒂,时时提防,并且不买蒋介石手下那些嫡系大将们的帐。

何应钦是军政部长,掌管军费,海军要买船买舰,自然是烧钱大户。陈何之隙,在1931年就"开裂"了。当时陈绍宽为海军部代部长兼江南造船所所长,为了扩大海军,决定扩建江南造船所,并建一海军医院,与军政部商量此事。可是,任凭公文往返多次,却始终得不到任何答复。

石沉大海后,陈绍宽派科长王学海去疏通。

王学海曾留德学习水雷,与军政部许多中层官员是同学。谁知这老关系也"打"不通军政部。他不得不回来说:"军政部个个都是太极高手,水很深。"

"水很深,有多深?"

陈绍宽非常生气,亲自去面见部长何应钦。何应钦大权在握,对陈绍宽一副爱理不理的样子,于是两人发生争执。陈代部长斥责何大部长把持公权。

何应钦说:"没钱如何给你?"

陈绍宽回敬说:"军政部不是缺钱,而是缺了好官!"

眼看陈绍宽毫不客气地举着矛头直指自己,号称"一贯正确"的何大部长对陈代部长不得不以让步来当一次"好官"。

海军的工程项目虽然被批准了,但两人的关系却埋下了祸根。以后,海军的经费处处受到何应钦的掣肘。因为没钱,海军也一直发展不起来。

抗战爆发后,海军因为实力太弱,加

陈绍宽

上"沉舰封江"损失很大。1938 年海军部缩小编制,改为海军总司令部时,划归军政部直辖。何应钦成了陈绍宽的顶头上司。

海军要制造水雷,急需炸药。而军政部在汉口仓库储有炸药。海军总司令部多次申请,却始终得不到批准。陈绍宽没办法了,只好转而请求拨发制雷经费。制雷经费也是几经曲折,最后也只是"蜻蜓点水",远不济用。

陈绍宽的烦心事是一桩接着一桩。

第二年,海军总司令部撤往重庆,大后方物价奇贵,米价飞涨。海军官兵本来就是"英式绅士",讲究生活品质。这通货膨胀马上影响海军官兵的生活质量。陈绍宽为了解决军粮问题,派王学海到军政部军粮局请求调拨军粮。

这王学海讨要军粮,找到陈绍宽提出:"按官场惯例,请先批给我一些应酬费。"

"应酬费?"

"嗯哪!去那里,就得喂。"

陈绍宽一听就大怒,拍着桌子吼道:"喂什么?北洋军阀都没这么腐败!我们不能干这等事,他们不拨,大家一起饿!"

王学海红着脸走了出来。海军总部制雷所所长曾国晟见状,对王说:"你去吧,要花一点应酬费,我负责。大钱没有,小钱从布雷经费项下开支好了。"

陈绍宽因不愿投身腐败旗下,差点害得重庆的海军官兵和家属饿肚子。重庆的问题由于曾国晟的转圜总算是解决了,福建老家又告急了。在福建的海军陆战队由于物价大幅度波动,月饷买不到 30 斤大米,军心不稳。李世甲电告重庆说:"买啥啥贵,官兵营养严重不足。"

不久,有关方面转来军委会的电令:"自行调整。"

海军在经费和军需上受到军政部的掣肘,廉洁的陈绍宽又不肯示弱，终因位居人下而没办法捅破天罩，历年海军获得的军政部的下拨经费不足驻滇美军一个团的伙食费。往上没办法，只能往下动脑筋，陈绍宽不得不开源节流，总部减少开支，部属工厂加紧生产自救。这才勉强维持下去。

何应钦

何应钦的卡脖子，不仅仅是经费，而是全方位的。军政部对海军所请派的驻外武官人选和请派的留学生，均不予批准。海军是技术活儿，军政部不派留学生，这军舰就没人能开得动，陈

绍宽没有办法，干脆听之任之。而属下的将领眼看总部不行，纷纷另辟蹊径，去找，结果，除了陈绍宽此路不通外，其他的道路条条通罗马。到了最后，这些下属也变精了，凡事当总部对自己的请求有所不准时，就去另外找人。

何应钦走人后，蒋介石的另一嫡系大将陈诚执掌军政部，他对找上门的各路英豪，更是有求必应，无不批准。并且陈诚还不通过海军总部，直接点名海军总部人员去××军校、××教育团受训，陈绍宽进行对抗，唯一的办法就是把这些人员说成是"逃兵"，请军委会通缉。军委会当然不理睬，"逃兵"不仅安然无恙，反而大摇大摆出入海军总部，陈绍宽也无可奈何。

这次他在伦敦徜徉，就是消极怠工。

他回到重庆，走进海军总司令办公室，获知的第一个消息就是陆战队第一独立旅没了。

"他们哪去了？"陈绍宽惊讶地问道。

"独1旅被合并到陆军第四方面军中了。"

陈绍宽问："林秉周呢？"

"他已告老还乡了，天天与从南京逃回来的原汪伪军事参议院中将参议饶鸣銮等人在一起喝酒打牌。"

这是怎么回事呢？

原来林秉周在担任护卫湘西至衡阳公路任务时，因为太贪婪，四处捞财，与陈绍宽结下疙瘩。海军陆战队在重庆时几次惨遭"灭顶之灾"，差点被军委会裁剪，据说就是与他暗中拆陈绍宽的台有关。可是，在重庆，他拆陈绍宽的台，自己也不见得升职，反而因为物价大涨，生活质量大大"下降"。然而，他眼看着天子脚下上歪中邪下乱来，高官大员发国难财，捞得金银满贯，也有心出手大捞一把。可人家不是部长省主席公子，就是总司令太太，他一个区区小旅长根本就没办法施展得开，买啥啥便宜，卖啥啥贵，去投机，干啥啥失手；搞走私，军统又盯得死，为此他十分地气恼，重庆物价涨一次，骂好几天娘，骂多了心里也失望了。

千里去做官，只为吃和穿。既然得不到自己想要的东西，那就干脆回老家吧。可是，每次他辞职，陈绍宽都有意不批准，说："你一走，独1旅就完了。"1945年5月，陈绍宽出国了。6月，林秉周暗中向陈诚请求辞职，陈诚当即予以批准，并派自己的高参洪懋祥接替他的旅长职务。

陈 诚

林秉周结束了使命，带着一批人马告老回乡，从海军中退役了。

林秉周一走，陈绍宽又不在家，军委会当初合并独1旅的议论又占了上风。不久陈诚就以任务变化和便于指挥为由，将独1旅属下的第1、第2团和第3团并入王耀武的第四方面军。

这一切都没有经过陈绍宽，连起码的"知会"一声都没有。

此刻陈绍宽获知陆战第一独立旅没了,先是大怒,但木已成舟,有什么办法?不得不叹息说:"军委会咋好像与属下的海军有仇?"也只好认可了。

然而,他认了这事,事情并没有就此完结。

陈诚合并陆战队第一独立旅,并非心血来潮,而是蒋介石准备亲自掌控海军的第一步。

为了控制海军,必须"去陈",蒋介石亲自点名陈绍宽为海军方面的代表参加何应钦主持的对日受降事宜,"调虎离山"。

陈绍宽去湖南芷江,谋划受降事宜。9月1日,蒋介石又下令在军政部之下另设一个海军处,由军政部部长陈诚兼任处长,调远在英国留学的周宪章上校回国充任副处长。而海军总司令陈绍宽在这个处没份儿了。

9月9日上午9时,受降仪式在南京中央军校大礼堂举行,陈绍宽随陆军总司令何应钦与空军代表张廷孟等人出席受降仪式。整个仪式只有短短的十几分钟便结束,代表胜利一方的何应钦还给作恶多端的降将冈村宁次深深地鞠了一个大躬。这让陈绍宽很是气愤,事后对人说:"何某人长期是高调做事,但没有做几件好事!"

这次日军海军投降约4万人,将移交军舰19艘(3艘可用)、驱逐舰7艘(6艘可用)、鱼雷快艇6艘(均可用)、小型潜水艇3艘(2艘可用)、炮艇200多艘(大部分不堪用),其余均为小艇、帆船,大多损坏。尽管是一堆破烂玩意儿,但还是成了各方争抢的目标。

9月10日,中国陆军总司令部给冈村宁次下达军字第二号命令称:(1)日本驻华舰队及越南北纬16度以北地区,香港除外,暨台湾澎湖列岛,日本舰队之舰船、兵器、器材,一切基地设备,及基地守备队陆战队暨一切其他附属设备等,兹派中国海军总司令部参谋长中将曾以鼎负责统一接收;(2)各海岸及岛屿之基地,仍由中国各受降主官派兵接替守备。陈绍宽一看这个命令,突然明白:蒋介石和何应钦派曾以鼎挤兑自己啊！

这接收就是"劫收"，完全是发财的行当。眼看蒋介石、何应钦把海军受降事宜让曾以鼎全权负责，陈绍宽也不示弱，急令还在福建的第二舰队司令李世甲兼任接收厦门日本海军专员，克日前去报到；又急电亲信曾国晟从湖南辰溪赶去重庆，从速沿江接收敌伪舰船。

李世甲奉令后，立即率领陆战第4团第1营准备由集美出发去厦门进行接收，谁知福建省政府主席刘建绪已先派陈重率省保安纵队1个团集结在集美了，也要去厦门进行接收。眼看两路人马就要撞车了，陈重对李世甲说："接收厦门的任务由福建省保安处负责，希望你们海军陆战队不要渡海，以免发生误会。"

李世甲也不示弱地说："我是奉海军总司令部命令前去接受厦门日本海军投降。海军总部的命令，我不能不执行。"

陈重拿李世甲没办法，只好说："那你去龙溪找省府接收厦门委员会主任委员严泽元吧。"

李世甲说："那你也先不要动。"

陈重说："我同意。"

李世甲到了龙溪后，严泽元告诉他说："第三战区顾长官和刘(建绪)副司令已决定，由省保安处负责接收。"

李世甲再一打听，顾祝同已派高参李某和参谋处长唐静武协同严泽元秘密部署接收工作，并且还商量好了分成的细节。他只好致电重庆向海军总司令部请示。

陈绍宽接电后震怒，即刻复电李世甲："令陆战队遵前令办理。"

李世甲再去，陈重不相让。一块蛋糕两个人抢，闹得面红耳赤，因为谁也不让一小步，双方只好架着小炮，在龙溪相持竟达1个月之久。

然而，海军还是敌不过地头蛇。严泽元暗中派人赶去厦门，与日本海军中将原田清一商洽接收事宜。这原田是个正规军人，见自己竟要向"地方保安队"投降,哪里愿意?于是气呼呼地回答说:"我奉中国派遣军总司令冈村宁次之命,本地区应向中国海军投降,未便遵办。"拒绝了这一拨兴冲冲前来接收的人马。

远在重庆的陈绍宽也关注着厦门的进展。9月下旬,他加派刘德浦为厦门要港司令,协助李世甲办理接收。李世甲对刘说:"你以接收厦门日本海军前进指挥名义,向原田发布命令。"

"那保安处这边怎么办?"

"我打电话向刘建绪报告。"

李世甲打电话告诉刘建绪海军陆战队渡海接收的决定,并且说:"请副总司令告之部属不要干预。"

"这……这……"刘建绪说,"你们海军接收不了厦门。"

抗战胜利了,厦门不可能扔着不管。李世甲只好让步说:"我们的接收范围,仅限于厦门的日海军机构,其余的概不过问。"

保安部队接收厦门,日本海军不让;海军去接受,刘建绪舍不得这块肥肉,咋办?刘建绪没办法了,只得同意分一羹汤给海军方面。

李世甲率领陆战队到达后,原田编造了投降官兵花名册和舰艇、军械、弹药、物资等清册。陆战队一共接收了日海军4艘舰艇,其中最大的为一400吨的炮艇,其余为机帆船;受降官兵2000多人,收缴步枪1000多支,轻重机枪、机关炮几十挺,山炮数门。厦门的其余敌伪资产,全部由刘建绪的手下接受。

厦门接收完毕,海军总司令部又令李世甲为接收台湾的台澎专员公署海军专员。

李世甲乘着海平号炮艇返回福州,准备组织人员出发。可是,他手下只有独2

刘建绪

旅第4团,兵力严重不足,怎么办？只好招罗旧部,发布命令,通知旧海军人员回来服役。不久,原被裁剪的第3团一些回乡人员,陆续跑了回来。李世甲录用了其中200多人,将他们编入第4团。

10月20日晨,李世甲率领部分陆战队警卫队先行到达台北,在台北教育公会堂设立了第二舰队司令部。随后,陆战队主力也到达基隆。李世甲令日本驻台海军司令官福岛中将把投降官兵、舰艇及其他物资文件分别造册,听候点收,并扫清海峡和各港口水雷。

10月25日上午9时,台湾省主席陈仪、李世甲等九人在台北公会堂举行受降仪式。日本海军投降1.9万余人,舰艇20余艘,除3人操纵的潜水艇和鱼雷快艇各4艘外,其余均为排水量不足百吨的木壳驱潜艇和小型铁壳登陆艇,还有几百条小艇。

受降以后,陆战队第4团直属部队和第2营及布雷队进驻了左营军港。

中国战区接受日军在台湾受降现场

11月初,李世甲率部队渡海到澎湖列岛,接收马公、左营两军港后,海军总司令部发布李世甲为台澎要港司令,司令部设在左营,下辖台北、基隆、马公三个办事处和马公造船所。

李世甲在厦门、台湾大扬了中国海军和陆战队的军威。然而,这时海军总司令陈绍宽却被陈诚挤兑得无处安身。

在此期间,陈绍宽不顾一切地派人去接收日本舰艇,以恢复海军实力。可他的处境却越来越不妙了。美国第七舰队司令官金开德开着大军舰来到上海，陈绍宽以海军总司令身份决定设宴招待，并邀请美驻华大使赫尔利参加。众人全都答应了。海军总司令部也定好了酒楼。谁知军委会突然通知海军总司令部：以后宴请美国大使和司令级官员，须经军委会批准方可举行。

这个通知为的就是要封杀陈绍宽与外部接触的可能。

随后，美国海军顾问团的四名上校军官来华，陈绍宽特意在南京国际饭店设宴欢迎，并指派曾国晟等四名海军上校作陪。为此，他还亲自在饭店迎候。

可是，开宴时间过了一个多小时，客人还没有到。陈绍宽说："命人打电话催请。"

美国海军顾问道歉说："对不起了，有事不能来。"

陈绍宽并不是被人愚弄，还四处喝彩的人。有人遭到强权打压时，往往是躲，他不但不躲不避，反而更加奋起进行抗争。

11月中旬，军委会令陈绍宽派海军长治号等舰艇开往渤海，堵截八路军从山东半岛渡海去东北。陈绍宽借口军舰需要修理，并请拨油费。油费拨来了，他从上海乘飞机到了厦门，乘着长治舰去了台湾左营军港进行视察。陈诚获知后，拍着桌子骂："岂有此理！"

然后，他马上报告蒋介石。

蒋介石震怒，拍着桌子说："正事不做，坏事整天做！"立即电令陈绍宽返回重庆。

结果，陈绍宽到左营的第二天就不得不飞回重庆。一到重庆，他就遭到蒋介石的当面斥责。

好在这时美国驻华海军顾问团团长莫雷少将抵沪，陈绍宽才趁机摆脱困境，回了上海。

12月，陈绍宽身边的少数亲信将领感觉到处境不妙，私下劝他激流勇退。陈绍宽说："中国小民想干点事情好苦啊，是应该考虑走了。"

下旬，蒋介石下令撤销海军总司令部，由海军处接收海军总司令部。但是，陈诚却担心海军不从，派周宪章率陆军警卫连把海军总司令部大楼包围，先缴了海军警卫连的械，然后召集海军总司令部所有官员点名训话，把将、校、尉级军官分别隔离软禁，并下令所有军舰就地待命，各造船所、要港等单位物资器材等候处理。

28日，陈绍宽愤然将住处搬到了南京下关的扬子饭店。

1946年元旦过后，周宪章通知陈绍宽正式移交。陈绍宽无奈，由饭店步行到海军总司令部，参加交接仪式后，再也不理军务了。一个月后，蒋介石抵达南京，派人请陈绍宽前去晤面。陈绍宽说："辛辛苦苦几十年，落个包围缴械的下场，晤个啥面！"当天就离开了南京，回福建闽侯老家赋闲去了。

他一走，蒋介石掌控海军的最大障碍消失了。3月，海军处扩大为海军署，陈诚兼任署长，周宪章为副署长。

6月，国民政府正式实行军事改制，取消军事委员会和军政部，设立国防部，把海军署重新扩编为海军总司令部。参谋总长陈诚兼任海军总司令，周宪章任海军参谋长，魏济民为副参谋长。

一朝天子一朝臣。远在台湾的李世甲见势不妙，慌忙将自己带去台湾的陆战队改编为海军台澎专员公署各库队，在马尾的另一部分陆战队则于7月全部复员，至此，海军陆战队从人们的视野中消失了。在世界各国纷纷加强海军特种部队的时候，蒋介石却把国民党军海军陆战队完全撤销了。

从此，海军进入大江内河，或者靠近海岸，没有了护路大军，在陆上的军火仓库也无兵守护了，眼睁睁地要成为啥也干不成的"水上漂"了。

国民党

海军陆战队

GUOMINDANG
HAIJUN LUZHANDUI
SHILU 实录

第四章

另起炉灶

01.陆军掌控海军

1946 年 6 月,陈诚重建海军总司令部后,海军经费立即比陈绍宽时代猛增近十倍以上,但身为参谋总长的陈诚并不屑自己入主海军,重点培植周宪章和魏济民两员大将。

周宪章是海军总司令部参谋长,而魏济民则是副参谋长,不过还有一个职务——陈诚为指挥官的舰队指挥部参谋长。两大参谋长,一个掌管海军岸上指挥机关和岸上力量,一个掌管海上舰队,为陈诚掌控海军的左臂右膀。

他们大权在握,本来应该竭力去协助陈诚。然而,这一对哼哈大将似乎并不争气,一上来就对掐,争权夺利。

这周宪章属于"老海军",虽也是福建人,但在陈绍宽与蒋介石嫡系的"内战"中巧妙地把自己锤炼成了陈诚的土木系亲信。而魏济民属于后来居上的新秀。不过,他也不是一般人。他是陈诚的起家部队——第 18 军老军长、时任国防部第五厅厅长方天的"老挑"(四川话,即连襟)。方天见老长官要重建海军,立即荐上自己的连襟。陈诚用人,只一个原则:亲信+背景。这魏济民有方天的老关系,又是英国皇家海军学院毕业的"海归",当即被陈诚当作"杰出人才"予以重用。

这魏济民年纪轻,才 34 岁,资历浅得在许多人眼中只是个黄口小儿。可他身兼海军两大要职——海军总司令部副参谋长兼舰队指挥部参谋长,而陈诚因为国防部参谋总长事务太繁忙,几乎不去海军舰队指挥部,魏济民掌管着海上舰队,黄口小儿谁也不敢小觑。

这魏济民后台硬,权力一大,野心也跟着见长,眼见周宪章本属闽系老海军,以为他不受重用,便开始暗中拆台,发起夺权之战。而周宪章也有心在继陈

年轻的魏济民

绍宽后执掌海军,眼见明显不具夺冠的实力的魏济民跳了出来,要横刀夺爱,哪里甘心就范呢?你狠我更狠。于是,两人暗中培植自己的势力,明里互相争斗,互相拆台。两人都想争老大,势均力敌,都拼得很累,使得陈诚的"海军重建"几乎搁浅。

蒋介石交给陈诚的任务是要大力重振海军,手下两大臂膀互掐内斗,让陈诚很是烦心,细细考虑,认为两人如此打斗,使出的手腕诸如当面对骂、甩白眼,甚至当着手下当面指斥对方等等招式,几乎是小儿科的,叹息一句:"看来都还不够成熟、稳健。"于是断然决定两人都不用,另外选他人取而代之。

可是,这海军大将选谁去呢?

经过多年的折腾,海军内部问题不少,派系也很多。除了福建系外,还有青岛系、电雷系、黄埔系等等,各派各系纠合在一起,争权夺利十分复杂。陈诚选这派的,那派就会抬杠;选那派的,这一派就会拆台,照样会出现周、魏的僵局。人事高手陈诚竟然为这海军大将人选犯难了。

这时青岛系某高人静观时局,主动求见陈诚。在晤面中,他建议

说:"鄙人认为非抬出一个稍有声望，但又与国内海军各派系关系不多的人出掌海军，否则不足与周、魏抗衡，也摆脱不了目前各派各系的瓜葛。"

一语惊醒梦中人。一贯沉稳的陈诚忍不住喜形于色，高兴地拊掌说:"仁兄，太高了，击节叫好!"

陈诚听取了这个意见，经过再三思谋，决定启用土木系大将桂永清去主持海军。

这桂永清是黄埔一期生，在陈诚的起家部队第 11 师(第 18 军前身)当过团长，后被派往德国军校留学，回国后出任中央军校教导总队总队长。南京战败后，他先在战士干部训练团当教育长，随后率部参加豫东作战，结果丢了兰封。前敌总司令薛岳向军委会控告他贪生怕死、贻误戎机，结果被蒋介石一怒之下，撤了第 27 军军长之职。经过几番折腾，此刻他正在欧洲担任中国军事代表团团长。此时被国防部紧急召回国。

桂永清一到达南京，1946 年 9 月 14 日，就被任命为海军副总司令，代总司令之职。

桂永清与海军素无渊源，他以步兵出长海军，也毫无胆怯，带着一班"御前带刀侍卫"就进驻了海军总司令部。这一帮人马都是桂永清的铁杆亲信；要么是中央军校教导总队老部下，要么是战干团时手下的教员、学生。他们都是陆军，这次全部充入海军，并一下子就占据了海军领导层。

他们到了海军后，"在上书房行走"，仍穿着陆军军服，还是陆军的老作风，走到哪，岗哨布到哪，并且个个都喜欢带着私人卫队到处耀武扬威。这在海军中是从未有过的事。因此，海军官兵极为反感，可有什么办法?家由人家来当了，只得听从，任他们摆布。很快，他们连任人摆布的资格都没了，桂永清把陈绍宽的闽系将领全部废弃不用，曾以鼎、李世甲等老将概不重用。

在重建海军过程中,桂永清终究是喝过洋墨水的,认为陆战队是海军作战的有力保障,不能或缺。于是在上任伊始,就着手重建海军陆战队。

然而,他重建陆战队,绝不是像重建海军那样小打小闹,换几个干部就草草了事,而是真正翻盘重来,另起炉灶。为此,他把这项重任交给了海军总司令部高级参谋——杨厚彩。

杨厚彩何许人也? 桂永清的老部下。

桂 永 清

两人关系十分铁。杨厚彩的老家——湖南浏阳与桂永清的老家——江西贵溪不算远,素有"湘赣一家亲"之说。两人两度为校友,先是黄埔军校,桂为一期,杨为六期;后一起留学德国,同为"海归"。归国后,一起在南京中央军校教书,桂永清当军官训练班及高等教育班主任,杨厚彩为教员。随后,又一起在中央军校教导总队,桂永清为总队长,杨厚彩先后为工兵连长、营长、团长。抗战爆发后,一起保卫南京城,战败后,双双来到军事委员会战时干部训练总团,桂永清为教育长,杨厚彩为第一总队队长。兰封失守,桂永清被撤职,杨厚彩则辗转去了西北的战干团第4团,再去胡宗南手下的中央军校第七分校出任第十三总队队长及军官教育队队长,后调任第1军第1师副师长。

这次桂永清重返军界,带着大批陆军官佐进驻海军总司令部时,杨厚彩是受邀转调海军的铁杆亲信之一。

1947 年初,杨厚彩受桂永清之命在南京筹建海军陆战大队,以海军总部高参身份兼任大队长。

他本来以为重建陆战队如重建海军差不多,换几个干部就可以了。谁知一着手，就发现事情远非想象的，原陆战队已经不复存在了，重建只能是去新建。

创业维艰，工作千头万绪。然而，杨厚彩却只一个"光杆司令"，连一名助手都没有，怎么办？一日，他撞见了自己的一名学生蒋长泰，问道："你现在在哪？"

"陆军第48师。"

"你来跟我吧！"

杨厚彩就把他调过来了，然后，带着他开始组建陆战队的行动。

这一天，杨厚彩带着蒋长泰搭公车去南京海军总部第六署，联系组建陆战队公文事宜。第六署开具了一份公文通知，云："在上海的海军仓库，协助杨将军检视日本海军陆战队投降时，所缴军械、装备、器具等，将来有否可供我陆战队利用者。"

杨厚彩取得了这份公文，当即搭火车返回上海。

就这样，杨厚彩拿着这份"有否"的公文开始了建军之旅。

他和蒋长泰先去海军属下的江南造船厂，申请了一辆吉普车，再开着吉普车到海军仓库检视军需物资，并索取了有关资料。接着，在座落在高昌庙的海军机械学校找了几间房子作为临时办公室。

有了空房子，却没有兵，怎么办？接着就要着手解决兵源问题。杨厚彩只是一个海军总司令部的高参，从哪里弄这么多的兵源呢？略一思索，他有办法了，就是征召自己多年的老部下和从西安王曲镇中央军校第七分校毕业的学生们。然后，他又和蒋长泰在南京西康路18号设立了陆战大队报到处，向自己在各地的部下、学生发出了邀请"加盟"的书信。

很快，杨厚彩要招兵买马的消息就传到了他长期工作过的西安。屠由信是第七分校第十八期的学员，离开学校后，跟随杨队长去了"天下第一军"的第1师，在第176旅500团当连附。1947年秋，他随部队移防西安时，当年同期的同学杨昌火找到他说："军校第十八期十五总队同学张怀传说，海军要在南京成立海军陆战大队，亟需基层干部！"

屠由信虽然想当官想得有点心急，但还是懒懒地说："我们是陆军，当得了这海军吗？"

"咋不行！大队长就是咱老长官！"

"谁？"

"杨厚彩长官！"

"好啊！去他那里，肯定会比现在好！"

杨厚彩

"去！去！海军待遇好！"

他们打算立即去投奔老长官，可细细一想又犯难了，这怎么能说走就走呢？胡宗南第1军的军纪，抢老百姓的财物，甚至杀人，无罪；当逃兵却是死罪。怎么办？号称"小韩信"的屠由信说："咱都是浙江人，离家多年，思乡心切，就说回浙江老家一趟去探亲。"

于是，几人偕同张怀传一起去向部队长请长假回家。

"探亲？不行！"团长好像听到什么风声，恶声恶气地拒绝了。

眼见团长不准请长假，几人好磨歹说，屠由信悄悄塞上几条香烟："我们确实想家了，抗战胜利后就'剿共'，离家多少年了啊！"

团长终于松口了："那只准回家看看就回，来去15天时间。"

为了掩饰逃走的迹象，他们空手只身离开了西安，然后途经北平，绕天津、山东，到达南京，先赴西康路18号陆战大队报到，求见老长官。

杨厚彩远远见着他们就喊："欢迎欢迎，欢迎你们归队！"这口气俨然他们本来就是他陆战大队的人马。很快，杨厚彩与他们谈妥了在陆战队中的职务。

成交之后，几人高高兴兴地回了浙江老家。谁知屠由信一踏进家门，家人就说有部队的信笺。

屠由信拆开一看，是第1师来信，催促他们尽快返回部队。

这边位置已经谈妥了，还回那大西北做什么？几人商量后，写了封信回复团长，大意说，我们无法回去了，因为海军总部已发布了新的任命。

抗战胜利后，1946年6月蒋介石就引爆国共大战，经过一年多的较量，胜负难分，现在全国各战场都是十分激烈，国民党军最大的难题就是伤亡太大，兵员补充困难。第1军虽然号称"天下第一军"，眼看自己的兵被海军挖走了，是可忍孰不可忍。但双方相隔十万八千里，任你如何牛气，也火拼不起来，第1军军长也拿他杨厚彩没办法，只好报告大长官胡宗南。为了这事，胡宗南通过陆军总部还是与海军总部打了一场人事官司。

桂永清有陈诚撑腰，历来爱护犊子的陈诚用一句"老头子要我抓海军，没人你抓啰！"就把有关方面的"法官"顶了回去。"法官"是老蒋御用的，很乖也很滑头，随后此事就不了了之了。胡宗南远在大西北，还要指挥"剿共"作战，前线一紧急，火烧眉毛了，后方的什么事情没顾不上了。

这杨厚彩也不是什么老实人，见事成了一，又做二，干脆一个劲儿地在西北老部队挖兵挖将，并且将"黑手"伸向了嫡系第36师。

这个第36师是杨厚彩在教导总队时的部队，1945年抗战胜利后，在整编中，他们由三个团缩编为两个团，隶属整编第27师31旅。第二年5月，第31旅在晋南"剿共"失利，不得不北渡黄河，与解放军在运城闻喜地区交火，结果还是被打得一败涂地。10月，部队在杨厚彩的支持下又添加壮丁，改编为整编第28旅。1947年6月，部队整编为第36师，由师长钟松率领进军陕北，与彭德怀的西北野战军发生激战，好不容易解了榆林之围后，回到延安整训。第28旅虽然改编了，但杨厚彩仍视它为自己的私人武装，通过海军总司令部公开发函去第1军，要求征调自己原来老第28旅的干部。

第36师师长钟松虽然不愿意，但师部人事科还是杨厚彩的嫡系掌控。他们悄悄地把这个消息抛了出去，并且公开说："愿意前往去的，可向人事科报名。"

这个消息吸引了杨厚彩一位叫陈器的老部下。

这些年在大西北山沟与共军作战，简直就是在死人堆里打滚。这陈器死打死拼，还是没有"成器"，只是个小小的搜索排排长，其中最关键的原因是老长官杨厚彩走了，上面没人，因此一直提拔不上去。在这次在攻打延安的大战中，他和部队打得惊魂失魄，战后不少关系户甚至连战场都没上过的人都被提升了，而他呢，还是小排长原地踏步。心灰意冷的他在延安是呆一天，烦一天，正想撂挑子走人，突然听说老长官要人，连声说："傻子才待在这呢！"决定抽身而走，当即打报告请调，理由如同屠由信他们一样：声明自己本是浙江人，离开老家整整八年了，现在陆战队调人，上面也有文件，因此想靠家近点，请调去那。这些理由完全合情合理。

谁知陈器将报告送到团长手里时，当场就被他一把扔在地上，并且呵斥道："进攻延安这场大战，部队损失惨重，现在打一仗少一茬兵，我肯定不能放人！"

原来这团长手下的人数越来越少，最烦恼的就是手下没兵。陈器正撞在枪头上了。尽管挨了呵斥，陈器还是不折不挠地继续努力，下死决心要走人。

几天之后，谁也不知他用了什么秘招，终于把团长、师长一一"放倒"，并且让他们乖乖地在报告上签字，同意放他南下参加陆战大队。

获准可以走人了，陈器欣喜若狂，什么也顾不上了，像逃难似的连夜离开了延安，急急赶去西安。

他本计划到了西安后搭乘中航公司飞机"飞抵"南京，谁知到了西安后，机票却一票难求。他想尽一切办法，都买不到一张机票。最后，有好心人告诉他说："你想用正当途径去买票，恐怕明年也别想走了喽。"

最后，陈器不得不求助于倒票的黄牛。机票黑市价格高达800万金圆券，折合黄金1两。他忍疼把这些年当兵攒下的兵饷买了张机票，而这1两黄金的机票还不是直接到达南京的，只能到达河南开封。他飞抵开封后，继续买票，然后才辗转到达南京。

由于老长官召唤，杨厚彩在四面八方的手下纷纷来投。他们到来后，杨厚彩一律重用，说："所有军官全由你们充当。"

这样，陆战大队的干部就不缺了。

1947年9月16日，海军陆战大队正式在上海高昌庙海军机械学校成立，大队部设于南京。杨厚彩为大队长，副大队长叫柳炳熔，也是湖南人，其岳父为新疆警备司令陶峙岳。陆战大队下辖步兵第1、第2、第3中队、第4（机关枪）中队，第5（迫击炮）中队与第6（勤务）中队，一共六个中队，中队长分别为江虎臣、刘满长、陈器、蒋长泰、杨昌火（后调海军官校，由副中队长杨映春升任）、萧子真。其中，第3中队队长陈器、机关枪中队队长蒋长泰、迫击炮中队队长杨昌火，均是毕业于杨厚彩执教的第七分校军官教育队重兵器训练班与校尉官研究班的学员。桂永清带着一批"教导总队"进了海军，杨厚彩则在陆战队组建了新一支"第七分校军"。

然而，这时的陆战大队几乎没什么家当，除了几间办公室外，只有杨厚彩乘坐的一辆旧吉普车，手下有一些将，但没有任何装备。他们穿戴的，都是士兵衣服，并且这些衣服、绑腿、鞋子等都是接收日军战败时留在海军仓库里的剩余物资。

尽管如此，蒋介石、桂永清等人还是把这一日作为"陆战队成军之肇始"，称9月16日为国民党军的"海军陆战队日"。后来，蒋介石的二公子蒋纬国为了说明老子缔造了海军陆战队，说："父亲在东征时，雇用了民间的舢舨船，载运两个步兵营绕到敌人后方登陆，切断敌人的补给线，再加强正面的压迫，而完成了东征，此举证明父亲早就具备了海军陆战队的思想。"孰不知，早在东征之前广东革命政府就有了海军陆战队呢！

经过一些御用专家的热捧，民国海军陆战队以前的历史被蒋家王朝乃至那些到处喝彩的"史学专家"们一笔抹掉，杨厚彩也因此成为"民国海军陆战队始祖"。

02.肥水不流外人田

杨厚彩高调宣布陆战大队成立并且封官后，陆战大队有了将，还是没有兵。有人跑去问："老长官，我们没兵怎么办？"

杨厚彩哈哈大笑说："官帽子已经给你们了，这就是你们要去做的，利用自己的部属情谊、师生关系招罗兵员。"

但是，这些将以前大多是连排长之类，有关系的旧属不多，有人犯难了。杨厚彩教导他们说："当官就得吃苦，世上哪有白捡的东西！希望你们不辞劳苦，到各地去招。"然后，他划定招募区域，以沿海为主，第一中队赴天津，第二中队赴浙江定海，第三中队赴长山八岛，机枪中队赴青岛。

众人纷纷领命招兵去了。

陆战队宣布成立时，杨厚彩高调封官，却独独留下了勤务中队副中队长这个空缺，并且迟迟没有安排人选。难道各路投奔而来的"义士"们才智不够，抑或这个岗位完全不需要人？众人有些不解。

正在这时，杨厚彩远在湖南老家——浏阳县永和镇澄潭乡的亲侄杨培申接到他从南京写来的亲笔信，意思只一个：速来南京。杨培申看罢，就对新婚妻子说："五叔信中寥寥数语，可见事情之急迫！"决定马上就走人。

杨培申怎么在老家，又怎么被老叔召唤去南京了呢？

杨培申是杨厚彩最看重的至亲子弟。他本来已是国民党军连长。因为国民党军到处打败仗，损兵折将，于1947年4月借口要回老家结婚，向部队请长假回湖南后，就再没返回部队，一直滞留在老家，一则躲避打仗，二则与新妻团聚。因此他此时在湖南。

杨培申幼年时，父母就相继去世，他由祖父母以及叔伯们抚养长大。祖父叫杨洁生，本是乡间郎中，因几个儿子都在蒋家王朝谋了官职，几年就赚钱发了大财，于是他也扔掉郎中箱子，在长沙和南京置买大宅，开始享清福了。杨培申在小时候就跟着宠爱他的祖父去了南京，且进了首都名校——钟英中学读书。五叔杨厚彩也非常疼爱他。

当时杨厚彩在中央军校教导总队工兵连当少校连长，时常将小侄从大哥家接到位于南京孝陵卫小水关的教导总队工兵训练基地玩耍。一次暑假，他指派一位班长教杨培申学游泳，学了一周，杨培申可以蛙泳500米，一个月后能在水中持续泡上六七个小时之久。杨培申泡在水中，天天把这当做最好的玩耍，沉迷其中。可吃午餐的时候怎么办？老班长划着小舟，提着饭篓子蹲在船边上，一口一口喂。杨厚彩专门调出一名班长，搁下一切公务，花费整整一个月来"培养"才十三四岁的小侄的游泳本事。这使得杨培申结婚后对新妻讲述这些往事时，还忍不住得意洋洋地说："就是如此严格的训练，将我的耐力与意志力培养出来了。"

妻子反驳说："人家像侍候公子一样侍候你，严个啥格呀！"

严格不严格，不重要，杨厚彩利用手上职权为小侄学个游泳费心如此，可见对杨培申的厚爱非同一般。

杨厚彩对亲人都亲，唯独对这个杨培申是亲上又亲，格外的看重。杨培申在中学期间，一次因扁桃腺发炎而高烧不退。杨厚彩闻讯后，亲自驾驶工兵连的德式三轮机车，跑上几十里，专程载着他并送进南京中央医院。杨培申治疗了整整一个多月才出院。之后，杨厚彩又为他专门请来家庭老师补习英文、数学。

杨培申父母早逝，是不幸的。但他有胜过亲生父母的五叔之爱，应该说又是幸运和幸福的。然而，美好的一切还是被无情地打断。1937年7月7日，日军发动卢沟桥事变，抗日战争由此全面爆发。淞沪抗战之后，日军步步进逼南京。危邦不入，乱城不居，祖父杨洁生立即带着杨培申等老少急急逃回了湖南长沙。

因为中学仍未毕业，杨培申进了长沙市协均中学继续读书。南京沦陷后，1938年1月国民政府军事委员会在武昌等地成立战时工作干部训练团（简称战工团），专门培育流亡学生，准备在结训后派赴沦陷区执行战时工作，号称"北伐靠黄埔，抗战靠战干团"。杨厚彩与大哥都去了战工团，且杨厚彩还是第1团第一总队总队长。因为大批低阶军官在抗日战场上阵亡，军委会便令战干团将这批流亡学生送去四川綦江，入中央军校接受军官速成教育，日后全部充作国民党军干部。杨厚彩立即想到了杨培申，派人通知小侄快来。

宠爱孙儿的老父亲不肯，说："孩子还小，要读书！"

"机会难得，进来就是军官。"

于是，16岁的杨培申放弃高中学业，在这批流亡学生从武昌经过长沙时报名加入。在赴川之前，经过教官们的甄试，战干团流亡学生中一半人员被中央军校录取，不是战干团团员的杨培申亦在录取之列。千里赴川后，他分配在四川铜梁的第二总队参加速学。经过八个多月的训练，于1939年底毕业，毕业文凭为中央军校第十六期生。有了这金牌子，杨培申一毕业就是少尉。

这含金量极高的文凭也不是白给的，毕业生都得上前线。在众人纷纷奔赴前线时，杨培申却迟迟没有分配的消息，等到众人都走光后，他才获知自己被老叔留了下来，"分配"去四川綦江广兴场的战干团第五总队工作。第五总队总队长萧劲与杨厚彩是留德同窗。这个总队主要是搞政治训练，也就是说为部队培育政工部队。杨培申一去报到，少尉就升为了中尉区队长。然而，这战干团也不是永远能呆下去的避战藏身地方。1941年军委会突然裁撤战干团，将它停办，所有干部又被编入军官队待命分发。杨培申又面临着上战场的命运了。怎么办？老叔又出面了，将他升为上尉，随后有关部门找到他说："你当初在中央军校受训时间短暂，还得去补训。"

结果，他又被送去成都中央军校本部补训一年，再次躲过了上前线的命运。

补训一年，杨培申又毕业了，学员们又上战场了，他还是成功躲出，被"派赴"四川涪陵的新兵第二补训处当连长。没过多久，这个补训处也要上前线了，他又转去贵阳出任第一补训处上尉连长。随后，第一补训处官兵也受命奔赴战场。杨培申真是躲哪，命运之神追到哪。这让杨家老少惊慌失措，手忙脚乱。眼看杨培申这次不得不上战场了，杨厚彩获悉自己的黄埔八期学友兼留德同学郑为元正在陆军步兵学校扎佐练习团当团长，这支部队远在大后方贵州。于是，年迈的祖父杨洁生亲自去贵州，找郑团长说情。

郑　为　元

郑为元说："老伯千里迢迢而来，我岂能不给老同学面子！"于是杨培申又去扎佐练习团当了郑为元团长的上尉副官。

无奈国民党军在抗日战场上怎么打，也抗不住日军。1944年秋冬，日军拿下广西桂林后继续西犯，贵州的独山、宜山相继沦陷，郑为元也接到命令，要率部前去攻占独山，杨家独苗——杨培申又得上前线，并且看来是再也躲不掉了。怎么办？郑为元以重情重义出名。在临行前，他亲笔写下一封推荐信，说："小杨，你去重庆远征军干训团受训吧。"

杨培申去重庆远征军干训团，躲过了独山之战。

抗日战场如火如荼，不少军校生在战场上丧命牺牲，而杨培申呢，只闻枪炮声，不见上战场，每次眼看就要轮着上战场了，又如有神助一般，总是成功避战。这不能不说是一个奇迹。

杨培申在重庆远征军干训团学了三个月，1945年4月，又要毕业了。在老叔们的联手运作下，奇迹再次发生，他照样没像其他同学一样去正在滇西作战的远征军部队，而是"分"到青年军第202师606团第1营第1连任上尉排长。他来到青年军才过三个月，抗战就宣告胜利了。一再躲战的杨家独苗和花尽心思安排他躲战的老叔们终于可以松一口气了："老天爷不绝杨家啊！"

既然进入了"和平建国"时期，官兵没了性命之虞，杨厚彩又开始为杨培申考虑人生和前途了。这时杨厚彩的老同学、杨培申的老长官萧劲正任青年军第206师师长。1946年4月的一天，杨厚彩带着杨培申前去拜见萧师长。萧劲问起"杨贤侄"的近况。

杨厚彩说："还是个上尉小排长，没出息。"

杨培申也说："离开长官后，只在郑长官那升了一级，以后一年多都没晋升啦！"

"太慢啦，太慢啦！"萧劲说，"那你到我这来吧。"

随后，杨培申便被有关部门调到了萧劲手下的第617团机枪第1连任连附。三个月后，全师移防河南洛阳整训，萧劲亲自点名将"杨贤侄"升任第1旅第2团第1营第3连连长。然而，好景不长。就在萧劲大当"超级伯乐"的时候，蒋介石发动了内战，中原大地随即成为国共内战的最前线。从8月份起，中共刘伯承的野战军在中原先后发起陇海、定陶、鄄南、滑县等多起战役，打的全是好几万人的大仗。青年军到处救火，也被打得军毁人亡。再打下去，不殒命沙场才怪呢！怎么办？杨培申见势不妙，在老叔等人的策划下，又借口要回家结婚，请假溜回了湖南，从此与青年军断了音讯。

以后，杨培申就一直窝在浏阳县永和镇的山沟里。眼看再也没机会"出山"了，没想到才过一年多，五叔再次从南京寄来了召集信。于是，杨培申第二次应老叔之召，告别新妻，急急赶去南京西康路18号。

杨厚彩见着亲侄，说："机会又来了，陆战队已为你留位置，明天先去大队部报到吧。"

杨培申报到后，就暂住在五叔家。

南京一派歌舞升平。杨培申十几年深受五叔的熏陶，老叔是如此的爱家，小侄自然也是，随后他把新妻从浏阳老家接来了南京。新妻来了南京，杨培申自己薪水不高，也没得官职，心里怪慌慌的。这时在老叔陆战大队任职的那些亲信、手下都自己去招兵买马了，杨培申认为自己要想升职，也得要去走这条路，于是找着杨厚彩说："五叔，我再不被任命，陆战大队就没位置了，快找个地方让我去招兵吧。"

"你不用着急。"杨厚彩轻轻一笑说，"你先赴湖北汉口接收一批新兵吧。"

1950年7月，国民党海军陆战队两栖班游泳队结业，第二排左起第五位为杨培申队长

原来海军总司令部已在湖北招收了一批新兵，准备全补充到海军一些机构去，杨厚彩闻讯，通过向桂永清争取，将这一批新兵拨入陆战大队行列。杨培申的任务就是去把他们领过来。

这还不容易？杨培申到武汉领着他们乘船顺流而下，短短几天时间就"圆满完成"了接兵任务。杨厚彩对官兵们说："有些人是吹牛治军，这一套在我陆战大队不盛行。我们是奖罚分明，有功就赏！"然后，发布任命杨培申为勤务中队副中队长的命令。

建军伊始，深谋远虑的杨厚彩为陆战队"潜伏"了一位"杨家将"。

03.“旱鸭子”练兵的趣闻

1948 年 5 月，陆战大队散落在各地招兵买马的中队长接到杨厚彩的命令：率领所部前去福建马尾军港集中，正式开始练兵。

在各路人马中，陈器的队伍最壮实。

这陈器千里投奔老长官后，被任命为第三中队中队长。走马上任后，他的第一件事情，自然就是去招兵买马。1947 年 12 月 14 日，他带着第三中队 18 名干部，从上海搭船前往山东半岛。

他们到达目的地后，立即与当地县政府联系，谁知偌大的山东半岛竟然没几个县理睬他们，纷纷回答说："我们的壮丁任务还都得靠半夜去抓，比逮狼逮兔子还难，哪里有兵源给你们！"

19 人从山东半岛一直走到东部海边，沿途大搞征兵宣传，折腾到第二年 3 月，才在最靠海的烟台、龙口、威海卫及蓬莱等四个县市忽悠了一批无知青年报名。陈器报告杨厚彩说："我们已有 1121 人踊跃报名，因为第三中队名额有限，只择优录取了 180 名。"

谁知这大话一出，杨厚彩发电报来了："其他四个中队均招兵不足，你有多少招多少。"大有当代韩信"多多益善"的口吻。

陈器不得不又去敲锣打鼓，进行募兵，又招得 206 人，合计招得 386 名。然后，带着这批"新鲜血液"跑到长山列岛集中进行整训。正在这时，海军代总司令桂永清恰好到青岛军港视察，闻讯后也来到了东山岛上巡视陆战队新兵部队。

东山岛上，桂永清在一大群随员的陪同下，检阅了陈器的部队，接着看了官兵的出操，然后站在一个土堆子上对官兵点名，最后进行训示。这次走马观花，桂永清心情很好，看到的也全是"鲜花"，称赞不少。

在吃中餐时，陈器说："陆军练海军，我们全靠自学，有不足之处请司令指正。"

谁知桂永清却回答说："谁说陆军练不好海军？我看你们中队考选及集训办理就非常有成效，应给予嘉许！"

这"嘉许"或许完全是随口说的一句应景之话，谁知跟随他视察的青岛海军官校×副校长立即对桂永清的话意进行"诠释"，一个劲地阐述陆军练训海军的好处，热捧陈器"练兵技艺高超"、"空前绝后"。一张嘴以己昏昏，示人昭昭。谁知他的"歌儿"唱得桂永清心花怒放，当即指示说："发电报给陆战大队长杨厚彩，叫他从第三中队选派五位干部前往青岛海军官校担任队职官，协助该校训练学生。"

杨厚彩没料到陈器的兵练得这么好，竟到了可向外派干部传"经"的地步，非常高兴，马上回电："准允。"

桂永清一行走了后，陈器坐在办公室，不住地感慨自己从陆军到海军的悟性，直到半夜还是满心的兴奋，难以入眠，于是干脆起床，叫来几个亲信们一起喝酒聊天。

边斟边聊，陈器仍是感慨万万千，说："我们陆军到海军，一切都不知道，全靠自学自悟，本来担心自学成'柴'，嘿，本没料到自学成才了。"

"哈哈！这海军有何难！喝！"手下们也是得意洋洋。

4月9日，他们奉令搭乘中权号军舰离开长山列岛，去福建马尾集中。他们沿途经过青岛、上海，在上海短暂停留一周后，搭乘军舰经福建定海航向马尾。

5月初，军舰乘风破浪抵达了福建马尾。大队长杨厚彩亲自在码头迎接，其他弟兄们敲锣打鼓，放着爆竹，簇拥着在码头。官兵喜气洋洋地上了岸。

这一拨子人才到达马尾，桂永清上次视察后的嘉奖令也到达了，嘉奖令说"通过上次实地视察，对于陆战队的扩建，增加了许多信心。特令奖励陈器中尉。"

这是海军总司令部对新陆战队发来的第一次嘉奖命令，乐得陈器逢人就说："此份殊荣使我引为毕生无上光荣。"

随后，杨厚彩告诉陈器说："为陆战大队建军需要，海军总司令部决定将大队扩建为团，我打算从1000名招考来的队员中考选192

海军陆战队在练兵

名,成立军士队,训练第一期士官。"

"好啊,什么时候成立?"

"已在 5 月 1 日成立了,你练兵如此有成效,就去担任队长吧!"

陈器练兵的瘾还没过够,高兴地答应下来了。旋即,杨厚彩正式任命他为军士队队长。

海军陆战队要正式开始练兵了,人马都是陆军的"将"和招来的壮丁、学生兵,多数人原来连大海都没见过,这又如何能成海军?陈器获了嘉奖,并且还派了人向外传授练兵之道,杨厚彩倚重他去练兵。谁知真要练兵了,他也傻眼了。这陆战队练兵,他怎么知道该怎么练、练什么?这可不是好玩的,一旦上了战场这可是要人命的事情。眼看手下都是"旱鸭子",他没办法了,只好跑去问马尾的老海军。他们回答说:"以前的陆战队,没钱没船,就和你们陆军一个样儿。"

学没得地方学,偷没地方偷,这一下陈器陷入了窘境,只好跑到杨厚彩那里实话实说:"陆战队这鸟什子,我也不知道咋去练。"

杨厚彩因为系留德军官,对干部训练的各项要求极其严格,天天戴着白手套来检查,突然听陈器说不知道咋去练了,大吃一惊:"桂司令不是叫你派人出去传经吗,咋才开始就不会了呢?"

"我们那只是排排队、走走正步,与陆战队两栖作战不靠谱!"

杨厚彩明白是怎么回事了。可他本人虽出国留学过,学的也是陆军那一套,对海军也是一窍不通。

当初桂永清派对海军一窍不通的他来搞技术性很强且无任何班底的陆战队,其中一个主要原因是杨厚彩当初转行搞过工兵,桂永清认为他这次也一定能触类旁通,于是捉鸭子上架。杨厚彩揽上这一摊事后,前期招兵买马自然没问题,把兵带到马尾后,以为陈器真像桂永清和他本人汇报的那样,能练成陆战队。此刻他获知陈器也犯难且不知如何下手时,望着茫茫大海,他的心也十分茫然,只好交代陈器说:"先别荒着。你先搞新兵入伍训练,练军纪,学营规,再练游泳,搞

'狗刨比赛'。"

杨厚彩的想法是先练基本功,其他慢慢去想。他"触类旁通"几天几夜,也没想通这陆战队该如何练,眼看再折腾下去,也难弄通到底该从哪里下手。眼看国内局势越来越糟糕,陆战队被派上战场是迟早的事情,如果练兵玩虚的,到时肯定全军覆灭。他终于明白了一个道理:这白手套只能检查内务,难练出陆战队!怎么办,在焦急之余,杨厚彩只好叫来副大队长柳炳熔说:"你带些干部去青岛,看看美国盟军陆战队是如何练的。"

于是,柳炳熔率领六名军官前往青岛,希望从驻扎在那里的美军海军陆战队取一些经来。

美国海军第七舰队正在青岛帮着蒋介石运兵东北,忙得不亦乐乎。美军陆战队也驻扎在那里。柳炳熔等人一去,美军大鼻子并不太搭理他们,美军陆战队少将交代手下说:"带他们去看演习吧。"

柳炳熔等人跟着去看登陆演习,只见一帮大鼻子从军舰上跳下

1948 年 9 月 16 日,陆战队军士队正、副班长与
陈器队长(第二排左四)于福建马尾营区合影

来，呼啦啦，就往岸边冲去，然后稀里哗啦地放枪。这看得几位前来取经的"唐僧"晕乎玄乎，柳炳熔说："这不是把陆军装上船，开到海边，然后叫他们往海滩冲吗？"其他几人也是不明所以，结果谁都没看明白，想去问美国大兵，又怕美国佬的大皮靴踢，只好灰头灰脑地回了上海。柳炳熔向杨厚彩汇报说："只带着去看了场登陆演习，如何练兵，人家就是不说。我们真是为难！"

杨厚彩见他们没看出什么名堂，于是决定自己亲去青岛，一则仔细观摩，二则以"诚"感人，去学得美国佬的练兵大法。

海军代总司令桂永清闻知好几位陆战队军官去青岛都没所得，担心杨厚彩去了，对方还是不理，照样吃闭门羹，于是说："我也去！"

结果，他亲自带着杨厚彩等一帮子人前往青岛。这一次，美军陆战队大不一样，美军陆战队少将亲自接待，不仅让他们参观了海军陆战队，还介绍了练兵之法，并且说："我们要建立中美友谊，因此送给贵军部分武器装备。"

杨厚彩等人立即鼓掌。

美军少将特别告诉杨厚彩说："其中还包括好几部两栖车辆，水上能当船驾驶，在陆上可以做汽车开。"

桂永清对杨厚彩说："美军陆战队靠的就是这些水陆通用的两栖装备！"

美军少将还说："海军陆战队就是两栖作战部队，靠的就是两栖装备。陆战队练兵，除了练习游泳术外，就是去练如何使用那些两栖武器而已。"

杨厚彩恍然大悟：以前福建海军的两个陆战队独立旅全是冒牌货啊。

这次他们获益匪浅，杨厚彩带回去了美军陆战队的教程，还有一些两栖车和武器，不仅使得陆战大队战力大增，而且使得下一步练习有了眉目。一回到马尾，杨厚彩就吩咐手下说："以体能与战技为重点先练，接着进行专长训练与战斗教练。"

随后，杨厚彩开始一心一意搞军训。对每一次训练，他都是全程亲自参与，先策划，后督导。为了使得练兵落到实处，他对军官团与全大队官兵分别实施战术教育与精神讲话，当各阶段训练按程序有效完成后，就令陈器把全大队初、高中程度的优秀士兵集中成一队，编成军士队，实施严格的士官教育。

杨厚彩对陈器的军士队尤为关注。这时各中队都招收了一大批人马。排长以上军官，杨厚彩派自己的老部属当了，但是班长一级干部，他没有由他们招罗来的新兵充任，而是告诉亲信们说："你们可以到各地陆军后方医院去甄选。"并且交代了几个条件：一要重品格，二要看体格，三要选有作战经验的。

军士队组建后，杨厚彩没一日不亲去督导。必要时，他还现场讲述动作，以身示范；为了改进实施方法，他还亲自主持检讨讲评。

全大队官兵的整体训练进展很快。

8月，杨厚彩向桂永清报告："陆战大队成军训练完成。"并奉上

历史上就是海军军港的马尾

官兵训练成绩单。桂永清接过来,看也不看就大笔一挥:"扩编为陆战第1团。"

8月16日,杨厚彩宣布部队进行扩编,其中,第一中队编为第1连;第二中队编为第7连;第三中队(军士队)结束训练,官兵分配到各新编营、连,担任班长或副班长;机关枪中队编为营机枪连;迫击炮中队编为第3连;勤务中队编为团直属连;其余干部编入各个新成立的单位,并赴各地实施第二次新兵招募。

陆战大队扩编为第1团后,杨厚彩继续担任团长,柳炳熔为副团长。

04. 第一次出征

桂永清为什么这么急于扩编陆战队呢?完全是因为国共内战的战事需要。9月1日,杨厚彩突然被桂永清(于8月26日正式升任海军总司令)叫到了海军总司令办公室。杨厚彩一进门,桂永清就说:"山东的济南又丢了,守城的王耀武失踪了(其实当了俘虏)。"

因为这时国民党军到处丢城失地,败讯一个接着一个,杨厚彩对这些消息已经麻木了,但济南是山东的省会不说,它一丢就直接威胁徐州、南京,杨厚彩还是忍不住打了个寒颤。

桂永清告诉他这个败讯后,没说别的,只是说:"叫你来,就是决定由陆战第1团派兵开赴浙江定海,到舟山群岛去'剿共'。"

这可让杨厚彩脑袋大了,脱口而出:"陆战队虽号称一个团,还是原来大队时的那些兵和将,兵马还没招募齐,就能出征打仗吗?"

"衢州绥靖公署主任汤恩伯亲自决定的,你选调一些人马去吧。"桂永清有气无力交代说,似乎还没从丢失济南城的阵痛中缓过神来。

军令不可违，杨厚彩在德国军校上的第一课讲的就是这玩意儿，只好硬着头皮去上了，回答说："说选调，其实没什么可以选的，只有第3连人马比较充足，实力较强，那就让他们去吧。"

"他们短期训练后开往舟山群岛。"桂永清点头同意了。

杨厚彩回去后，把连长杨映春和副连长屠由信叫来了自己的办公室。

"去舟山剿匪？"杨映春一听嘴巴就张得老大。

"是啊。共产党游击队把持着舟山群岛，对舟山的海军基地威胁很大，桂总司令亲自令我们前去'剿匪'。"

屠由信的老家是浙江绍兴的，说："我前年回家时咋没听说舟山有游击队？"

"那时候没有。是1947年春以后的事情……"杨厚彩于是把自己从海军总部听到的情况鸦雀学舌地告诉他们。

1947年春，浙东沿海突然出现一股不明番号的杂牌部队，出没在定海、镇海海面，专以抢劫海上客轮、商船为生。当地军警出海几次，一无所获。商家们一派哗然，强烈要求当地政府从速采取有力措施，派军艇护航。定、镇、甬政府说："出海就要军费，要剿匪你们就认捐吧。"认捐后，他们虽然多次调派部队进剿，可是连海盗的影子都没能见着，更别说根绝匪患了。各级政府收了民捐，没法交代了，不得已，只好将匪情上报求援。

衢州绥靖公署将此事交给军统衢州绥靖公署二处余姚组查办。军统就是军统，很快查实了，说："这伙人是以徐小玉、王云轩为首的土匪。"军统衢州绥靖公署二处于是决定"先附后

毛森

剿"，派驻宁波的联络参谋周凌九通过镇海县柴桥镇镇长俞某和镇队附王志清与徐小玉、王云轩等人进行接触谈判，劝诱他们归顺。徐小玉答应考虑。随后，军统衢州绥靖公署二处处长毛森向国防部谎称，在定海洋面有一股来自四明山的共军在活动，现经过策反后，他们愿向国民党军投诚。他为什么这么报告呢？一是推卸自己海上治安失职的罪责，二是张冠李戴，去丑化共产党。接着，毛森派调查科长金科亭前往宁波，全权办理此事。

临行前，毛森交代说："国防部已经同意，将徐部收编为二处直属的浙东海防第一大队，委任徐小玉为大队长，在原地驻防，粮饷、服装参照地方保安队待遇。"

正当他们与徐小玉等人接触时，新四军浙东游击总队也获悉了军统诱降徐小玉的情况，派人一调查，得知徐小玉等人只是一伙被逼为匪的贫苦农民，为生活所迫，不得已才去当了海盗，于是也派出干部曹一新去找徐小玉面谈。徐小玉与国共代表多次谈判后，说："还是你们共产党为老百姓！"决定接受浙东游击总队收编，成立海上大队，并且当即就割断了与军统的联系。

金科亭坐镇柴桥，却诱降徐小玉失败，眼看无法向上交差，急得坐卧不安。怎么办？他只好硬着头皮报告毛森。而毛森已向国防部汇报并请功了，只好令他将赌注押在镇海梅山岛著名惯匪陈有土、应鹏身上。金科亭于是责令陈有土、应鹏两人再次拉起一支土匪队伍。陈有土、应鹏长期为匪，眼看现在有机会受抚并且当军统了，信誓旦旦地预报了人马和枪。

金科亭向毛森汇报说："陈、应两部现在一人一枪，有××名人马等候改编。"

谁知人算不如天算，陈有土、应鹏只勉强纠合旧部七八十人、枪支四五十条，跑到梅山岛"待命"。绥靖公署二处派人前来点验收编，发现"投诚"的人数和枪支，与金科亭上报的"一人一枪"完全不相符合,于是叱问金科亭。金科亭无法交待,眼看就要"数罪并罚",这下棘手了,为了推卸罪责,电告二处谎称陈有土、应鹏等部投意不诚,企图叛变。

毛森信以为真,马上桌子一拍:"烂泥扶不上墙!"下令金科亭将陈有土和他的旧部集中缴械,所有人员押解到鄞县地方法院看守所监禁。

金科亭亲自解着陈有土等人到衢州。在旧历年前,陈有土被判处死刑,在衢州由军统处决。

陈有土被处决了,其他土匪部队因此恨透了军统,纷纷归附徐小玉。徐小玉在舟山群岛一带海上活动,力量不断壮大,对舟山地区的国民党海军基地威胁很大。为此,国防部命令当地驻军全力消灭徐部,可是每次兴师动众而去,都是丢盔弃甲失败而归。1948年7月,衢州绥靖公署主任汤恩伯、海军代总司令桂永清、衢绥二处处长毛森亲赴定海,调集陆、海、空三军部队联合"围剿",海军陆战队也因此接到了参战的命令。

杨厚彩交代说:"舟山群岛很重要,是我们海军从上海去台湾的海上跳板。这次任务很重要。"

"去就去吧,又不是没打过仗!"屠由信说,"最好人数多一点。"

杨厚彩交代说:"我打算以第3连配属重机枪排、迫炮排及通信、补给、工兵、卫生等组,编组成一个加强连,由你们俩带去。"

随后,杨厚彩组建了加强第3连,一共300多人,占了整个陆战队人马的三分之一,以杨映春任连长,屠由信(兼)、张怀传、秦昌正为排长。经过短期突击训练后,加强第3连由杨映春、屠由信率领乘坐着好几艘登陆运输舰开往浙江定海,再转运舟山群岛。

这时海军其他部队已派遣舰艇封锁了徐部经常活动的岛屿,不准任何船只在封锁区内航行。加强连在丁亥休息几日后,呼啦啦地开去舟山群岛。其实,他们乘坐的所谓"登陆运输舰",不过只是几艘机

海军陆战队员们在练兵，左一为陈器

动木帆船而已。杨厚彩没给他们美军赠送的宝贝——两栖汽车。他们跑到舟山附近的沈家门近海时，大海掀起巨浪，好像就是不欢迎这一群不速之客，众人与大海进行搏斗，艰难地前行。突然，一个巨浪翻过来，屠由信这个排的机帆船当场翻覆，"弟兄们"连人带枪掉入发怒的海水中，屠由信大喊："武装游泳！"

幸亏他们在马尾练了好几个月的游泳，"弟兄们"奋力划水，与海浪搏斗，好不容易，一只只"落汤鸡"才湿淋淋地折腾上了岸。

第3连上岸后，在海军舰艇与炮艇的支援下，先后在金塘岛、大榭岛、六横岛、桃花岛与积谷山等地，一个岛屿一个岛屿地"进剿"。其实，徐小玉的游击支队只有200多人。陆战队有重机枪、迫击炮与火焰喷射器，可还是屡次遭袭击，当面对仗也很难打赢。桂永清闻讯，又派海军警卫营上，且当起了主角。双方兵力悬殊，徐部终于寡不敌众，更兼海上孤立无援，被围困在东福山上了。

这一下杨映春来劲了，与海军警卫营联手攻打东福山的徐小玉指挥所。在当地渔民支援下，徐小玉脱离险境，撤至苏北了。

随后，陆战队加强第3连还在舟山"剿匪"，继续突击岱山岛。9

月 22 日,他们与海军警卫营将倾向共产党的定海县保安警察第二中队解除武装,17 人被捕。当胜利的捷报传到南京时,桂永清发布命令:授予杨厚彩为海军少将。然后,与杨厚彩飞临定海,在定海码头犒赏步兵加强第 3 连。

升为少将了,陆战队一个团的编制还没满额呢。11 月,桂永清把自己的小舅子何相宸和他率领的海军警卫第 3 营拨给了陆战队。杨厚彩以何相宸的部队为基础,将其扩编为陆战队第 2 团,任命何相宸为团长。同时把自己的亲侄杨培申升为第 1 团勤务连连长,不久调为第 2 营少校副营长。

如同蒋家王朝其他权势领域一样,"官二代"开始强势进驻海军陆战队了。杨培申是有名的"躲战大王",那么这何相宸又是个什么样的人呢?

抗战胜利后,何相宸跟着姐夫桂永清到了海军,混上几年,官至海军司令部警卫营少校营长,但对海军业务还是稀里糊涂的。在年前,一次国防部组织海陆空三军一些军官到上海造船厂参观。众人走马观花时,突然见工人们从军舰上拆下来一个大大的铁家伙,众人纷纷转头向来自海军方面的何相宸,他说:"那东西是加速机。"

加速机?谁都没听说过,一位留美刚刚归来的空军军官×××说:"美国都没什么加速机,肯定不对。"

可是这何相宸愣坚持说那东西就是加速机。后来,众人经过打听,才知道那玩意儿是鱼雷发射器。不少人都觉得这事好笑,陆军、空军不认识鱼雷发射器倒也罢了,没想到这位海军军官也是稀里糊涂,从此人们对这个何少校变得"印象很深刻"。

何相宸虽然对海军业务一无所知,但陆战队的官兵谁也不敢小看他,他当了团长,就死死把持了第 2 团,除了杨厚彩外,其他人的滴水插不进。

05.招兵买马,逃兵不断

1948 年 11 月,陆战第 2 团以原南京海军警卫营为基干,架子搭起来了,但是何相宸只有一个营,第 2 团不缺将,还是缺兵。

早在 9 月份,军士队经过 18 周的训练,分配至各营、连担任班长,陈器也调升陆战第 1 团第 3 营副营长。之后,杨厚彩派他去继续招兵买马。陈器率领第 8、第 9 连干部搭乘福州轮去了广东,招考第二批陆战队员。陆战第 2 团成立没几日,"招兵大王"陈器等人也从广东回来了。与上一次从长山岛带回来的长长队伍相比,这一次他招来的人马,还是当初带去招兵的原班干部班子,也就是说,折腾了几个月,一无所获。

第 2 团有将没兵,怎么办?杨厚彩只好对何相宸说:"广东那边,本来准备补充第 2 团,已经没希望了。你还是去山东长山八岛招兵吧。"

"招得到吗?"何相宸没什么把握。

"上次陈器在长山岛招兵,当地人听说要到陆战队,人人争着,半夜还有人送钱行贿走后门的,一招就是好几百人报名。"杨厚彩告诉他说。

何相宸率部到达长山岛后,派出干部去招兵了。

几位干部兴冲冲而去,在寒风中把招兵旗号一扎,哪里有什么"争着"的人呢,人们躲闪还来不及!陆战队在哪里亮出招兵的旗帜,哪里的青年男子就瞬间逃了个精光。长山八岛根本没人愿意当兵。何相宸自己没办法了,眼珠子一转,于是就逼迫当地地方政府进行征兵。

结果,征兵任务经过层层摊派,最后落在了甲长身上,规定每一甲必须推出两名壮丁。

长山八岛有个陀矶岛,岛上的井口村有两个姓梁的兄弟,本来世代以打鱼为业,是老实人家,谁知日本人一来,哥俩儿一股脑儿就投了鬼子,以后跟在鬼子屁股后面当二鬼子,告密屠杀抗日军民,欺压老百姓,干尽了坏事。抗战胜利后,1945年秋,八路军进驻了长山八岛,老百姓在清算汉奸时报仇雪恨,将梁家十人处死,老二带着逃生的老少逃上深山,再与其他挨斗过的汉奸家属和子弟组建自卫队,专门与共产党作对。后来国民党军第8军打过来,"收复"长山八岛,老二也下山了,继任第一甲甲长。

这次招兵时,梁老二将自家自卫队40多人全部充当了壮丁名额,可还是不够。为了完成征兵任务,他悄悄将儿子的一位张姓同学及一位朱姓玩伴也吓唬着去当兵。谁知陆战队体检相当严格,张姓同学因为生有一个蛀牙被刷了下去。于是第一甲缺少一位壮丁,急需补充。怎么办?梁老二搜肠刮肚,还是毫无办法。为了躲避抓壮丁,他本已将唯一的儿子梁赤新送去老弟家的渔船躲难去了。正在他为缺额而困扰不已,并承受极大压力时,梁赤新恰巧回家了,老爹长叹一声,决定拿儿子去抵数。

妻子一听就哭,大声喊着说:"哪有当爹的狠心将自己孩子送去当炮灰的?"

"虽然不忍心,我也是无可奈何啊!"梁老二心中也是苦不堪言。

妻子哪里管得了这些?还是不忍儿子去当兵当炮灰送死,天天与老公争执。在官府的压力之下,梁老二跺着脚说:"这些人比日本人还坏,我不送去,如何交差啊!"

智穷才竭的梁老二狠心将梁赤新送去当兵了。

然而,就在梁赤新离家的当晚,他娘便寻了短见。

12月25日,入伍的梁赤新被编到海军陆战队第2团第2营第5

连当二等兵。营长叫杨作连,连长叫陆现玖,排长叫邹证。进了军营,每人发给两套军服,然后被带到长山八岛南端的叶家屯,进行三个月的新兵训练。

第2营辖第4、第5、第6连三个步兵连及一个炮兵连,干部均来自原南京海军警卫营的,第4连和第6连的士兵是从南京招募来的;第5连和炮兵连士兵都是从长山岛各地征兵抓来的。新兵们天天被带到海边,顶着寒风,进行操练。

这里离家乡不远,又个个都会游泳,结果,何相宸和手下稍微一不留神,这些长山兵就跳进大海,几个猛子,人就不见了。几天之后,就辗转回到了老家。何相宸再派人去抓,他们连同家属全躲上山去了。找当地政府要人,对方回答说:"我们把人交给你们了,任务已经完成。现在人不见了,我们哪知道?你们说丢了,那我说你们打了败仗,全殉国了呢!要找,你们自己去找,我们没办法!"

遇到这样的情况,何相宸就是再蛮横也没办法,只好认栽,然后报告杨厚彩:"第5连和炮兵连士兵都是从长山八岛征兵而来,如果再驻防在长山八岛,那就可能完全逃光。"

对于这样的"官二代",杨厚彩自然没有责备,只有代为想办法,于是说:"那你们就移防吧!"

1949年春节后不久,海军总司令部派大军舰来了,准备载运第2营移防到青岛去。

在移防前,第2营的士兵们完全不知晓,只见炊事班一连几天从早到晚忙着做馒头,蒸好后就装进麻袋里。士兵们谁都不傻:这次离开长山八岛,应该会去很远的地方。在军舰发航前,来自长山八岛的士兵又逃走了好几人。

军舰离开长山八岛,驶抵青岛后,第2营暂时驻进了海军军区内的营区,团部唯恐又有人趁机逃跑,便下令任何人不准自由活动。然而,军区的卫浴设备根本不够用,光是几百名陆战队官兵的盥洗,便是一项十分棘手的问题,时间一长,这不洗澡咋行?营长不得已,只好以班为单位,分批领着士兵们去街上开设洗澡堂的商家去洗澡。谁也料想不到的是,洗一次澡,跑一批兵。营长见还是收不住士兵的心,于是晚上举行同乐会,叫一些妓女慰军、剧团上台表演,让士兵觉得部队比老家好,安心下来。谁知同乐会大唱京剧的时候,有人说要上厕所了,这能拦住不准?只好派班长带去,交代他们看住厕所的门。

结果,一会儿班长惊慌失措地跑过来报告:"他们……他们……"

营长喝道:"他们咋啦?"

"他们竟然跳厕所的窗子逃跑了。"

事后,何相宸认为陆战队第2营驻防青岛,距离长山八岛还是近了些,为了阻止不断发生的逃兵问题,仅留下在南京招募的第4连驻守军区,将第2营其余连队再次移防到上海去。

经过好几天的海上颠簸,众人吃着麻袋里的干馒头,军舰驶抵了上海黄浦江码头。此时上海的气候开始热起来了,而陆战队员呢,只有厚重的棉衣可穿,众人热得受不了,只好自行将棉衣里的棉絮挖出来穿。但是,何相宸怕他们继续逃跑,下令士兵们除了早上起床下船晨操、沿着码头跑步外,其余时间必须待在船上,不准下船。天气炎热难耐,十多天下来,大伙儿流汗及衣服的臭味充斥船上,卫生环境堪虑,各连连长不得不再次带领士兵下船去洗澡,结果,又有不少人利用洗澡的机会脱逃而去。

为什么第2营长山八岛的士兵要一而再、再而三地逃跑呢?

原因就在于他们是被强行抓来的,没人志愿当兵。北方人早婚,有些士兵在老家已有妻眷,家里需要他;有些士兵第一次出远门,离家时间稍久就想家;更为关键的是,这些年八路军在山东半岛大得人心,谁也不愿意跟国民党走。然而,在逃兵一茬接着一茬逃跑时,唯独一个人始终没有逃跑。

他就是梁赤新。

　　早在长山岛、青岛的时候,就有同乡约他结伴一起逃跑,但他始终没跑。而他不跑,班长也死死监视着他,半夜里还瞪着眼睛盯着他。船到了上海,众人都下船去洗澡时,这梁赤新竟然拒绝下船洗澡。

　　班长说:"你臭成这样,不洗洗咋成!"

　　他犯愣了,回答说:"我就是不走,看你还瞪我做什么!"

　　原来他是为了表明自己不会逃亡的心志。

　　事后有老乡说他:"你傻啊,还不逃!"

　　他冷笑着说:"我回家,回哪去?"

　　"时局混乱,我们回山东老家呀!"

　　"回了老家,日子也不见得会好过,人家天天来抓,天天都得躲躲藏藏,况且家父又担任甲长,倒不如安心待在部队发展。"这就是他一直不逃的原因。

　　在上海还是有人逃跑,杨厚彩来了狠手,说:"为了彻底杜绝逃兵,第2营干脆移防到舟山群岛去!"

　　第2营又搭乘军舰继续前往定海。上了舟山,众人一看,一下子傻眼了:这里四面环海,谁也没本事游过这大海,逃跑根本不可能了,只好渐渐安下心来了。在定海没什么事可做,日子太无聊了,于是众人以爬山等活动来打发时间。

　　这时陆战队第1团早在1月份就从马尾基地开到了定海,第1营第3连驻防舟山群岛。第1营机枪连连长蒋长泰调升团部参谋主任,主管全团各地驻防、战、情等业务。尽管没人当兵,兵源紧张,桂永清却还要拼命扩大陆战队的力量,为此又以海军另两个警卫营为基干,将从天津、大沽、唐山、上海、福建、广东等地招募新兵编组而成一个团和几个直属营、连。1949年3月,杨厚彩在定海宣布成立陆战第1师,自任师长,柳炳熔为副师长(也有人对柳炳熔此职务有异议),下辖3个步兵团、2个直属营及5个直属连,其中还有一个战车连。

06.周雨寰的"一步一趋"

在桂永清、杨厚彩尽力做强做大陆战队的时候,国民党军在内战前线溃不成军,蒋家王朝处于风雨飘摇之中,危在旦夕。

在这期间, 桂永清和杨厚彩的另一铁杆手下——周雨寰也是兵败如山倒,弄得自己狼狈不堪。

这周雨寰是四川人,黄埔八期生,与郑为元同期,与桂永清、杨厚彩等人关系密切, 一起留学过德国,在希特勒的军校进修过,归国后在中央军校教导总队。桂永清、杨厚彩、周雨寰长期为上下级关系。桂永清是杨厚彩的顶头上司,而杨厚彩则是周雨寰的顶头上司,杨、周两人不仅在同一单位,而且常常是杨为正、周为副。在教导总队时,杨厚彩为工兵连长时,周雨寰为排长;杨厚彩为营长时,周雨寰是副连长;后来杨厚彩随桂永清去了战干团, 周雨寰也跟着去了战干团;之后,杨厚彩去了

周雨寰

西安王曲,他也去了王曲;杨厚彩出任第七分校军官教育队队长,周雨寰出任副队长;杨厚彩再去胡宗南的第 1 军第 1 师出任副师长,周雨寰先接任教育队队长,随后也紧跟着下了部队。在漫长的人生中,如果说杨厚彩与桂永清是一步一趋,周雨寰则与杨厚彩为一步一趋,

三人之间形成一个一环接一环的生物链,垂直往下。然而,就在杨厚彩紧跟桂永清去了海军后,周雨寰与杨厚彩这个"一步一趋"的链条才突然断了。

这倒并不是他周雨寰不愿意追随他们去海军,而是他被老蒋的二公子蒋纬国看中,推荐去了国民党军的另一支精锐部队——青年军第87军。

1948年秋,国民党军在华北的"戡乱"局势渐渐恶化,蒋介石为了保住平津及周围地区,拼命在这个地区"增强"战力。为此,将青年军第208师扩编为第87军,隶属第17兵团,再上一级主管单位为傅作义的华北"剿匪"总司令部。第208师升格为军时,师长段沄晋升为军长,统辖第220、第221及第222等三个师,周雨寰由蒋纬国推荐出任第222师师长,由此脱离了三人链条。

然而,他脱离了这个三人链条后的命运似乎并不佳。

当年10月,第87军奉令将北平防务移交,东调担任北宁铁路西段唐山、芦台的守备任务,支援东北"戡乱"作战。谁知"戡乱"越"戡"越"乱",东北战况瞬息万变。11月初,沈阳失守,在东北的数十万国民党军精锐部队和装备丧失殆尽,伤兵败将如同潮水般涌入关内,充斥北宁一线。随即,林彪的东北野战军又要入关,蒋介石不得不下令弃守北宁线。第87军沿铁路向塘沽方向转移。谁知东北野战军尾随南追而来,第87军兵败如山倒,主力好不容易才撤至塘沽及大沽口一带。段沄立即带着三位师长跑到天津防守司令部,找到防守司令侯镜如要求先上船南撤。

侯镜如不同意,说:"第87军负责防守东北部,你们一走可怎么办?"

周雨寰等人立即表示不接受战斗任务。最后,侯镜如也没办法了,经过协商,第87军先将行李、物资装在船上,非战斗人员和家眷移住船上。

这样，几员大将才稳下神来，勉强在塘沽坚持下来。

1949 年 1 月 15 日，东北野战军经过 24 小时激战，解放天津。塘沽岌岌可危。第 87 军官兵眼看孤立无援，连夜登舰逃走。腿脚稍微迟缓一点的官兵，就被解放军追上，3000 多人当了俘虏。

周雨寰等人坐在大军舰上漂洋过海，经青岛撤往上海。当他们惊魂失魄地从黄埔港口上岸后，又获知淮海战役也已结束，国民党军五六十万人马全部被歼灭，解放军百万雄师已汇聚在长江北岸，就要渡江南下了。南京、上海乃至长江一线所有地区都陷入万分恐惧之中。周雨寰感到四面都是哀哀吟唱的楚歌，心情极度苦闷。

正在周雨寰惶惶不安之时，突然有消息说第 87 军军长段沄要率部南下湖南。因为他是湖南绥靖公署主任兼省主席程潜的女婿，程潜报准国防部将第 87 军调回湖南。段沄也是湖南人，为衡阳人氏，与杨厚彩的老家浏阳并不太远。可周雨寰这一年多跟随着段军长，总是觉得此湖南长官不如彼湖南长官，追随段军长全然没有跟随杨长官那么开心、自在，眼看部队要出发去湖南，他立即决心"归队"，到桂永清、杨厚彩那边去。

谁知当他找到老长官时，杨厚彩说："老弟，你是师长，我也是师长，我这儿没法安排你。"

原来杨厚彩一见周雨寰马上就警觉起来了：一个老黄埔，老手下，恐怕野心不小，立即冷冷地泼了一盆水。

周雨寰说："判断局势，共军迟早会渡江的，而蒋总统（实际上已下野了）的布局，肯定以陈诚长官为东南军政长官，总管浙、闽、台三省，将来势必以台湾为基地，支援国民党军固守浙江与福建，再图东山再起。这种态势下，海军陆战队的扩建，刻不容缓。然而，就现在的兵力而言，陆战队无论兵员、装备与训练，都不足以担当如此重任！我愿意追随老长官在崇明岛，有没有职位，无关紧要！"

杨厚彩认为陆战队扩充在即，希望这陆战队全是自己信得过的人,眼见周雨寰还是原来的周雨寰,没有野心,于是放心了,说:"我同意,就不知桂长官意下如何。"

于是,两人一起去面谒桂永清。

在桂公馆里,两人力陈扩建海军陆战队的必要性和紧迫性。桂永清先对两位亲信的建议极表赞同,但沉思许久,又说:"唯以事关重大,必须请示蒋总统才能作最后裁决。"

"那就快请示啊!"周雨寰迫不及待地说。

桂永清当即指示秘书说:"由海军总部备妥公文,交周雨寰去国防部办理。"

可是第二天桂永清的秘书备好公文后,却四处都找不到当初火急火燎的周雨寰了。

这周雨寰哪去了呢?难道他随军去湖南了?没有。此时,周雨寰独自一人正在急急赶去浙江奉化的火车上。原来,精明的他认为桂永清同意了,国防部不一定同意,到时一阻止,事情全黄了,因此决心去面见蒋介石,先拿下老头子,再去拿下国防部。

当他风尘仆仆地到达奉化溪口时,硬是被阻拦在蒋府大门之外。不过,这周雨寰既然敢来这里,自然也就一切盘算好了。蒋介石的侍从医官熊大夫与他有同乡兼亲戚之谊。眼看被门岗阻止,他转而去找熊大夫,再请他去找蒋公子纬国。

他为什么要去找蒋纬国呢?

因为他与蒋纬国有着一段不平常的交情。首先,他与蒋纬国同为留德同

蒋纬国

学。不过,在留学德国时,周雨寰一个小小的黄埔八期生攀不上蒋公

子的,两人仅仅是见过面认识而已。他们真正的交情是在抗战期间蒋纬国最不开心的时候建立起来的。

这一段"共同战斗"的经历就发生在周雨寰接替杨厚彩出任军官教育队队长的那一段时间,大约是1941年左右。当时蒋纬国受老子之命前往陕西,准备到第一战区司令长官胡宗南的麾下进行锻炼。蒋纬国由蒋介石的重臣"何应钦叔叔"亲自从重庆送去西安。谁知充满各种幻想的蒋纬国来到号称"党国第一大将"的胡宗南的部队却是大跌眼睛,大失所望。

他们到达陕西后,胡宗南邀请他们次日早上视察部队。谁知在夜里一点半钟,蒋纬国就听见部队吹响了床号。视察部队是早上5点钟,咋一点半钟就吹起床号呢?他很是奇怪,后来一问,回答说:"长官来了,不敢怠慢!"

"不怠慢,也不用起这么早呀!"

"师部告诉团里4点半钟起床,团里又告诉营里4点钟起床,营里告诉连上3点半起床,起床后还要整理内务,然后从连集合地到营集合地,再到团集合地,最后到师集合地,如此算来,士兵不就要一点半钟起床了吗?"

这话听得蒋纬国眉头大皱:兵贵神速,这5点钟的视察竟要提早3个半小时做准备,这是什么烂部队啊!

第二天早上5点钟,何应钦、胡宗南等人视察部队,并开始讲话。过了差不多半个钟头,天已大亮,何应钦走下讲台去"看部队"——只是与几位代表握了一下手,回来后就忍不住问道:"为什么部队这么多患红眼病的?"

胡宗南立即呵斥手下:"平时教育你们爱兵如子,这是怎么搞的!"随后下令将卫生处长撤职。

他们离开了第1军后,去视察中央军官学校第七分校。像平常一样,中央大官一来,先是部队集合,等指挥官报告人数后,长官们骑上马去阅兵。按照军衔,蒋纬国排在所有阅兵人的最后。在上马前,他按照操典询问马夫:"有没有系好马肚带?"

马夫"啪"地立正,大声回答说:"已经检查过了。"

谁知蒋纬国左脚一踩马镫上去后,马鞍却一下滑到马肚子底下去了,那匹光着背的马也受了惊,前仰后翻地跳将起来。蒋纬国见状,赶快用右手抱住马脖子,左手拉过马头,再在它鼻子上用力一拧,才把险情控制住。等他重新把马鞍放好以后,将军们早就跑远了。蒋纬国策马赶了上来时,所有人都捏了一把冷汗,见他平安无事,又纷纷恭维起他的骑术来了。

这第七分校之行让蒋纬国更加失望了。

何应钦回去后,胡宗南又亲自带蒋纬国参观他的军械库,想炫耀一下部队的实力。接待他们的库长佩戴着两杠三星的徽章,是个炮兵上校。蒋纬国在军械库里发现一种丹麦造的两用机关枪,没有标明重量,于是问道:"这枪有多重?"

上校想了老半天,才吞吞吐吐回答说:"大概八斤。"

其实,蒋纬国很清楚,它不止八斤。对方对份内的事一无所知,而且胡宗南让一个炮兵上校去管军械库,蒋纬国只觉得这种安排是多么的荒唐。

这就是国民党军第一流的部队!随后,他被派到第1师第3团第2营第5连当连长。年轻气盛的蒋连长带着部下过了黄河去和日军作战。官兵冲杀到鬼子阵地前,不多久,第5连的官兵就全倒在地上了。蒋纬国马上明白过来了:原来是他们近战格斗没有练好。

回营之后,他主动向胡宗南提出要在中央军校第七分校开设短期培训班,对官兵进行格斗训练。胡宗南马上同意:"你在我这里,想干啥都行。"把他从前线调了回来,在第七分校成立了一个近战格斗训练班,将周雨寰调来当班主任,蒋纬国当总教官。

就这样,周雨寰与蒋纬国两人联手训练由各师各团选派来的"最

"优秀"的军官了。他们带着一批教官精心苦教,谁知下边推派人选却敷衍了事,不以为然,最后蒋纬国的训练计划完全落了空。

就在这共同的失望和痛苦中,周雨寰和蒋纬国既为留德同学,又一起对官僚主义不满,终于在患难之中成了好友。好几年之后,蒋纬国还不忘记推荐周雨寰出任了青年军第 222 师师长!

这次周雨寰来到溪口,提起蒋纬国的名字,虽然他本人正在南京,但这名字还是十分管用,周雨寰立即被蒋介石传见。

在晋谒蒋介石时,周雨寰先是大表忠心,并且恳请"总统早日复职"。这话很合蒋介石的胃口,连声说:"纬国没有白交你们这些朋友!"

周雨寰见时机成熟,马上说道:"无论就确保台海安全,或者要逆转'戡乱'劣势,都必须立即建立一支能征善战的海军陆战队……"

"是吗?"蒋介石面含微笑问道。

"是的!美国海军陆战队在太平洋战役中逐岛消灭日军,取得辉煌战绩,攻克琉球后,陆战队还图谋攻略日本本土,这些都足以证明执行渡海作战,陆战队是不可或缺的劲旅。"

蒋介石听完周雨寰的报告后,答复他说:"可由桂总司令与国防部研究办理。"

周雨寰取得了最高指示,急急返回了上海,再转往南京,到海军总司令部取公文,桂永清的秘书嗔怪地说:"桂总和我们还以为你去湖南了呢,没想到你去溪口了!"

周雨寰悻悻地说:"如果门可以走出去,谁愿意去爬窗呢?"

第二日上午,他手持海军总部公文,赴国防部,谒见参谋次长林蔚。

谁知在他面呈公文并作扼要报告时,老家伙林蔚并不热心,迟疑了大半天,才缓缓答复说:"当前最急迫的任务,是力阻共军渡江。成立海军陆战队关系部队调拨与装备充实,不是仓促之间就能成的事,必须详细研究才能决定。"

"这……这……"这一"太极"让满怀希望的周雨寰一下子如同掉入了冰窖。

可是,他心想若错过这次良机,以后获得上面批准就更难了,怎么办?人家是参谋次长,发脾气就会得罪他,讲怪话定会把事情弄糟糕。周雨寰此刻倒是十分的冷静,于是坐在次长办公室不走人,以"静坐"作"无声的抗拒",逼他来点头同意。

林 蔚

而林蔚呢,对他则是视若不见,开始"专心"地批阅公文了。

这以软对软的招数并不比周雨寰的"无声静坐"的招术逊色。这让周雨寰坐立不安。林蔚对他没离去,似乎一直不以为意,周雨寰一人坐着,他则一人"专心工作"着。两人沉默地对战,谁也没有说话。

这样一直僵持到了11时许。突然,林蔚的侍从参谋快步小跑过来了,报告说:"有重要电话,请次长亲自去接听。"

林蔚拿起了话筒,刚听到电话另一端传来的声音,当即"嚯"地起身立正,对话言词极为恭敬。周雨寰侧耳去偷听,却什么也没听到,只能隐约之间听到林蔚长回答:"是,是,是,立刻办理!"

历时好几分钟,林蔚的通话才结束了。然后,他非常和气对着"静坐"的周雨寰说:"你到我办公桌前来坐。"

周雨寰正惊讶他的态度大变时,林蔚又告诉说:"本案已决定照办,你可回去等候命令。"

陆战队一旦扩大,周雨寰未来的出路就一下子将彻底解决,他见此事终于有希望了,一扫几个月以来的阴霾,马上向林蔚告辞而去。

回到旅社后,周雨寰与自己的副官谈论上午的整个经过情形,心情显得极为亢奋。

没过几日,国防部批准扩建海军陆战队的命令就正式发布了,任命杨厚彩为陆战队司令兼第 1 师师长;周雨寰为副司令兼第 2 师师长;谢远灏为参谋长。

这个安排虽然把杨厚彩和周雨寰都任命为陆战队师长,但没有打破杨为正、周为副的惯例,杨厚彩和周雨寰都十分满意。

07. 有将没有兵的难处

周雨寰虽然被任命为第 2 师师长,但遇到与当初杨厚彩建军时同样的大难题,那就是有将没有兵。

这也是此时国民党军所有部队面临的一个普遍难题。部队在前线几乎没打过胜仗,官兵几十万几十万地当了俘虏,枪多人少,只能去招兵。然而,年头虽乱,老百姓却并不傻,谁愿意在这个时候到国民党军中去送死呢?国防部一班人马到处宣传、呼喊,要求老百姓"以党国为重",可就是没有人响应。老百姓说:"吹嘘当兵这么好,怎么还要招兵呢?把我们当傻子,他们才是真傻子!"国防部招兵买马没人响应,周雨寰也没办法,怎么办?只能到处搜罗旧部。

他的旧部李广明等人在这时候被吸收到陆战队了。

李广明原来是青年军第 87 军的,不过不是周雨寰当初的第 222 师,而是第 220 师第 1 团的。他进入陆战队,可以说是费尽了周折。

1948 年秋,当周雨寰等人率部去唐山、芦台等地驻防时,第 220 师第 1 团在团长梅映波的率领下驻防在北平近郊丰台。这里离宛平县很近,是著名的卢沟桥事变所在地。官兵每天上午跑步训练到卢沟桥上，进行战前"励志"。然而，区区一个小冬，国民党军在东北的数十万精锐部队就丧失殆尽，华北地区人心惶惶。鉴于战局逆转，第220师第1团也随第87军移防北宁铁路西段。接着，放弃北宁铁路，改去"固守"塘沽、大沽。在撤往塘沽的路上，官兵非常辛苦，一路上受到东北野战军的尾随追击，枪炮声不绝于耳，李广明等等连续三天两夜兼程赶路，解放军还是紧追不舍，弄得官兵三餐饭都没办法开伙，李广明等人只能靠当贼——偷挖路旁菜园的萝卜来充饥。到达塘沽后，官兵夜以继日筑工事，累得要死。12月23日，解放军三个纵队十个师进攻塘沽。激战到下午3时，李广明手臂中弹负伤，但还是"坚持"带伤作战。不久右脸颊又被子弹打了个贯穿，"噗通"一下被撂倒在地上，不省人事。同伴好不容易把他送到野战医院进行抢救。

伤兵太多，野战医院不断有重伤的官兵被收容进来。这李广明在医院内住了两天，就坚持不住了。为什么？因为他和其他伤兵看到送进来的伤兵们一大半因无法救治而死去，于是集体闹着要求走人。

12月25日，院方安排300余名伤兵搭乘一艘小商船去青岛。小商船在大海上航行了一天一夜，才抵达青岛。到了青岛，也没地方收治。

恰好第87军第9团驻扎在青岛，执行城防任务，市政府官员获知伤兵中多数是第87军的，于是安排他们住进了青岛总医院，其他军的伤兵则被送去条件较差的野战医院。李广明进了青岛总医院后，得到较为妥善的医疗救治与营养补充。

这时青岛尚未受到华北战局波及，还算比较平静，工商活动如昔。1949年元月下旬，蒋介石突然宣告下野，这一下全国乱成了一锅粥，青岛也出现了危情。春节过后一天，院方突然来人喊道："不行啦，不行啦！"

众伤兵吓得"呼"地从床上爬起来了，纷纷问："咋啦？怎么回事儿？"

"挺不住了，要马上转移！"

原来，驻青守军第十一绥靖区司令刘安祺见势不妙，立即根据蒋介石下达的"相机撤离青岛孤岛，转进台湾待命"的密令决定转移。院方赶紧为伤兵们进行安排。李广明等伤兵再次搭上了一艘破商船，被运到了上海吴淞江岸的一家野战医院。

这时第87军其他残兵败将也通过海运转进到了上海、杭州一带。李广明等伤兵到达上海后，原来一些同僚纷纷前来医院探视。一次，一伙人来探望了李广明了。众人谈及外部形势，都是"高天滚滚寒流急"、看不到未来的"背时讲"，这一把就弄得李广明等人心里一派灰暗、沮丧。李广明忍不住说："病房里全是第87军的伤兵，第1、第2、第7、第8团都有，人负伤了，却都不知前途在哪，苦啊！"

探视的同僚中有人突然说："陆战队第2师将在上海成立，正招收干部，师长就是我第87军第222师师长周雨寰，你们去不去？"

原来他们是以探视为名前来为周雨寰招兵的。

李广明闻讯，马上与正愁前路的十余位住院伤兵商量，众人说："已经无路可走了，只有如此了。"随即，十来个伤兵匆匆办理了提前出院手续，直接去了陆战队第2师的营地报到。

1949年3月，李广明被分发到第2师第6团（团长耿继文，副团长何恩廷）第1营（营长李季成）担任上士班长。

进了陆战队，伤兵们才知道，团长耿继文和副团长何恩廷等人也是刚刚被周雨寰以挖墙脚的方式从第87军挖过来的。何恩廷原是第87军的一个小营长，被周雨寰遇见，拉过来后当场就升了半级，当副团长了。

虽然各路召集的人数不多，但周雨寰还是勉强凑齐了一个团的干部班子。这区区几百人马，虽然不少人身上还带伤带疤痕的，但全是周雨寰的老兵老将和铁杆亲信。陆战队第2师即将要正式宣布成立了，周雨寰于是以他们为骨干，建立以自己为核心的第2师力量，宣布以基层干部为部队骨干,先办培训班。然后,他将收罗来的原第87军尉级与士官干部全部送到位于长江出海口的崇明岛,成立干训大队,由苏扬志担任大队长,进行练兵。

这点人怎么称得上一个师呢?兵源之紧缺,就好像当初打仗之胜利一样难以企望。这时海军总司令部又给陆战队一个炮兵团的编制,杨厚彩见没有兵源,没心思要它了,说:"周雨寰,你拿去吧。"

周雨寰弄上干训大队这点骨干都费尽了心思,本来也想不要,转而一想,有将有兵没有编制,这第2师如何做大?于是"收下"了这新编制,然后找来耿继文、何恩廷等人,让他们继续招兵。

耿继文说:"国军打得地方越来越小,没地方去啊!"

"你们就把眼睛瞄向那些流亡学校的学生们,招他们为兵。"周雨寰指示说。

这时因为国民党军四处大撤退,解放军步步进逼,国统区的人们被中央社那些大报小报和电台忽悠得真以为共产党比土匪还不如,抢枪抢粮抢老婆,生怕被"共产共妻",拎着大包小包,紧跟党国要人四处逃窜。学校怎么办?校长们纷纷带着师生像抗战时那样流亡。然而,此时早已不是抗战时候了。许多年轻学子随着学校不断的撤退、迁移,与父母走散,学校常常分成一个年级一个班地单独行动。这就让兵源严重不足的诸如周雨寰等国民党军将领发现了可乘之机,于是派兵到流亡学校去抓学生当兵,补充兵源。

一天,周雨寰第2师的几个陆战队连长、排长窜到了一所流亡的联合中学,要学生们去"应征入伍"。这些十四五岁的孩子全是家长们交托给校长李振宁的。李振宁立即拦住说:"他们的父母把孩子交托给我,如果被你们抓去当兵,要是回了老家,他们找我要人,我如何交得了差啊?"

"妖言惑众,什么交差不交差!"官兵一脚踢去,李振宁就倒在地上。但是,他还是哭喊着说:"求你们让我将这些学生带回他们父母身

周雨寰(中立者)亲自带队练兵

边,你们再抓他们吧!"

李振宁苦苦哀求军官,这下惹恼了连长,他蛮横地说:"这是共产党!"

陆战队员立即一拥而上,将他扭捆起来,当场当作"匪谍"枪毙。

然后,他们将学生集中起来,喊道:"志愿当兵的站左边,不愿当兵的站右边!"

这些学生们懂什么?有的站左边,有的站右边,"志愿当兵"的一边立刻被收编,不愿当兵的学生又被官兵用刺刀刺死。

就这样,海军陆战队第2师收罗了一批未满18岁的小孩子兵。可是这些孩子兵终究一时难以担当大梁,也不足以成军。正在周雨寰犯难之时,手下亲信徐魁荣跑过来报告说:"江苏有个保安团,我们可以收编他们。"

愁眉苦脸的周雨寰像发现一块新大陆,眼睛一亮:"在哪?"

"到了南京。"

周雨寰细细问清情况后,立即去找杨厚彩,要求对这支地方部队进行收编,杨厚彩惊奇地说:"他们会愿意跟你走吗?"

"可不!"

"癫佬才相信呢!"杨厚彩却不相信,接着问道,"为什么?"

"嗨,他们都是些无家可归的地主子弟!"

"都是地主子弟?"

"对,个个和共产党有着血海深仇。"

周雨寰说完,特地介绍了一位叫韦家运的人的情况。

这韦家运的经历在"江苏保安团"中确实有些"代表性"。他本是苏北乡下农村的,家里是大地主,有许多土地。1945年苏北被八路军解放后,其父因是大地主,又当过汉奸,遭到群众批斗,并且"动不动"就被叫去开会,还要搞义务劳动。这老地主一生都不劳而获,靠剥削吃香的喝辣的,哪愿意去搞什么义务劳动?可不去劳动,还真没办法,八路军干部说:"不劳而获的时代已经过去了,人人都得自食其力!"内战打响后,老地主也被派去和翻身农民一样当挑夫,支援前线。其子韦家运眼看父亲一千个不情愿,去当挑夫比死了还难受,不忍心父亲那受煎熬的痛苦,于是要求代父"执行任务"。

这获得了当地人民政府的准允。

其实,这不劳而获的"好光景"被共产党推翻了,小小年纪的韦家运内心是恨之入骨。一次,他们遇到国民党军"进剿",战机发现民工队伍后,马上低空进行俯冲扫射,众人纷纷就地躲避,韦家运也是卧倒在草丛旁才从死神的手里逃过一劫。眼看国民党军战斗机还在轮番轰炸,人小鬼大的他立即趁乱带着一些想逃跑的村民把挑子一丢,往家乡方向奔逃。结果,在逃跑途中遇到国民党军整编第64师。他们不问三七二十一,将他们又收编为挑夫。此挑夫还是和彼挑夫一样——挑担子。然而,这韦家运倒是心甘情愿了,天天为前线送军火、粮草,累得狗似的也毫无怨言。长官发现他特别卖力,眼看部队兵源一日比一日减少,于是招他当了兵。

然而，国民党军也不是救世主，更救不了韦家运。

1947年10月，李弥第8军在鲁东遭到苏北解放军优势兵力围攻，第64师奉命增援，先是移防诸城县，没过三天，北边的平度战事吃紧，他们马上推进支援，结果，到达离平度不远的范家集的一个叫三户山的地方，就稀里糊涂地陷入解放军三个纵队的包围圈内。经过几日激战，守军弹尽援绝，蒋介石急得亲临青岛坐镇，指挥各部"驰援"，第64师残部才在空军支援下杀出重围。

这一战让韦家运也是惊魂失魄。

1948年春，第64师又带伤被派去增援江苏徐州，后来移防新浦。韦家运见跟了国民党军也是生死难保，比在共产党手下当"地主分子"还惊魂，到了新浦更加沮丧。恰好其叔在此开店做生意，姐姐跑到店里为老叔打工。他立即请假离开部队去探望。姐姐告诉他说，在老家的父母都遭到群众清算，咽不下这口气，双双上吊自杀了。晴天霹雳几乎把韦家运击倒，他更加恨共产党了。可跟着国民党，也没活路。两边走，两边堵。怎么办？他干脆也不回部队了，当了逃兵，躲在叔叔店子跟着学做生意。

谁知第二年春节一过完，国民党军弃守新浦。解放军又要打过来了。有人劝韦家运叔侄说："还是回老家去吧。只要听政府的话，共产党还是比国民党讲道理的。你父母不自杀，是有活路的。你们看，许多像你们这样的大地主在解放区生活得蛮好。"

但这韦家叔侄生怕再遭到翻身农民的清算，还是准备卷起包裹，往江南逃难。可是，看着眼前的一堆包裹，韦家运几乎绝望了，痛苦地说："去哪啊？哪都没有活路啊！"

老叔说："我有一位朋友在江苏水上警察大队服务，我们去镇江投他。"

两人急急去了镇江。

经老叔的这位朋友引荐，叔侄俩加入了水上警察，然后，一边执勤,一边接受训练。可训练还没结束,水警大队就被调防南京,协助正规军保卫首都,并且住进了草鞋峡的军营内。

"嗨,这座营房旁矗立着三座大坟。"周雨寰告诉杨厚彩说,"他们一个劲儿想走人。"

杨厚彩听着周雨寰的介绍,惊奇问道:"营房前咋矗立三座大坟呢?"

"民国 26 年 12 月侵华日军占领南京时,发动南京大屠杀,在草鞋峡一地曾屠杀我无数军民,事后罹难者的遗体集体埋在那里。"

"营前有坟,是怪晦气的!"杨厚彩说。

"所以他们心情都不好,度日如年!这伙人都像韦家运叔侄俩那样的,在共产党那里血债累累,在我们这里又无家可归。我们去收编,肯定愿意过来。"周雨寰说。

杨厚彩对这些家破人亡的"恨军"是不喜欢的,严肃地对周雨寰说:"这些人大多因受刺激过多而心灵扭曲,容易走极端,以后部队不好带管。"

"此一时彼一时,再不要他们,第 2 师就没兵啦!"

杨厚彩见状,只好依了周雨寰,吩咐说:"那你把他们招来吧,以后好好看管!"

之后,杨厚彩跑偶去请示海军总司令桂永清同意,将这支水上警察大队收归了陆战第 2 师。

这支江苏水上警察大队大约 300 余人,全部编入陆战炮兵团,团长为徐魁荣。虽名为炮兵团,全团却连一门 81 迫击炮、75 山炮都没有,只有几门最简陋的 60 迫击炮,官兵也没有军装发,水警大队的队员还是穿着水警的"黑皮",抓来的一些学生则穿着海军仓库里找来的日军投降时的制服,再配上军阶,就算建团了。

然而,收编后,周雨寰也没能将他们从晦气的草鞋峡营区撤出。

因为南京已没地方能为这些"弱势群体"挪地了。炮兵团只好继续在草鞋峡进行整补训练,而且日子越来越艰难,尤其是吃的越来越少,天天吃野菜,喝稀饭,日子越过越苦。

桂永清获知这个情况后,一次赴安徽芜湖督战,顺便叫手下在当地抢掠了一场,"扛"回几只杀死的肥猪,扔在草鞋峡的营房前说:"为官兵们加菜吧。"

草鞋峡的弃儿们吃着桂永清抢来的这些"加菜猪肉",好生感动,韦家运叔侄带头痛哭。

经过周雨寰的苦心搜罗和经营,1949 年 4 月 1 日,陆战第 2 师在上海复兴岛正式编成,下辖第 4、第 5、第 6 团,周雨寰为师长,谢远灏兼任副师长。

08.装备部队的高招

海军陆战队在成军之初,官兵既没有什么装备,也没正式的军装,除了杨厚彩、周雨寰等人穿着陆军制服外,新兵几乎全都穿着日军投降时留下"鬼子装"。结果,官兵走到哪,就在哪被人指指点点,甚至还出现在南京大街上,陆战队员被市民误为"鬼子"而追着喊打的情况。最后,海军总部经过调查才发现是一场误会。但事后陆战队的军服难题,还是没法儿解决。

饭都吃不上,还解决什么军服!而装备却不能不解决,否则,一旦上了战场,官兵就只能空手赤拳耍猴戏了。

杨厚彩的第 1 师因为成军较早,抢先接受了美军撤离时丢下的部分武器。在去年的时候,眼见蒋介石在国共大战中日益落败,驻扎在中国各地的美军开始了撤离。在青岛的美军陆战队在行将撤离之际,分批赠送了杨厚彩一些冲锋枪、六〇迫击炮、火焰喷射器及火箭筒等轻武器,另外还特地"赠送"了五辆水陆两用汽车。不过,这五辆水陆两用汽车没一辆能开得动,已经完全坏了。杨厚彩收下后,派人把它们送到江南造船厂整修后,才能用。这是陆战队拥有两栖登陆车辆之始。

而周雨寰呢?没有这般幸运。不过,眼看各行各业、各军各将都在使出绝招,捞财抢兵,他周雨寰也不是孬种,自有门道和人脉。

周雨寰是刚刚打过仗的,知道中央社天天头版头条的"捷报"完全不可信,知道自己率部上战场是迟早的事情,组建第2师后,第一件事情就是想办法去解决武器和装备。杨厚彩获得了美军的"赠礼",他也对着两栖登陆车垂涎欲滴。可这武器除了美军有外,国民党军只有最精锐的王牌军才有,他周雨寰如何能得到?于是,他去找老同学、时任装甲兵副总司令的蒋纬国。

见着面,他就对蒋纬国说:"以前海军各单位将老陆战队视为看守军港、工厂、仓库大门的警卫部队,这不是陆战队真正的战力所在。陆战队没有登陆战车(LVT)部队,便无法遂行登陆作战任务。"

"是吗?"蒋纬国问。

"不是吗?"周雨寰反问他,然后直接要求蒋纬国将他所辖的两个登陆战车大队拨交自己。

"老兄,我给了你,自己怎么办?"

"我陆战队没有登陆战车,怎么打陆战?你照样能打你的装甲战!"周雨寰说,"你把两个登陆战车大队自己留着,我呢,陆战队名实不相符,没两栖战车,如何去练兵?不能训练,也就不能作战。党国大业,不能眼看着毁于你我之手啊!"

这话切中了蒋纬国的软肋。这党国就是他蒋家王朝,支持他周雨寰,也就是支持自己的家族王朝。蒋纬国于是哈哈大笑,说:"老兄,你我彼此为留德同学,抗战时期又隶属胡将军麾下,无论公谊或私情,我都难拒绝你。不过,在这兵荒岁月,我也不能白白送你两个战车大队啊!"

"你给了我,就算白给,以后也还可以要嘛。"周雨寰道出了蒋纬国心中最后的底牌。

但是。蒋纬国还是提出了自己的价码:"我就算是以后可以要,谁为我开动他们呢?你要以相当兵员的一个步兵营和我交换。"

"你二大公子还愁没兵啊?"周雨寰惊讶说,"你真是饱汉不知我们这些饿汉饥啊。"

"老头子下野了,我也是想当韩信而不能啊!这是唯一条件,也属合情合理吧。"

周雨寰没想到蒋纬国也遇到没兵的难题,只好笑着说:"好吧,成交,同意交换。"

然后,两人商定转报国防部核定装甲兵司令部拨给陆战第2师两个登陆战车大队。

虽然"成交"了,但蒋纬国的这一要求还是给周雨寰出了一个莫大的难题,一是他周雨寰本身就没多少兵,拨一个营就等于少了好几分之一,内心一万个不舍;二是手下这些部队不是地方游杂,就是乳

杨厚彩(右一)与大队干部席地用餐

臭未干的黄口小儿,再就是收罗的游兵散勇,官兵人员混杂,逃兵依然不少;三就算把少得可怜的"正规军"(实际上还称不上"正规"二字)给他,其中,有来自陆战大队的,有来自海军警卫营的、江苏水警大队、炮兵团的,还有来自陆军第87军的伤兵,他们均以营为单位编在第2师,各部自成一体,军阀意识极强不说,还极难管治,几句话不合就打架斗殴。在这样的乱军中,甚至还可能还藏着共产党。如果把他们拨给蒋公子,到时出什么问题,反而害了蒋公子,两人的"友谊"不仅被送断,自己也会给他留个"治军无方"的印象。

将哪一个营拨编装甲兵呢?周雨寰真是费尽了脑筋。最后,他痛苦地将桌子一拍:"就他们吧。"将跟随自己在塘沽作战、经历过生死同命的最嫡系官兵,与在崇明岛一起"艰苦共尝"的弟兄们,编成一个步兵营,拨给蒋纬国。

这个步兵营的营长向怀聘的妻子就是周雨寰老婆的同胞亲妹。也就是说,周雨寰不仅把自己最嫡系的部队送给了蒋公子,而且连自己的连襟也送去了,"牺牲"不可谓不大。

"买卖"做成后,周雨寰将陆战队第2师官兵集中到崇明岛进行整训,其中以海军炮兵团拨编而成的第5团,驻防上海,准备参加"淞沪保卫战"。

周雨寰一下子为第2师弄来了高端装备的两个登陆战车大队,而杨厚彩的第1师呢?只有一个战车连,5辆水陆两用汽车还是经过维修的。为此,杨厚彩找了几次桂永清要新战车,可桂永清也没办法解决,并且告诉他说:"蒋夫人坐镇华盛顿,天天带着重礼拜访盟国议员,白宫也不答应给美援,外援的路子行不通了。"美援不到,杨厚彩的高端武器梦也就破了,只好怅怅地回了舟山,继续戴着白手套检查部队的训练情况。

这一日,海军总司令部突然接到定海方面海军舰队的报告:"舟山外海有不明国籍渔船两艘,为巡逻舰艇发现,已带回定海处理。"

参谋长请示桂永清："老总,两艘渔船如何处理?"

桂永清手一挥说:"没收,给杨厚彩!"

旋即,海军总部发出一道命令:"该船越界捕渔,迳予没人,并交由陆战队第1师保管使用,船员释放。"

杨厚彩闻讯,立即登船赶去巡视"战利品"。到了现场,他一看,两艘铁壳角渔船,时速均在20节以上,机械性能良好。马上下令随行的陆战队将它们拖回去。

队员们将铁壳角船拖回营地后,手下找到杨厚彩说:"这只是渔船,没法打仗的。"

"这有何难!"杨厚彩又下令说,"把它们送到海军修械所去,加装大炮。"

结果,海军修械所的技师在两条船的前、后甲板上各安装了25厘米机关炮1门及13厘米机关枪1挺。这一弄,两条渔船摇身一变,就成"炮艇"了。随后,杨厚彩下令将排水量120吨的那艘渔船命名为"继光号"炮艇,排水量100吨的渔船命名为"天祥号"炮艇,并且说:"一以明朝抗倭名将戚继光命名,一以明朝死不投降的大臣文天祥命名,你们一定要为党国争光,为第1师争气。"

国民党海军陆战队各地招考队员集中于马尾编训的情景

"炮艇"有了,可这些陆军来的旱鸭子想去争光争气,却是心有余而力不足,没法儿开动它们。为了能开动它们,杨厚彩只好再由战车连选派具有机械专长的官兵上船接管,官兵随即展开接船训练,一个月后终于能将它们开动了。

09.南京失守后的命运

1949 年 4 月下旬,解放军百万雄师开始横渡长江,江阴要塞海军闻讯发动起义,活捉要塞司令戴戎光,并反戈一击,支援共军南渡。这直接导致国民党军海军江防作战舰艇困在长江水域的江阴与安庆之间不得脱身。随后,桂永清虽然派永嘉号军舰等大型舰艇冒险突破要塞岸炮的封锁,向长江下游突围驶抵上海,但海军整体战力已受重挫,南京也跟着失守了。

4 月 22 日深夜,在长江岸边的陆战队第 2 师炮兵团官兵在睡梦中突然被惊醒:"集合啦!集合啦!"

蒋介石夫妇与美国人在一起

韦家运还没来得及来询问,连长黄庆光冲进来喊道:"快起来,紧急集合!共军打过来啦!"

没有什么命令比"共军打过来"更令官兵们迅捷,众人瞬间穿衣起床,提着枪,没集合就匆忙跟随着连长急急地跑去。

去哪里？谁也不知道，只知紧紧跟在连长的屁股后面往前赶。

当他们火急火燎地到达下关火车站时，车站内已是一片混乱，许多民众携家带眷蜂拥而至，人人都想抢搭火车去"逃难"。黄庆光见状，立即斥喝民众后退，并大声说明部队急赴前线支援作战，必须优先搭乘火车。然而，逃难的民众实在是太多了，根本无人理会他。

在一派混乱之中，韦家运这一个排竟然挤上了火车。但他把老叔丢了。连长黄庆光被丢在站台上团团地转，眼看火车发出长笛要开动了，他急忙喊道："你们这个排先去上海，其余人员另想办法。"

火车沿着京沪铁路直驶上海。行驶到常州车站时，突然停止前进了，并且从车站内走过来一群头戴红帽的铁路工人。他们是地下党，要阻止火车前进。火车司机见状，匆忙逃走了。

偌大的火车被撂在了路上，车上又乱起来了。这时，车上有位海军人士，略懂一些机械原理，胆大的他竟然跑到司机位置，将火车慢速地驾驶着往向前行。

无奈好景不常，火车快到无锡的时候，解放军已在铁路两旁守候，见火车强行通过，立即以机枪向各节车厢进行扫射，韦家运的排长大喊："以60迫炮还击！"

谁知喊了老大一阵，手下的士兵们还是没把60迫炮摆上来。

"以60迫炮还击！还击！"他尖着嗓门儿，声嘶力竭地继续大喊，眼珠子都快鼓出来了。

韦家运说："迫击炮在上车时摆放在行李的最底层，取不出来！"

他只好作罢了。

火车冒着枪林弹雨，终于闯过了无锡。谁知正在众人松了一口气时，它却停了下来。车厢内人心浮动，韦家运这一排"弟兄"们也开始松动了。"剿共信念"一垮，他们竟然随着许多百姓下车逃难去了。

结果，一个排只剩下韦家运与另外三位"弟兄"，连排长都跑掉了。韦家运还是"意志坚定"要干到底,和其他三人商量后,决定步行走到上海去与长官会合。

"丢了炮要杀头的!"一个"兄弟"突然提醒说。

"是呀,沿途状况难测啊,这怎么去?"

几人犯愁了,经过一番商议,决定将挪下来的 60 迫击炮进行分解,连同少许炮弹,四人一起携带下车。谁知几人步行到一座村庄时,就听到前头中共政工人员沿街喊着:"天亮了,大家翻身了!"

这喊声吓得几人脸色大变。为免得被识破身分,只好去向村民借四套便服。这艰难岁月里,村民早被大官小吏层层盘剥,家徒四壁。在他们的威胁下,这家人全部脱下身上的衣服,还凑不起四套衣裤。没办法,韦家运年纪最小,不得不换上了女主人脱下的花衣裳。他们走在街上才一会儿功夫,中共政工人员便围过来盘查身份。幸亏韦家运身上还带着一张当初在连云港逃难时发放的难民证,这才得以蒙混过关。

经过长途跋涉后,他们抵达了苏州火车站,陆续见到了团长徐魁荣、副团长蒋宣仁及连长黄庆光。

由于这一次"转进",本来兵员宝贵的陆战炮兵团又丢掉了 200 多人,剩下不到 100 名官兵。徐魁荣在上海的第一件事就是补充兵员,在上海各大街小巷四处张贴招募新兵公告。这些公告与治疗性病、梅毒的小传单混杂在一起,折腾了半个多月,也没招几个人,周雨寰只好下令将这 100 来个人组成一个营,参加由淞沪杭警备总司令部总司令汤恩伯指挥的"上海保卫战"。

不久前,梁赤新所在的第 1 师第 2 团第 2 营也搭乘军舰从定海返回上海,协助保卫大上海了。军舰泊在黄浦江码头,官兵们住在军舰上面。一天,官兵突然看到从南京方面突围出来的海军大小船舰到达黄浦江港口,船身弹痕累累,有的军舰还在船上为阵亡官兵举行公祭仪式。这时他们这才知道海军在南京长江口打了大败仗,逃回上海来了。梁赤新大着胆子一问，对方说："南京沦陷了。"

梁 赤 新

这使得梁赤新一夜没有睡觉。许多人像他一样感到了末日来临前的恐惧。而蒋介石也绝望了，暗中开始做着大陆失守、逃往台湾岛的准备工作。一天晚上，第5连连长陆现玖突然集合部队，宣布说："上级叫我们去搬运货物。"

"搬什么？"有人问道。

陆现玖说："不知道。不过，上级叮咛我们在搬运过程务必要特别小心！"

为了保密，码头四周还派有宪兵进行警戒。货物全是以木箱封装的，每个木箱里还装有两个铁制的小箱，而且捆绑得很牢固。箱子很沉很满，分为两大类，一类是需要七八个人才抬得动的大箱子；另一类是四五个人抬的较小一点的箱子。这些箱子搬运到他们居住的军舰的后段船舱，堆放起来后，再用帆布覆盖。官兵一直搬运到凌晨两点才收工。

第二日，他们白天休息，到了晚上9点，又集合开始工作。

谁不清楚搬的是啥东西。在搬运过程中，他们比黑工还不如，伙食很差，他们虽然住在军舰上，但不与军舰上的海军一起开伙，只能吃着当初从长山八岛带来的干粮。因为时间太久了，这些馒头已经发霉，伙夫只能将发霉的地方去掉，然后放到专用的大蒸锅里，再把美军牛肉罐头倒进锅里搅拌。这样的东西吃起来，比猪狗还不如，有人想下舰去买吃的，却不准下舰，结果一些卖香蕉的小贩闻讯上舰来兜售香蕉，一个钢洋买两根香蕉。

他们就这样忍住饥饿，"务必要特别小心"地连续搬运了四五个晚上。完成装载后，军舰奉命驶往台湾，第2营官兵也随同前去台湾。

5月1日,军舰驶抵了高雄的左营军港。陆战第2团第2营到达左营军港后,当天进驻了警卫新村。那里有日本海军遗留下来的营舍。等到安顿妥当后,第二天,官兵又奉令到码头下卸货物。

这一次,他们可以白天卸货了,并且还用上了堆高机,将军舰上的货物逐次移置到海军汽车大队的卡车上,再送往左营海军司令部的地下室储藏。官兵连续工作三天,才将军舰上的货物全部卸完。

随后,梁赤新所在的第5连负责海军总司令部的防务。没过几天,连长陆现玖突然找到他说:"小子!没想到你在青岛及上海都没有逃跑,会跟我到台湾来。"

梁赤新受到表扬,内心里有说不出来的苦,其实自己哪里还有家可逃啊?而陆现玖也不细问,说:"升你为一等兵。"

又过了几天,天下着雨,梁赤新与五六位士兵奉命到海军总部出公差。出什么差?就是将先前从军舰搬到海军司令部地下室储藏的货物再搬上卡车,运往冈山空军总部。谁知在搬运过程中,一士兵由于下雨手滑,不小心将箱子摔落在地上,"哗啦——"箱子里的银元洒落一地。此时他们才知小铁箱里装的全是银元。

6月,第5连又奉命派一个排从左营火车站押运一批货物到台北火车站。货物装满了三节车厢,负责押送的官兵就睡在木箱上,货物顺利运抵台北火车站后,他们就返回了左营。

返回左营后,一位叫蔡德杰的,是长山岛人,悄悄问梁赤新等人说:"嗨,我们啃着硬馒头搬运的是什么?"

"是什么?"

"我们运送的是黄金。"

"有这事儿?"

"可不。你们看。"他骄傲地向同乡们炫耀展示。

原来这位老兄发现是黄金后,趁着押送之便,找了个小铁片,一路上拼命地刮,刮下来的黄金约有一钱多。

官兵们这才恍然大悟,搬运黄金的事情随后也就传开来了。

第2团第2营因为逃兵太多,被派去搬运黄金,首先到达了台湾。而陆战队其他部队还散落在大陆各地,有的在山东长山八岛,有的在上海,有的在浙江定海,分别由两位师长统率。杨厚彩率领第1师部与第3团在定海,奉命负责舟山群岛防务;周雨寰则率第2师师部与部队在上海,参加淞沪大战。

10.仓皇撤离去台湾

1949年5月3日,浙江省的省会杭州在继南京失守后接着失守,上海局势愈来愈危急。第二天,陆战队第2师师长周雨寰令第6团团长耿继文马上率部离开上海,直接航向台湾岛。

这个消息一出,众人惊慌失措。副团长何恩廷立即去找周雨寰说:"我们咋就走呢? 我们要不要保卫大上海啊! "

"大上海要不要保卫,不是由你我说了算! "周雨寰耐心地说,"国军精锐各部在上海四周奋力作战,还是抵挡不住共军的犀利攻势,预备部队也全数投入到第一线作战,还是阵地多处相继被攻陷,战况渐趋劣势。三十六计走为上! "

"既然其他部队不行,就让我们上嘛! "何恩廷还是一根筋地嚷着。

"别老以为老子天下第一。陆战队本来就没几杆枪,留在上海反倒成了共军的俘虏,你愿意去当俘虏吗? 桂总司令下令我们首先转移,就是最照看我们啦。"

何恩廷再也不做声,耷拉着脑袋走人了。

第6团撤离上海的命令下达后，让刚刚参加陆战队的曹正纲是十分的意外。

这曹正纲是如何参加陆战队的，值得去提一下。

他是浙江省金华县人。1943年底，日军在金华一带奸淫掳掠，无所不为。21岁的曹正刚激于义愤，与两位同学偷偷跑到江西上饶，报名参加远征军教导第5团，充当学兵。教导第5团受训大半年后，第二年8月17日，自莲荷镇出发，踏上了赴印缅边境的万里征途。一天在赣州休息时，全团举行营火晚会，其中有一个游戏——个人依自己的意愿选择军、兵种——即在陆、海、空军和陆战队以及陆军步、骑、炮、工、辎、装甲兵中"报名参加"。曹正刚虽不太明白陆战队是做什么的却选择了它。五年之后，1949年，这一游戏竟然成真了。

梦想成真，是曹正刚经历生死大考验后才迟迟实现的。

当初教导第5团继续西去，到达了赣南的南康地区。此时湘桂地区战况吃紧，由于前路受阻，全团不得不停下来，在赣南等待空运，这一等足足等了三个多月，仍无消息。赣南绥靖公署见状，找到团长说："本署财政困难，没办法继续供应军粮了。"该团只好移往中央陆军军官学校第三分校所在地——瑞金西岗地区，在那里接受美式军事教学与训练。这一训练一直"练"到1945年春。眼看部队又要被人赶走了，恰好中央军校第三分校招考第二十期学生，曹正刚急忙报名，随后被录取了。抗战胜利后，分校与成都本校合并，曹正刚去了四川成都的北教场营房。

1948年7月7日，曹正刚以全班第二名的成绩毕业了，分配到华北"剿匪"总司令部，再一细分，去了青年军第208师，担任一个机要人员训练班的少尉区队长。

第二年元月22日，华北"剿总"司令傅作义宣布接受中共的和平谈判要求，北平和平解放。2月25日，曹正刚调往陆军第311师通信连。3月2日，该师奉命隶属解放军第5军管辖。曹正刚万万没想到自己当兵当成了"共军",真是骂爹又骂娘。

在部队移驻天津附近的杨柳青镇时,他决定离职走人。他要走,解放军的政策是"留去自由,决不勉强"。3月22日,曹正刚坐上解放军遣散国民党军的卡车,先去了河头镇的解放军官招待所,点名、登记个人资料。在这里,解放军不仅招待他们用餐、住宿,接待人员也没战胜者的姿态,对他们相当客气。曹正刚也不得不感叹共军是"仁义之师",但这并没有阻止他的决走之心。随后,他们领了通行证、车船搭乘免费证还有1800元人民币路费,踏上归乡之路。

他们经天津、沧县、德州、济南到达仍由国民党军控制的青岛,再随第13军的遣散官兵,乘船航向上海。

到达上海后,曹正刚住进了第13军招待所。他原本计划先返回金华老家,再到浙江奉化加入自己的老部队第87军。谁知第二日,他在电车上巧遇同学钟威。钟老同学一见他,就惊讶地说:"嗨,你还没死?!"

"还活着。"曹正刚苦笑着说,"共军放了我。"

"你下一步打算怎么办?"

曹正刚说:"我刚从共军那里放回来,准备去老部队。"

钟威说:"周雨寰现在是陆战队师长,到这边来吧。"

他当即引荐曹正刚去海军陆战队第2师第6团第1营勤务排当排长。曹正刚答应了。次日,他前去第2师报到,果真当上了排长。他没想到这陆战队的官这么容易当,想起当兵之初的那个"选军"游戏,不禁感叹:"天底下的事,竟有如此的奇妙与巧合!"

曹正刚无意之中加入陆战队,正在兴奋之时,蒋家王朝的整个战局已成了一团烂泥。南京已经失守,战火烧向了江南各地,上海、杭州岌岌可危。5月4日,陆战队第2师第6团奉令离开上海,航向台湾。曹正刚千里迢迢地才钻进了陆战队,没想到才进去没一个月,马上又开始了另一场逃亡。

水陆两用汽车在江水加大马力逃命

好在他也是"经历过风雨"的人，意外之余，很快就平静下来了，说："共军拦不住了，走，这也未尝不是好的选择。"

在第6团启程后，韦家运所在的陆战炮兵团也接到了撤退的命令。他们搭乘海军中程号战车登陆舰撤离上海。

由于撤运的船只不够分配，原本只能搭载一个营兵力的舰艇，硬是满满地挤上了7000多名海军官兵及眷属，超载10倍以上。船只驶离码头后，沿着黄浦江、吴淞江北行，谁知解放军沿着岸边紧追，不时用各式火炮对着舰艇射击，炮弹落在海面上激起的浪花，让人怵目惊心。

中程号战车登陆舰也用炮火全力进行还击，边放炮边拼命地逃。在隆隆炮声中，被重量压得低低的军舰拼命加速，怎么也狂奔不起来，在海浪中呜咽着前行，好不容易从吴淞江口出了海，进入了茫茫大海。

虽然安全了，但所有人显得神情落寞，不知个人命运的船要航向何处。韦家运更是无语，内心想起了"宁为平世犬，不作乱世人"的一句古话。突然，有人喊道："韦家运！"

他抬头一看，原来是自己的一位苏北同乡。这位同乡对他诉苦起来了,说:"我们这是自己折腾自己啊!"

"此话咋讲?"韦家运懒懒地问道。

"唉,许多像你我一样的地主分子,老老实实地接受共党的领导,在苏北正过着安静的生活,有的开明人士,还当上了解放区军政委员会的委员。"这位同乡直后悔地说,"真是后悔莫及,自己给自己找苦吃啊!"

韦家运长叹一声:"命啊!"

军舰满载着撤运的军民,慢慢地到达了舟山定海码头,但没有上岸。经过两日短暂的整补后,军舰继续航向大陈岛,在大陈岛上,停留了约一星期左右,继续航行,抵达澎湖测天岛。随后,陆战炮兵团落脚在马公市寺庙及菜园的老日军营房,至此,暂时逃离了战火的威胁。

但是,团长徐魁荣说:"现在没了战火威胁,并不说明一路疾进的共军过几日不会打来。"随后,日夜进行操练。

周雨寰率领第2师匆匆撤离了上海。第1师的战车连还在上海。很快,他们也接到了撤离命令,移防定海舟山,与第1师师部主力汇合。

战车连主要的兵器就是当初美军扔下的五辆水陆两用汽车。连长带着人马先行坐火车撤走了,五辆水陆两用汽车由战车排排长张祉福率领着士兵,驾驶着南下。

这战车虽号称水陆两用汽车,但张祉福没信心从海上开车去,只能走陆路。于是他们自上海复兴岛出发,打算经杭州、绍兴到宁波后,再船运至定海。当他们到达钱塘江大桥时,大桥已被工兵部队为阻止解放军而破坏了,无法通行了。

士兵们惊慌地问道:"怎么办?"

张祉福说:"前有狼,后有虎,我们只能泛水渡江了。"

这五辆旧车还从没"泛水"呢!初试牛刀,驾驶员们真是提心吊胆,麻着胆子对着江水,加大马力冲上去。这水陆两用汽车还真争气,在泛着浪涛的钱塘江上打着"水刨","走"起来了。

结果，他们还真的到达了舟山群岛。

杨厚彩和第1师主力驻守在定海，守备着大陆与台湾岛之间的中继线。张祉福他们的战车排到达营地后，杨厚彩立即命令他们在定海岛与其他小岛之间担当运输小部队与补给品的任务，水陆两用汽车变成了水上运输车。

1949年5月9日，蒋介石由大儿子蒋经国陪同莅临定海，检查防务，并召见杨厚彩，当面指示固守舟山基地事宜。

为了巩固舟山群岛防务，杨厚彩下令第1、第3团在各港口要点部署兵力，构筑工事。

5月23日与27日，宁波、上海先后失守，舟山群岛的战略地位更加重要。杨厚彩已经是草木皆兵了，派出班、排哨，日夜站在山头上，严密警戒海面；接着，宣布限制渔船出入港口，在外围实施海上24小时巡逻。这样做，他还不放心，派出陆战队员在岛内清查户口，组训渔民，实行保甲制度，防止"共谍"与解放军里应外合。他这一弄，折腾得岛屿上到处怨声载道。

然而，随着国民党军在大陆上的大败，残兵败军成群结队地来了，有的坐着大舰，有的划着小木船。众人逃到舟山群岛时，有的穿着内衣，有的穿着裤衩，有的没了帽子。陆战队第1师师部几乎成了杨厚彩的老长官、老学友、老同僚、旧部们的避难所，他不得不进行收容，安排伙食，甚至还请他们晚上看戏。

开始时，杨厚彩和师部还承担得了，可是后来人越来越多，师部招待所、军营都住不下，他本人的师长办公室都不得不腾出来，让人打地铺了。

正在杨厚彩招架不住的时候，8月10日，陈诚指挥的东南军政长官公署下令舟山防务统一由陆军接管指挥。9月5日，舟山防卫司令部正式成立，陆战第1师移交舟山本岛的防务，移驻到周围的长涂、

陆战队员在进行举重与双杠训练

青滨与长白山诸岛上。

陆战队负责舟山群岛防务,历时半年多。事后,杨厚彩因为"圆满达成任务",获得蒋介石颁发二等宝鼎勋章一枚。

到这时候为止,陆战队虽然没有参战过,但因为国民党军兵败如山倒,队员在一派混乱中,走的走,丢的丢,人员还是流失三分之一以上。10月,因为各团人员不完整,受命由两个师六个团整编为两个旅四个团、司令部两个直属营、四个直属连和两栖作战训练班。这样,陆战队总人数只有区区2.3万人。杨厚彩、周雨襄照旧当着正、副司令,但由师长变成了旅长。

随后,因为解放军继续逼近,杨厚彩率领第1师官兵撤离舟山四周的各个小岛,退往了台湾本岛。

各路人马撤退到台湾时一派狼狈。

第×团(由于资料有限,暂不清楚该部缩编后的番号)一部分人马由舟山马公市寺庙及菜园撤退到高雄时,一登陆便寻得一处广大的地瓜田,士兵们受命搭起人字帐篷扎营,可是无水可洗澡,身上长满了疥疮。由于生活非常的简陋,官兵根本无心欣赏高雄是何光景。

驻扎下来后,士兵们除了出操之外,还得上山打柴。

某日,一些士兵突然发现自己辛辛苦苦砍回来的柴不知去向了,七嘴八舌地议论开了,最后有人怀疑说:"肯定是被当官的私下变卖,中饱私囊了!"

这下可不得了。士兵眼见自己辛苦打得的柴被贪污了,结伙直接向上层询问,副连长及营长得知此事后,认为这些士兵犯上,命令他们集体罚跪。团长徐魁荣刚吃过晚饭,经过这些正在罚跪的士兵面前,一番询问之后,说:"何必麻烦,一人一麻袋往寿山下丢去就好了!"

陆战队初到台湾真是苦不堪言。

经过一番整顿,陆战队第1、第2团驻防台湾左营军港,第3团驻防台湾马公机场,第4团已去海南岛,驻防在榆林军港。

11.海南岛作战

1949年11月底,杨厚彩率部到达台湾的时候,周雨寰已不在台湾。早在7月,陆战队第2师一部受命从左营登舰启程驶赴广州,保卫华南。

到达广州黄埔岛时,第6团官兵还是空手赤拳,连一杆梭镖都没有。"马上就要参战,还没武器,空手咋打啊!"不少官兵急起来了。随后,周雨寰不知从哪弄来了一批武器,官兵开始配发武器。在黄埔岛上,官兵停留了约一个多月,中秋节前夕,再次登舰,驶往了海南岛。

到达海南岛后,陆战队驻扎在榆林港,负责海军第二军区司令部基地的警卫任务。不久,整个陆战队节能型整编,由两个师整编为两个旅,第6团官兵整编为第4团,耿继文为团长,何相宸为副团长,原干训队的李广明、勤务排的曹正刚等人全到了第4团。

整编后,第4团的武器大大改观,各种武器配发下来了,种类繁多,除喷火器、火箭筒外,单单机枪就有美制的、俄制的、德制的、日制的,五花八门。可是武器多了,谁也不知如何使用,也没人教。没办法,排长、连长只好自己先去"研究",想明白了,再进行试射,拨弄会了,再教导手下那些兵如何去使用。

在此期间,军校毕业的曹正纲从勤务排调到特种兵器排,出任排长。

在熟悉兵器的同时,第4团官兵也开始了"严格整训"。如何严格?跑步时要在小腿上加上沙袋,跳木马时要在马屁股上加上背包,外加射击训练;官兵们每天八小时操课,晚上还要进行夜战训练。天天备战,就是为了准备打仗作战。

就在官兵苦练"杀敌本领"之中,时光悄悄进入了1950年。

新年一过,海南岛更加风声鹤唳了。据说解放军已集中两万大军要自琼州半岛航渡琼州海峡,解放海南岛。在台湾的蒋介石见势不妙,当初"反攻复国"的信誓旦旦没了,连大打一仗的勇气都没了,突然决定不打了,从海南岛撤军。3月,国防部匆忙决定:"抢在共军登陆琼北之前放弃海南岛,将部队全部撤运回台湾。"

随即,海军总司令部急令驻扎在琼岛的海军第二军区及海防第三舰队撤出海南岛。为了完成这次撤离行动,桂永清下令陆战队第4团副团长何恩廷兼任海军榆林、三亚地区的撤退指挥官。

虽然解放军还没影子,何恩廷还是未雨绸缪,说:"这撤退肯定是危险重重。"

李广明是指挥部警卫班班长,急忙问道:"为什么?"

"你看,这榆林港三面紧临着山,附近山上肯定藏着游击队。"何恩廷指着窗外说。

"如果埋伏在山上的游击队,在撤退前,开炮袭击泊在港内的舰艇,岂不全完蛋啦?"李广明惊讶地说,"想不到这撤退也这么难啊!"

何恩廷摇着头地说:"哥们儿,这年头啥都不好混了呀!"

为此,何恩廷想了好几个晚上,终于想出一妙计:在撤走的前一晚下令各舰艇驶往港口附近,在一处名为渔乐村的外海锚泊,第二日早晨突然下令撤退。

撤退的日子到了,何恩廷如法炮制,在早晨7时突然下令:"撤退行动开始!"

在惊愕之余,海军人员扛着物资,纷纷登舰。

在众人撤腿飞奔中,李广明领着警卫班紧紧跟随着何恩廷,站在海滩上,远远地看着部队分批登舰。"轰隆——"游击队的大炮果然响了,从榆林港对面的山上打到了滩头,炮弹落在何恩廷等人的四周。官兵奋力登舰,何恩廷也大声地喊:"还不快跑,丢下你们当俘虏!"

可是,一直折腾到下午4时,官兵才全部登舰,岸上仅剩下少数掩护部队。在船舰正要起锚时,有人突然喊道:"何指挥官和警卫班还丢在滩头上!"

舰长赶紧派出一小艇驶去,冲到滩头,接上何恩廷。可是,小舰却装不下他的警卫班,何恩廷说:"由团附钟壮宇与警卫班搭乘小舢板登舰。"

他坐着小艇飞奔而去了。

李广明等人急忙搭乘小舢板冒着炮火摇去,个个吓得脸无血色。终于靠近海军战车登陆舰了。在登战车登陆舰时,必须攀登船舷,在慌乱之中,李广明随身携带的唯一家当——一个公事包掉落海中,里面装着他从家乡带出来的照片、学业证书及华北作战负伤颁的负伤证等。这些文件自然是极为珍贵的,可有什么比逃命更重要呢?他顾不上了它们了,慌乱地登上军舰,军舰就起锚了。

从海南岛撤退后,第4团主力随大部队逃往了台湾。

12. 南山卫岛之战

从海南岛撤退后,第4团第1营营部,步兵第2、第3连,特种兵器排及勤务排并没直接返回台湾,而是乘风破浪到达了广东的珠江口外。3月11日,他们奉命驻防万山群岛。

万山群岛各岛屿罗列分布在珠江口外,海军总司令部在南山卫岛设立了巡防处,由陆战队副司令周雨寰兼任指挥官,统一指挥珠江口外各个岛屿的作战。

5月3日,第4团副团长何恩廷率步兵第1、第8连、工兵排及团有线电分遣组等单位到达了南山卫岛。同一日,莅临粤南群岛视察防务的海军总司令桂永清下达了战地命令,何恩廷升兼粤南群岛防卫部参谋长,防卫司令由粤南舰队司令齐鸿章兼任。

随后,在海南岛三亚营区撤退而来的陆战队一个营也归何恩廷指挥,与原来的苦战对部队统一编组成岛上加强营,营长为李季成,下辖步兵第1连(连长李亿安)、第2连(连长赵凤麟)、第3连(连长李子明)、第8连(连长孟庆升)、机炮连(连长倪映品)、特种兵器排(排长曹正纲)、工兵排(乍涛)、勤务排(排长王成安)。

南山卫岛属于粤南群岛,实际上是个列岛,由南往北依次为南山卫本岛、芝洲岛、清洲岛,除南山卫本岛有居民之外,其余两小岛上均无人居住。南山卫本岛总面积约四平方公里,岛西北方有一小海湾可供舰船锚泊。何恩廷下令将第2连配置在芝洲岛,担任前哨;其余部队部署在南山卫本岛,由岛北开始,沿海岸依顺时针方向分别为第3连、第1连、特种兵器排,机炮连配置在特种兵器排后方,另以第8连控制在岛西北角后方,作为预备队。

虽然岛上的山顶构筑有核心阵地,但加强营接替南山卫防卫后,官兵还是日夜构筑工事。何恩廷的口号是"经营战场"。何谓"经营战场"?就是像赚钱做生意一样来搞好战场上的一切事务。除了"经营"之外,他还不住地对手下说:"共军在哪个连的防区登陆,等于哪个连中了头奖。"解放军打过来,就要送死,怎么还等于"中了头奖"呢?他的意思就是解放军一打过来就是自动送死,打谁谁就马上可以立功,无异于获得头奖。他这么一说,除了那些真正上过战场的老兵油子外,那些招收来的学生兵和壮丁兵,以为是真的,激起了"荣誉心",人人都希望"共军前来送死",自己能中头奖。

官兵们从早到晚忙着加筑防御工事,何恩廷还不时实施各种防卫演习,累得众人几乎虚脱。而师长周雨寰也多次到岛上视察,除了鼓舞官兵士气外,就是当后勤员,岛上少什么,他就补充什么,各种武器和装备源源不断地运抵南山卫诸岛。

这经营也好,鼓励也罢,官兵尽管士气很高,但是不知咋的,解放军就在他们眼皮底下悄悄登陆了,且还没有任何人知道。

这"头奖"谁也没有得到。

直到5月19日,他们才发现"铁桶防卫"终于出问题了。

清洲岛位于南山卫岛西北方约两公里的地方,上面原驻防一个警卫班哨,几天前因为补给不易,时常断水断粮,这个班主动放弃"中头奖"的机会,撤回了南山卫岛。谁知他们一撤回,解放军一个加强连就鬼使神差地悄悄登上清洲岛,并且潜伏下来了。

5月19日,海军炮艇在各岛屿间梭巡,一位军官无意之间用望远镜瞭望,发现清洲岛上不仅有人,还在构筑工事,立即用无线电联络指挥部。这才确认岛上已无驻军,惊慌失措地向何恩廷报告:"有少数共军在北方的清洲岛上活动。"

解放军既已登陆了清洲岛,何恩廷立即进行"研判",最后桌子一拍，对营长李季成说："共军是要以该岛作为一个跳板，准备由北向南，攻击南山卫岛。"

"咋办？"李季成急问。

何恩廷吩咐说："共军逐岛攻击南山卫岛时，你一定以火炮进行掩护。"

"掩护？"李季成还是没明白。

何恩廷说："我立即采取行动，调集兵力前往该岛实施逆登陆，你掩护，我就一举将他们歼灭。"

李季成说："各连均有自身防务，一起出动，岂不顾此失彼！"

何恩廷恍然大悟："差点误了大事！"决定立即改为从第1、第3、第8连各抽出一个步兵排，编成一个混成连，由第3连连长李子明指挥。

这时第×连副连长潘宝君闻讯，立即从阵地上打来电话，语气急促地说："参谋长，我请求志愿担任混成连副连长。"

"好啊！"何恩廷就喜欢这样不要命的"虎崽"。

下午，潘宝君从自己所在的连率领一排兵力前往指定地点向连长李子明报到。混成连由海军派小艇运送到清洲岛实施逆登陆。出发之际，何恩廷亲到海边送行，与每一个人握手。三个排分别乘坐三艘小艇，正要出发时，潘宝君发飙了，大声喊道："停一停。"纵身跳了下来，跑到何恩廷前面："报告参谋长，我拿的这一把战刀，若没有血，就不回来见您！"

"好啊，"何恩廷高兴地又和他握了一次手，并且说："祝你成功！"

随即，三只小艇向清洲岛进发了。

下午1时，混成连在没有火炮支援的情况下，登上了清洲岛，双方开始交火了。激战至下午3时许，岛上解放军退守到了岛东北方的高地，双方暂时形成了对峙。

约下午4时许，特种兵器排奉何恩廷之令去增援李子明。

排长曹正纲带着弟兄急急赶去清洲岛,然后,在营长李季成监督下,与连长李子明会面。在大概了解当面敌情后,曹正刚接替了混成连的攻击任务,命令重机枪班长李广叫:"迅速占领射击位置,向当面共军射击!"

"我射击,你呢?"李班长竟然反过来问排长。

"我自己不休息,亲率两个班,向共军占领的高地一侧展开攻击。"

于是,在重机枪的掩护下,曹正刚开始了侧击。5时许,该排占领了高地。曹正刚决定对另一个高地发起攻击,低声喊道:"准备上,一举歼灭共军!"

不料,话音没落,解放军的机枪就响了,对着他们猛烈射击。曹正刚急忙按照当初练兵时练过的程序大喊:"要求海军炮艇支援!"

可是手下却没有一丝反应,他再喊,还是没人理睬。这下曹排长气得脸变色了,正要"执行军法"时,一班长说:"我们哪有通讯工具啊!"

当初训练过的程序完全失效了。没办法,他们只好脱离"程序"拼着老命去打。战斗持续进行着。夜幕渐渐低垂,忽然乌云密布,雷声大作,海面风浪越来越强大。李季成觉得这样硬打下去,必困在小岛上,然后被解放军捉了去,突然连声说:"完了,完了!"

众人一听,以为出什么事情了,立即撤了下来,个个问道:"怎么啦?"

"你们想想,我们在这里死打,如果共军大举攻打南山卫岛,怎么办?"

"那就赶快回去呗。"曹正刚说。

众人巴不得马上就走人。李季成随即下令:"中止攻击,收兵返回南山卫。"

这时国防部鉴于粤南群岛军情紧急,急令第一舰队司令刘广凯亲率信阳舰前来增援。

第二日，他们继续返回清洲岛，但岛屿上的解放军也已连夜撤走了。

5月25日拂晓，曹正刚正当轮值，凌晨4时至6时，突然发现有可疑的小型商轮慢慢驶进南山卫西北角小港湾，接着，该商轮突然向粤南舰队太禾号旗舰射击。这是粤南舰队司令齐鸿章的坐舰。一阵炮弹打来，这齐司令竟然当场被炮弹碎片击中，"哎哟"一声倒地，身负重伤。

恰好第一舰队司令刘广凯领着援军赶到。刘广凯立即接替指挥，指挥太和号兵舰带伤进行反击。

该商轮灵活地转向特种兵器排阵地最右侧与第1连阵地接合部，准备要登陆了。据守此处的特种兵器排班长王金刚、副班长孙锡侯见状，立即用机枪和火箭筒进行射击。商轮又转向，沿着海岸向北航行，结果，闯入了曹正刚"排部"前部的一处海湾内，解放军又准备强行靠岸登陆。

负责守备该海湾的，却是后方勤务兵。食勤兵张彪、张飞、补给士张承明及传令兵谈正秋见状，立即操起轻机枪、步枪向登陆的解放军射击。

曹正刚急忙率领特种兵器排赶上来了。眼尖的他发现几个解放军躲藏在海岸一岩洞里，便以火箭筒、机枪交互运用，迫使解放军走出岩洞，双方对打。

岛上的官兵合力"围剿"登陆的解放军，虽然有特种兵器和机枪、小炮，还是处于下风。何恩廷眼见战况不利，又令潘宝君率预备队两个班前去支援。

一直不曾开过一枪的李季成对潘宝君说："限你五分钟内须到达战斗部位。"

潘宝君受命后，为了争取宝贵时间，率领预备队跑步前进，到达战斗部位仅花了四分钟。占据制高点后，他们开始向登陆解放军射击。但是，他们也打不过解放军，潘宝君突然灵机一动，开始采取声东击西策略，大声喊叫："第1连在左、第2连在右、第3连随我行动、机炮连掩护步兵连攻击。"边喊边集中六枚手榴弹，向迎面的解放军掷去。

战斗一直持续到上午11时许，解放军退下去了。据说潘宝君他们俘获了一些俘虏，包括一名负伤的副营长。

抓了俘虏，何恩廷立即宣布："南山卫战斗胜利结束。"

仗还在打，咋就"胜利结束"了呢？原来何恩廷玩的是国民党军将领冒领军功的把戏——"见好就收"的好戏！

事实上战斗并没有结束。

26日清晨，在中山县外海一带布满大小各种船只，据说解放军集结了一个师的兵力，准备大举进攻南山卫岛。消息传来，无论是周雨寰还是桂永清，都生怕把自己这点"精锐部队"打光，陆战队实力受大损失。桂永清赶紧下令守军全部"主动转进台湾"。周雨寰也急忙指示何恩廷："为保存我战力，命我陆战队第4团第1营登上海军第二舰队中字号军舰，撤出南山卫岛。"

陆战队第1营闻讯，立即出逃，登上海军第二舰队军舰，仓皇撤出了南山卫岛。他们一离开南山卫岛，解放军的船队就浩浩荡荡开来了，随即占领了该岛。

其实，登陆南山卫的解放军，只有500余人，远不够陆战队人数的几分之一。

一个偌大的南山卫岛，修工事、运装备，折腾了一年多，只在清洲岛打了一场小得不能再小的仗儿，就完全丢了。事后，何恩廷等人很是不甘心，离开南山卫岛后，迟迟不愿返回台湾，驾驶着舰艇在万山群岛诸岛屿之间进行穿梭。周雨寰令他们收编散落各个小岛上的国民党军游击队，准备反攻。接着，他增派一个陆战队加强营从台湾左

陆战队乘坐军舰撤出了南山卫岛

营出发,前去与何恩廷会合,准备再战。

然而,这个加强营在海上航行约一周后,忽然接到陆战队司令部的返航命令,折回台湾去了。

在何恩廷的率领下,李季成这个加强营继续在万山群岛各岛屿之间穿梭,又折腾了30多天。桂永清权衡全盘情势,下令周雨寰:"将所有舰艇与人员返回台湾。"

何恩廷等人灰溜溜地返航了。

谁知他们在左营上岸时,竟然受到热烈欢迎,到处挂着"欢迎凯旋归来的第4团弟兄们"的横幅和标语。加强营的官兵们很是奇怪地说:"咋这败仗成了胜仗,凯旋了呢?"

何恩廷困惑地说:"丢了海南岛、丢了南山卫,还受到这般热烈欢迎,莫非总部弄错了?"

众人全都被弄糊涂了,上岸后才知道,原来这热闹场面是陆战队司令部自己弄出来的,周雨寰说:"这叫丧事喜办。"

何恩廷红着脸说："大伙还不太习惯啊，呵呵！"

清洲岛一战，没有任何连如同战前何恩廷所言的中头奖，但当初主动请缨的潘宝君却因为两次上战场，"当选"为"国军 1950 年战斗英雄"，获得蒋介石颁发"第一届战斗英雄"称号，并且还有幸前往"总统府"接受蒋介石颁授的"宝鼎勋章"。

13.《海军陆战队队歌》的由来

左营军港，是陆战队司令部和海军总司令部驻地。

周雨寰指挥陆战队在海南岛作战和南山卫大撤退的时候，陆战队司令杨厚彩驻守在台湾，当着"甩手大老板"，忙着"务虚"。

1950 年 5 月 1 日，他在左营向陆战队官兵正式颁布了《海军陆战队队歌》。

为陆战队写一支队歌，是杨厚彩多年以来的愿望。早在 1948 年 9 月，陆战大队在福建马尾基地筹设军士队、训练第一批初级干部时，他就在军士队袒露了自己的这一想法。在给军士队讲授戚继光治兵语录时，他忍不住提起了希特勒德军的某首军歌，然后说："那首军歌雄壮英勇，充分代表了德国日耳曼民族之精神。将来陆战队扩充到相当数量后，我们也应有一首属于自己的军歌，来代表海军陆战队精神。"

他想得虽然远，可陆战队才区区一个大队，哪有只一个大队的部队就自己搞起"队歌"？他的这个想法只能暂时搁置下来，等待着"将来"去做。1949 年 3 月，陆战队第 1 师在浙江舟山成立，6 月，为了扩编部队，师司令部又训练陆战队第二批初级干部，在舟山中学设立干

1948 年 9 月 16 日,国民党海军陆战大队全体队员于福建马尾营区操场,
杨厚彩(中间站立者)由军士队陈器队长(杨左侧站立者)陪同巡视各中队

部训练班。8 月 2 日,杨厚彩到干部训练班讲课,讲着讲着,突然拿出一张纸,说:"这是一首歌曲,大家试试。"于是就打着拍子,带着干训班的学生们试唱起来。

虽然众人不知这就是将来的队歌,却隐约感觉这歌曲与自己的陆战队有关系,因为唱的都是与海军、陆军有关。

唱归唱,陆战队还只区区一个师,官兵连军装、枪械都没有,要推广、普及这队歌,未免太滑稽了。杨厚彩的"雅意"自然还得收拾起来束之高阁。

大陆兵败退到台湾后,杨厚彩已是陆战队司令了,权衡再三,觉得应该是发布队歌的时候了,于是延请台湾师范大学音乐系教授张锦鸿和一些专家进行研讨。最后,张锦鸿根据杨厚彩的词进行谱曲。词曲好了后,杨厚彩亲自呈报海军总司令部。

海军总司令桂永清见状,对杨厚彩说:"仁兄,太妙了,击节叫好!"

歌词虽仅有 56 个字,他还是从口袋里掏出钢笔,亲笔修改一番,然后说:"可以去唱了!"

1950 年 4 月 1 日,海军总司令部核定此歌定名为《海军陆战队队歌》,歌词如下:

> 为海军收战果,
> 为陆军作先锋。
> 空中炸弹、舰上炮声,
> 轰隆隆隆隆。
> 水上策飞马,
> 滩头建奇功,
> 男儿壮志最豪雄。
> 高扬青天白日满地红,
> 四海起雄风。

5 月 1 日,《海军陆战队队歌》正式颁布,杨厚彩规定各连队早、晚点名时要进行练唱。

然而,歌声一起,陆战第 2 旅部队在海南岛大败而归,官兵唱得"雄壮激昂",却泪如雨下,最后不得不在歌声中凄凉地回了台湾。接着,何恩廷等人带着的滞留在后的加强营也灰溜溜地从万山群岛撤退回来。《海军陆战队队歌》几乎成了陆战队的丧曲。

但是,谁也没有料到的是,这颁布队歌竟然成了杨厚彩在海军陆战队所做的最后一件大事。

6 月,朝鲜战争爆发,美国总统杜鲁门发表声明,宣布做台湾的"保护人",并且强调美国要"制止共军对台湾任何攻击",同时要求国民党军停止对大陆实施海、空攻击,以支援美军在朝鲜的战争。蒋介石大叫:"复兴时机已到!"立即决定对国民党军将领进行大调整,准备反攻作战。7月26日,杨厚彩调到陆军总司令部作战中心出任副司令,周雨寰升任海军陆战队司令,谢远灏为副司令,王洽南为参谋长。

杨厚彩为什么突然被调走了呢?

除了蒋介石调整将领的部署外,据说还与他手下多年的副手柳炳熔有关。

柳炳熔是新疆警备总司令陶峙岳的女婿。这陶峙岳也是湖南人,老家宁乡县龙凤山,与杨厚彩的老家浏阳县永和乡不远,且陶峙岳出任过胡宗南麾下第1军军长、第一战区政治部主任,与杨厚彩既是同乡,还有上下级之谊。因此,柳炳熔也可以说是杨厚彩的故人子弟。陶峙岳与张治中关系密切。1949年国共和谈破裂后,作为和谈代表的张治中投向共产党;9月,两次发电敦促老友陶峙岳与新疆省主席包尔汉等人起义,归向人民民主阵营。陶峙岳也欣然同意,9月25日通电全国,宣布起义投共。在岳父起义时,柳炳熔正在广东,为国民党海军第四军区第四巡防艇队队长(注:因为资料有限,柳是否为陆战队第1旅副旅长尚不确定。笔者判断应如周雨寰等人一样,以副旅长身份兼任第四巡防艇队队长)。

他手下的联荣号军舰是美制步兵登陆舰,排水量380吨,装有高射机关枪四挺、双联装高射机关炮一门,还有重、轻机枪四挺。

早在几个月前,潜伏在海军司令部人事署的地下党陈志远已瞄向了该舰,派自己的同学张孟前去担任舰长。张孟赞同起义,好几次出海时都因其他舰艇相随,起义都没找到时机。为此,地下党通过直接联系柳炳熔率领联荣舰起义。

10月14日,广州解放,联荣号随第四巡防艇队撤往澳门,在海面上锚泊待命。23日下午,柳炳熔突然来到香港,找到前度起义失败的太和号副舰长李作健,要求会见地下党。

在铜锣湾一家饭店,柳炳熔见到了陈志远。

柳炳熔说:"9月底,李作健到广州带给我的口信已经收到。由于桂永清在黄埔布置撤退事宜,我与张孟实在不能脱身。广州解放后,我的艇队已撤到澳门海面。由于桂永清的严密监视,我已不能随意行动。这次是以联系抢救一艘登陆舰的拖轮救援为由,来香港找到李作健的。张孟已调离联荣舰,目前住在广州。"

随后,柳炳熔又介绍说:"炮艇队大大小小共有20艘,其中旗舰联荣舰最大,现在停泊在澳门外的三灶岛海面。"

陈志远告诉柳炳熔说:"国民党特务即将对你下毒手,要特别小心。"

经过商谈,柳炳熔同意起义,并且说:"我在联荣舰上没有可靠的人,又不懂航行技术,希望李作健与我一起去澳门。"

"这个没问题!"陈志远当即决定说,"我指派李作健、李后贤等人协助你组织起义。"

第二日下午,柳炳熔、李作健、李后贤一起乘香港去澳门的轮渡去了澳门,住进了澳门国际酒店。之后,柳炳熔提供了两份联荣舰的官兵花名册,李作健翻阅一遍,决定先争取舰艇上的刘景龙、李振华、杨成德和曲振华等人。

经过做思想工作,刘景龙等人决定起义。李作健说:"你们分别发展同事,作为准备串联的对象。"

随后,他们串联发展了12人,各部门都有。

于是,李作健、柳炳熔召集众人开会,研究起义计划,最后决定在27日凌晨3时海水涨潮时发动起义。谁知众人就要散去时,李后贤跑了进来,对李作健说:"联荣舰已接到通知:要在明日(10月26日)晨驶靠太昭舰,将顾祝同寄放在联荣舰上的一只电冰箱拉过去。"

李作健分析后,说:"这是只圈套,陶峙岳已经在新疆率部起义,桂永清是要抓柳炳熔了。"

"那怎么办?"柳炳熔说。

李作健说:"提前在 26 日凌晨 3 时行动,口号是'一定要把军舰开出澳门投奔共产党'。"

然后,众人马上回联荣舰进行起义准备。

当晚,李后贤乘夜班轮船赶回香港,向陈志远等人汇报。

10 月 26 日凌晨 3 时整,李振华突然走到武装值班哨兵跟前,说:"值日官叫你有事,让我替你站一会儿岗。"

哨兵信以为真,把枪交给了李振华。李振华接过枪后,立即将子弹推上膛,举起枪对准他说:"老实回舱睡觉去,什么也别说,否则对你不客气!"

"保证不说,保证不说!"哨兵吓得连连点头,就回舱去了。

然后,李振华叫起义骨干曲振华将士兵的舱门锁住。接着,带着刘景龙、杨成德等人直奔舰长室,一脚踢开门,舰长从熟睡中被惊醒:"你们这是……"

"我们已经起义了!"

刘景龙收缴了他的手枪,并将他禁闭在舰长室内。

李振华又拿着舰上小武器仓库的钥匙,取出枪支,分配给全体起

柳炳熔等率领的联荣舰

义的人员。之后,他们将一些难以控制和不明底细的人关押在油漆舱里。在李振华缴一个军士长的枪时,对方突然拔出一把日本战刀向李振华背部砍去。李振华负了轻伤,曲振华立即用枪对准他,军士长乖乖地放下武器,随即被捆绑起来,关进了舱室。就这样,起义人员顺利地控制了全舰。

柳炳熔来到了驾驶台,下令立即发出信号,命令手下20多艘炮艇马上发动机器,跟随联荣舰去执行"剿匪"任务。很快,附近海面上的各舰跟随着联荣舰拔锚起航了。

离开澳门海面不久,联荣舰突然调转航向,朝广州方向快速驶去。停在澳门海面的太昭舰发来电报询问并警告:"你们要去哪里?赶快回驶,否则就要开炮了!"

"怎么办?"曲振华问道。

李振华说:"回电假称军舰搁浅,正在设法抢救。"

这时联荣舰已经加速了。

当联荣舰驶抵中山县时,雷达兵发现一架飞机朝他们飞来了。为防止空袭,李振华、曲振华立即加速规避,于是与其余小艇越来越远。等天亮时,他们发现只有一艘炮艇25号跟在后面航行,其他舰都不见踪影了。

原来,由于联荣号航速太快,其他小艇在后面跟不上,全被甩丢了。

不久,联荣舰驶抵珠江三角洲的江门。这里已经解放了。李振华和曲振华立即上岸,找到当地军管会,请求给予帮助。军管会派了几名干部上舰帮助工作,砍了一些树枝,把联荣舰保护起来,并发给了李振华等人200元港币。然后,他们继续开往广州。

经过一夜航行,10月28日早晨8时,李振华等人安全抵达广州,立即受到解放军首长陈赓、邓华等人和广州军民的热烈欢迎。随后,联荣舰编入广东省军区江防司令部,重新命名为"勇敢"号,并参加清剿珠江三角洲国民党军残部和解放海南岛的战役。

杨厚彩因为丢失了联荣舰,且重用过"叛将"柳炳熔,数罪并罚,因此被调离陆战队。

杨厚彩去了陆军总司令部后,海军陆战队司令部仍下辖两个旅,第1旅旅长为何相宸,第2旅旅长为徐魁荣。但他的嫡系几乎被老友周雨寰打压殆尽,副营长杨培申再也没人提拔了。

杨厚彩此去,再没返回自己一手创造的海军陆战队,一直待在作战中心,副司令一职也多年没变动。在作战中心混了很多年以后,他才由少将晋升为中将,仕途也完全画上了句号。

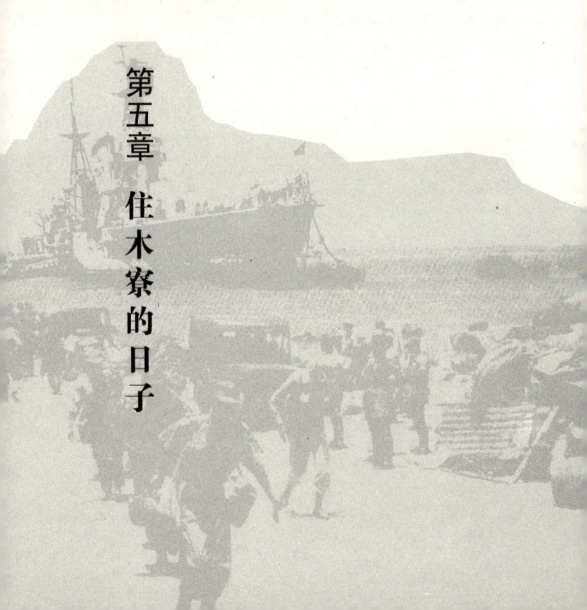

国民党

海军陆战队

GUOMINDANG
HAIJUN LUZHANDUI
SHILU | 实录

第五章 住木寮的日子

01.周雨寰的"坐术"

周雨寰接手的海军陆战队,其实是个烂摊子。陆战队全部回到了台湾,连住的地方都没有,日子不仅没有原来想象的好,反而比大陆时期还差,苦不堪言。

劳苦功高的陆战队第4团回到左营军港后,没过多久,就奉命移防高雄县的大贝湖地区。

这大贝湖除了一个大湖泊之外,全是比人还高的野芦苇。官兵上岸后,哪里有什么营舍?只能自己动手,砍上芦苇自盖最简陋的茅屋。经过一番折腾,官兵们脸晒黑了,人累瘦了,终于搬进了自己亲手建起来的三角形的茅草房屋,晚上睡在两侧都是窗户的大通铺上。当屋外下起大雨时,屋内就下着小雨。

住的不行,吃的更糟糕,连饭桌都没有,官兵们三餐均是席地而坐,厨师为大伙儿准备的"佳肴"里会有不少的沙土掺杂其中,一咀嚼就硌牙。

官兵原来天天盼着回到"反攻复国"的基地——台湾,现在到了基地,人人心里是别有一番滋味。

这些情况周雨寰看在眼里,急在心里,也痛在心里。不久,他一次

233

陆战队官兵自建的"克难"三角形茅房

有幸参加"国防部"的军务会议。在会上,他见"总参谋长"郭寄峤在座,忍不住站了起来,大声说:"报告长官,本队官兵驻扎在大贝湖附近,住在以竹架和稻草自建的营房内,因为缺乏蚊帐,夜间无法入睡,影响部队训练。请拨发蚊帐纾困。"

郭总长当场裁示:"目前三军部队均亟需蚊帐,请四厅设法解决。"

散会后,周雨寰立即去"国防部"第四厅办公室领蚊帐,谁知被告之说要去找厅长。他立即去拜会厅长宋达。宋厅长说:"这蚊子又叮又咬的,咋睡呢,害苦官兵了!"当即召来主管被服补给的第三处处长,了解库存状况。

处长说:"仓库里库存蚊帐约有一万顶,尚不够配发三军部队,如果仅仅发给陆战队,恐怕将来引起陆军和空军的强烈抗议。"

宋达听了之后,犹豫半晌,竟然没有作出裁决。

随后,周雨寰只好跟着处长的屁股来到三处办公室,说:"请处长签报将库存蚊帐发给本队官兵使用。"

可是,这处长说:"厅长都不敢做主,我哪里敢做这个主?"

他因不愿触怒陆军、空军而不愿"签报"。周雨寰见问题不能解决,看着这伙高高在上的"衙门"们,血蹭蹭地往上蹿,脸开始红起来了,心里恨不得一拳砸了他的这办公桌。可是转而一想,这些"衙门"自己可惹得起?一发怒反而把事情弄僵,官兵的蚊帐岂不就此泡汤!怎么办?他突然想起当初自己逼迫林蔚次长签发组建第2师的妙计,如法炮制,忍辱负重地在三处办公室里静坐起来了。

这处长哪管你的静坐抗议之术?不做声,如同当初林蔚一样怡然自得地工作。周雨寰枯坐等候两个小时之久,这边还是没任何的动静。若是换了他人,不是大发脾气,就是早灰溜溜走人了。而这周雨寰却是不一般的高人,他依然正襟而坐着,在处长的办公室里一动不动,也不说话,宛如一尊菩萨。

这一坐,时光飞逝,很快就要到中午了。周雨寰还是丝毫没有要走人的迹象。办公室内一位少校参谋见此情形,心里有所不忍,走上前,轻声地报告处长说:"要吃中饭了,他还不走的话,中午还要倒贴午餐费。"

处长白了他一眼。该少校继续说:"库存蚊帐既然不足以配发三军,似乎可以就现有的数量,先解决陆战队的急需,不然把这批蚊帐存放库房,也是形同废物,岂不也可惜了?"

"那其他部队咋办?"处长瞪着眼问道。

"如果把它们拨发给陆军或空军,各总部也会面临数量太少而不知究竟发给哪一个单位的难处,因此,陆、空军总部似乎不会因我们先发给陆战队而进行抗议。"少校继续提醒说。

这一下该处长终于开窍了,于是说:"好吧,那就照你的意见签办好了!"

周雨寰随即与处长一起拿着签单去了宋达办公室,呈请他批准。宋厅长没有说话,瞄了一眼处长,然后,在周雨寰呈上来的审批单上批了一个"可"字。

海军陆战队官兵在操场上吃午餐情形,后面即为三角茅房

周雨寰返回部队后,没过几日,一万顶蚊帐就发到了陆战队,一下子解决了官兵们蚊虫扰人之苦。官兵们奔走相告。

周雨寰也十分高兴。在司令部晨会上,他对与会人员说起了事情的经过,并且特地说:"幸亏这位少校参谋!他名叫甘意淼,有见识,有勇气,有正义感!"

"这些衙门个个钱多,人傻!这么简单的事情,处长、厅长都处理不了!这位参谋真是好人呐!"有人接话说。

"真是又好气又好笑!"周雨寰说,"各位同仁,如果获悉甘少校来高雄,请立即转告我,我要请他吃餐饭,答谢他的仗义相助。"

后来,陆战队的人事科长张意如与人谈及"国防部"的这件蠢事,老同事燕方畏说:"我认识这位甘少校,我们曾是陆军经理学校第一期同学。"

张意如立即拜托他:"甘少校到高雄来,一定先告诉我。"

这年年底,燕方畏打电话来了:"甘少校因公南下。"

张意如立即报告周雨寰。周雨寰果真邀请甘意淼到陆战队的官舍吃饭叙话,当面感谢他当初相助拨发蚊帐一事,彼此相谈甚欢。这是后话。

周雨寰要蚊帐后,其高超的"坐术"随之也在台湾高层中传开了。结果,这事儿让蒋介石也知道了。他大为赞赏,说:"好啊,不吵不闹,又把事情办妥,干事业就是要有这样的劲儿!"

这时台湾因为人满为患而条件太差,不断出现高级将领因对"官僚主义"不满而大闹主管部门的事件,且有越演越烈的趋势。为此,中央社准备撰文大力宣传周雨寰这种"以善促恶"的"大局精神"。然而,此举立即遭到不少人的质疑:老蒋不去想如何改正和克服各机关的官僚主义作风,反而要求人们对官僚主义采取软化促善的手段,是否有所不妥呢?就这次周雨寰而言,如若当时没有这位甘少校及时出手,他能把蚊帐领下、"把事情办妥"吗?在种种质疑之下,中央社只好把重金请人写好的文章从印版上撤了下来。

尽管如此,通过这一番忍辱负重的折腾,周雨寰不仅为官兵们解决了蚊帐,而且在蒋介石脑子里挂上"工作能力强"的号了,他成为了"静坐大术"的真正受益者。

02.两栖化以喜剧方式开始

海军陆战队,顾名思义,是海上、陆地上都能快速行动的两栖部队。海军陆战队虽然成军好几个年头,而两栖却似乎一直不见影子。

它的两栖化是以一种喜剧方式开始的。

1950年9月,陆战队的三周年队庆就要来临了。蒋介石决定亲自去校阅海军。

这是国民革命军建军以来,蒋介石第一次来校阅海军。为了迎接校阅,显露自己治军有方,周雨寰很是犯了难,因为区区两个旅的陆战队依然不成规模,也谈不上十分正规,甚至有的官兵刚刚从广东的大海上返回来,几个月前发下的枪支都丢去海底了。怎么办?几经思虑,周雨寰终于有了妙计:就来个草船借箭。

周雨寰认为凭着陆战队的现状,要在校阅时一鸣惊人,几乎是不可能的,要获得超强效果,必须瞒天过海。如何瞒天过海呢?办法就是用当年诸葛亮的草船借箭之策。那么如何草船借箭呢?很简单,就是弄一些好武器来显示、甚至夸大陆战队的"军威"。

然而,这时陆战队有什么好武器呢?最好的武器就是当初美国佬丢下的经过修理的五辆两栖登陆战车,并且有一辆已经完全坏了,没法再启动了,且这些水陆两用汽车还是由车轮转动的,连履带都没有,外表看起来简直就是加长了一点的军用汽车,还不如履带式坦克呢!单用这些两栖登陆战车,肯定是不能够吸引"总统"和其他高官

周雨寰的老学友蒋纬国

的。要吸引眼球,必须用上陆战部队特有的、真正的两栖登陆战车。只有它们一上场,鹤立鸡群,才能一炮打响。

而陆战队却没有这样的两栖登陆战车,怎么办?只能去借。到哪里去借呢?如此尖端的武器只有蒋纬国掌管的装甲车部队才有。于是,周雨寰再次前去找老学友、时任陆军装甲旅旅长的蒋纬国。

来到了装甲兵司令部,周雨寰说:"我这次不是白要你的两栖登陆战车,也不要换,只是暂时借用

一下,校阅完毕,就及时归还。"

"好!借你一个连!"蒋纬国十分干脆地答应了。

其实,装甲部队这时也不是营连制,而是大队中队制。随后,蒋纬国指定装甲旅第52大队第一中队由中队长沈绍先、副中队长张魁安率领,移驻左营海军军港。

这个中队虽然只是一个连规模,却有几十辆LVT4登陆运输车。

什么是LVT呢?全称是Landing Vehicle Tank,翻译成中文为"履带登陆车"。它是第二次世界大战时,美国海军陆战队为登陆太平洋上众多的珊瑚岛屿所设计的登陆载具,号称"水上蛟龙"。LVT4就是履带式登陆车的第四代。

蒋纬国的这些LVT,虽然全是履带式的,但仍不过是美国陆战队用过的二手武器,前不久才被联勤总部某位副总司令高价从美国买回台湾装备装甲旅。但是,它们相对台湾的其他部队来说,又确实是最先进的武器,因此十分耀眼。

校阅这一天,它们一字长蛇式地横列在司令部大操场中央马路的一侧,被擦得乌黑锃亮,一眼望去,甚是雄伟壮观。

蒋介石第一次亲校陆战队,张祉福率水陆两用汽车通过阅兵台

校阅开始后,乘员进行站列、上下车、车辆发动熄火等操演,使得参观者无不投以惊奇羡慕的眼神。

接着,战车连连长张祉福率领陆战队自己的四辆两栖登陆战车,整队通过阅兵台,每车搭载一个步兵排,第一次以两栖登陆舟波队形展现,它们虽然没有装甲旅第一中队那么"牛气",但在 LVT4 之后,再为陆战队烧了一把火。

校阅的高官们一片盛赞,"壮哉!壮哉!"喊声不断,蒋介石也对陆战队的表现非常满意,对人说:"周司令没给我丢脸。"

他们不知道那几十辆 LVT4 竟然是周雨寰借来的。

纸终究包不住火。事后,"国防部"有人报告蒋介石:"周雨寰胆大包天,在如此盛大的海军校阅典礼上弄虚作假……"

"怎么回事儿?"蒋介石问道。

在他弄清楚怎么回事后,不仅没去追究周雨寰,反而将告状的人呵斥了一顿,并且用手指点着他们的脑袋,气愤地说:"他们没有LVT,被逼到借的程度,你们还不给?!"

总参谋长郭寄峤上任时间不长,正要讨得"蒋总统"的欢心,马上开会研究拨给陆战队 LVT 战车之事,最后决定将装甲旅一个 LVT 大队拨编陆战队。

蒋纬国没料到自己出借一个中队,竟然是让周雨寰给"拿"走了,立即去找郭寄峤。郭寄峤说:"'总统'都已经批准了,放到哪里不是一样啊?都是国军的嘛!"

微言大义,郭寄峤的意思很明白,它们不管放在哪,都是你蒋家王朝的家业。蒋纬国也不傻,听懂了,也只好忍痛割爱,服从大局了。

随后,陆军装甲旅第 53 大队,由大队长洪志远、副大队长臧诚天率领,全装全员拨编给了陆战队。两军联合举行移交仪式这一日,蒋纬国亲自莅临左营,像送女出嫁一般,把这个大队移交给了周雨寰。

周雨寰接受它们之后,将其编为陆战队登陆战车第 1 营。

11月，陆海空三军又在枋寮地区举行登陆与反登陆作战联合大演习。这是国民党军来台后首次举行的两栖登陆演习。蒋介石亲临视导。

此次演习，陆战第1旅旅长何相宸率领两个团"参战"，与陆军一个师进行实兵对抗。陆战队担任登陆军（红军），周雨寰为演习军长。演习结束时，周雨寰裁定红军获胜。

陆战队又获胜了，蒋介石对它印象更好了，当着的郭寄峤、周雨寰等人的面交代说："对陆战队，国防部要下大气力扶助。"

随后，"国防部"大佬又当着周雨寰的面交代海军副总司令马纪壮说："陆战队必须加强！"

但是，这些要员都是光说不做、说了就走的一族，事后并没人真正负责任地去落实，陆战队还是只能靠周雨寰去艰难打拼。周雨寰尽管很努力，但状况也并不见得有多大的改善。正在他绞尽脑汁思虑着如何为陆战队拼出一片天空时，1951年夏，美国海军陆战队决定派考察团前往高雄，了解国民党军陆战队的现状，然后以此拟订军援计划。消息传来，周雨寰等人如久旱逢甘霖，欢呼雀跃起来："春天来啦，

1951年5月1日，"美国军事援华顾问团"成立，团长蔡斯（中）与周雨寰（右四）偕副司令谢远灏（右二）、参谋长于豪章（左三）及杨友三（左二）、哈敷文（左一）合影

春天来啦！"

很快，刚刚从韩国战场轮调返美的美军第1师炮兵团团长海华德率领考察团从日本飞抵高雄。此行人数并不多，除了他本人外，还有一名中校和一名小校，整个考察团只有三人。人数虽少，但周雨寰知道他们背后的能量却不小，立即组织人马招待。

第二日，周雨寰带着陆战队的头头们在司令部会议室内的外宾接待室里与考察团进行会晤，由参谋长王道专门向海华德几人进行汇报。

时值仲夏，天气炎热，可接待室内连台电扇都没有。结果，几位美国军官一手挥动书本扇风驱赶热浪，一手执笔记录，汗流浃背，不时地喊："How Hot(太热)！"

周雨寰见此情形，问道："怎么没风扇？"

司令部办公室主任哈敷文奉调受训去了，由张意如暂代办公室主任。他轻声地说："整个司令部仅有一台从大陆撤退时带过来的旧电扇，就是周司令你办公室那台。"

"这哪行呢，贵宾热成这样！"周雨寰当即对张意如说，"你赶快去向海军总部接洽，领几台库存的旧电扇来，让盟军军官使用。"

张意如手持公文赶赴海军总部，去面见第四署署长。主管参谋回复说："现在库存的，仅有从报废的军舰上拆卸下来的壁扇，没有扇叶，恐怕用不了。"

署长当即指示说："发四具壁扇，另拨预算(意思是非现金)，让他们自行去市场购买扇叶装配，以供急需。"

张意如骑着自行车，冒着炽热的太阳，经过两天奔走，终于领到了缺少扇叶的四具壁扇，可配扇叶的"预算"没拨下。等到他拿到"预算"款时，三位美国军官早已搭机返回华盛顿了。

他们走后不久，美国海军军令部部长卡尼上将要来台湾访问。美军上将要来台，"国防部"的接待就是一件大事情，而这美国军令部是专管军备武器拨发的,"国防部"为迎接卡尼上将折腾得手忙脚乱。谁知卡尼上将抵达台湾后,没有别的要求,就是说:"去左营访问贵军的陆战队吧。"

这让总参谋长郭寄峤一听几乎就晕了,他咋这么重视陆战队呢?事后他问周雨寰:"你用什么妙法拿下了卡尼上将?"

周雨寰一笑:"我有什么妙法啊,他儿子卡尼少校正是我陆战队的首席顾问。"

卡尼上将率领一大帮子人马访问陆战队时,周雨寰组织了一场小型陆战队阅兵仪式。战车连连长张祉福率部参加。小型阅兵倒是没出什么差错,爱屋及乌的卡尼上将亲自点评为:"圆满成功。"

随后,美海军决定给予陆战队美援装备的优惠。临别时,卡尼上将亲自对周雨寰表态说:"我们要使得你们成为国军各部队获得美援的最优先单位。"

美援还没有到达,8月,陆军装甲旅第52大队又由大队长周启华、副大队长傅国华率领,全装拨编给陆战队,编为登陆战车第2营。陆战队有了两个LVT大队,周雨寰说:"陆战队如虎添翼般,生力军增加,更加坚实壮大。"

至此,海军陆战队才成为名副其实的两栖登陆部队。

之后,官兵全面开展两栖登陆训练和演习,开始奠定国民党军两栖作战力的基础。

03."二个上尉与一个上将"

蒋介石退守台湾后,陆战队两栖作战能力的加强,可以说是在这种紧急情势下不得不为的"救命"举措。

胡 宗 南

1952 年初，驻防左营的陆战队第 1 团奉命接替陆战队第 4 团负责的下大陈防务。大陈岛是台湾岛的前哨，分为上、下大陈。第 1 团团长何恩廷率团军士队先行，尔后部队陆续抵达，第 4 团交接防务后返回台湾。

国民党军防卫下大陈的指挥官是大名鼎鼎的胡宗南。

然而，他上大陈岛却是不得已而为之。

他本是统帅 40 万大军的"国军第一大将"，谁知 1950 年 3 月来到台湾时，身边只剩下了 6 名随从，其余人马全部丢在了大陆（主要是在四川的成都和西昌被解放军打败而溃散了）。他暂且安身在花莲，心情极为低落，不得不天天出去散心。幸好还有他在西安王曲中央军校第七分校的学生孔令晟因为当初胡宗南赞助自己读书和在台湾安家而感恩现在时刻伴随他。一天，他们来到了海边，胡宗南仰天叹息："想干点事儿还真的不容易啊！上来这么不容易，下来这么快！"

突然，他对孔令晟说："我们应该在什么地方自杀啊？这里真没有意思呀！"

孔令晟回答："要自杀，不如在成都，可以跟我们的部队一起自杀；到了西昌就没啥意思，部队没几个人了。"

因为丢光了手下所有的兵，他差点被蒋介石处分。经过几个月的苦闷彷徨，在极度绝望之际，他突然被蒋介石再次启用，出任大陈防卫司令官兼"浙江省"主席与"反共救国军"总指挥。上了大陈岛后，胡宗南才渐渐恢复元气，并且为自己起了个代名"秦东昌"，要部下称自己为"秦先生"。这"秦"暗指"三秦"——陕西或他经营多年而丢掉了的"秦都"——西安，"东昌"大概就是"在东边会昌盛起来"之意吧。

然而,在大陈岛,胡宗南虽为"一岛之主",但手下官兵全不是嫡系,对于"习惯只指挥嫡系"的他总觉得自己宛如岛上的"匆匆过客",丢魂失魄的。陆战队来了后,他才稍微感到安定。因为陆战队的许多军官来自他的麾下——第1军或王曲第七分校。

何恩廷在大西北时就是胡宗南的手下。第1团一来下大陈,他就在最短的时间内拜访了胡宗南,并且表达了自己紧跟胡宗南的决心。胡宗南见到"自己的部队"后,琢磨着如何去做强做大,思谋了好几天,一日把何恩廷叫了来,说:"大陈的守军,外围是游击队,上大陈是军官战斗团,下大陈是海军陆战队。以我对共军作战的经验看,大陆陷共后,我们据守孤立海岛,以有限的兵力,要作长时间的对峙,是非常困难的。"

"那咋办啊?"何恩廷急切地问道。

"为此,我们必须要有计划地发展游击组织,以冀在质量上产生根本变化。何团长,这才是救亡图存之道啊!"胡宗南语重心长地说。

"就我们这点人马,发展不了游击组织。"何恩廷说,"就是我们霸王硬上弓努力去做,这小岛上也招不到兵呀!"

"发展游击组织应先从干部着手。""秦先生"高瞻远瞩地说,"有了干部,带着金条一上大陆去,把旗帜一亮,哪里不是一呼百应?因此,我想先创立一个东南干部学校,训练游击队中、高级干部。"

接着,他就谈起了干部教育训练的构想与计划。何恩廷终于明白了,胡宗南是要创办一所像王曲第七分校类似的嫡系军校,以图东山再起。为了攀住胡宗南这棵"大树",他当场同意了办学计划。随后,两人决定从陆战队第1团选拔干部去训练。

胡宗南习惯抓大事,具体训练任务交给何恩廷去办;何恩廷也没能"沉"下去,又把这个任务交给了第2营副营长兼军士队队长屠由信与团作战官葛轶众两名年轻的上尉。

5月的某一天,屠由信和葛轶众受到团长何恩廷的秘密召见,受命在极度保密状况下挑选"忠诚"干部,准备去进行训练。

屠由信与葛轶众两人按照何恩廷的密令,选拔编组了两个中队的干部,接着制定了训练要求与标准,然后,把诸人召集而来,说明训练目的。一切工作很是神速,可是上面还没动向,最后不得不宣布暂时就地待命。

8月的一天,屠由信与葛轶众由何恩廷宣布为受训队正副队长,前往上大陈防卫部报到。

临行前,何恩廷嘱咐哥俩儿说:"你们应亲向胡长官报到,其他干部随后直接到东南干部学校去。"

屠由信和葛轶众双双上大陈了。

两人到达防卫部后,一位军官出面接待他们,并把他们引领到了胡宗南住所附近的招待所。随后,这位军官就离开他们了。

哥俩儿进入这幢招待所,顿然发现它非常高级,叽叽喳喳地说这一定是接待贵宾的地方,于是新奇地到处参观。等到11时许,该军官突然回来了,见着他们就道歉,说:"两位长官,真是对不起了,对不起!"

这弄得哥俩儿满头雾水。接着,他解释说:"早上胡先生交待我有二位客人要来,叫我把招待所整理干净,随后我去接人,看你们军阶很低,以为是贵宾的先行人员,没有深察,把你们安置在招待所忙别的事去了,真是太失礼啦!"

"你现在来也不迟。"葛轶众说。

"嗨,太迟啦!到了11时,胡先生问我:'客人来了没有?'我答复还没有,胡先生自言自语说道:'应该是9点到,怎么11点钟了,还没有来。'我说:'来了二位陆战队上尉。'胡先生说:'那就是客人啊!'我这才恍然大悟。你们看,我真是该死!"

"我们比您军衔低,您很忙,我们没事的!"屠由信也赶紧地说。

他还是道歉不已,并带着屠由信和葛轶众哥俩儿去吃饭。在饭桌上，这位军官用筷子不住地指着其中一道红烧肉说："这是胡先生交代厨房特别为你俩做的。"

屠由信虽是胡宗南的老部下，其实并没见过他本人，此刻见老长官又是亲自过问接待，又是亲自点菜，相当地感动，对着这位军官满是感激，嘴巴里说得最多的是"感谢"和"感动"四个字。该军官说："你们一共说九次了，还是夹菜吃饭吧。"

屠由信夹了一块红烧肉，刚放在嘴里还没咽下，心里又不禁涌起一股温馨之情，忍不住又说："胡长官受人景仰，现在和我们竟是如此的亲近。"

其实直到下午 3 点钟，他们才真正和胡宗南"亲近"起来。

屠由信哥俩儿走进胡宗南办公室时，第一眼就看吉安在第七分校时的老同事李维锦，还有驻上大陈军官战斗团的大队长陈玉玲。屠由信向他们行礼后，胡宗南就开始谈起了他关于培训游击干部的构想。

期间，李维锦插话谈起了他与美军顾问联系美军协助发展沿海游击队情报机构的事情，胡宗南拦住他的话说："在与外国人协调之前，应先了解他们的构想，协调才会有所准据。"接着说："今天除了我所说的，详细部分应听取他俩的报告。"

"他俩"就是屠由信和葛轶众。屠由信马上捅着葛轶众说："胡长官训练游击队干部，就是对何团长的十分信任，对他派来的干部相当重视。"

葛轶众没听懂。胡宗南明白这是恭维自己的话，也假装没听见，问道："你俩到达游击干训班后，副食费如何处理？"

什么"副食费如何处理"？胡宗南的意思是问两人伙食需要什么样的标准。这"听取他俩的报告"，咋首先谈起了伙食呢？原来胡宗南完全把他们当作自己原来那些将军级的高级干部看待，并"进行关怀"。屠由信立即说："我们早就获知游击队训练没有副食费，主食经费是由胡长官靠私人关系从台湾设法筹措来的。我们应与受训学员吃相同伙食。"

胡宗南连声称道:"很好!很好!"面露喜悦的神情。

随后,屠由信口头汇报了训练计划内容。胡宗南听得津津有味,连连说:"好,好,很好。"

最后,屠由信说:"这计划完全是根据胡长官的指示与构想,经团长再三推敲后核定的。"将一切成绩归功于了长官。

胡宗南更是高兴了,说:"晚上一起聚餐吧。"

两人结束了汇报,回到了住所。

胡宗南在住所以晚餐招待屠由信、葛轶众。他们在西北时的长官、现任"浙江省"政府委员、军事处处长钟松作陪,菜肴丰盛。在餐桌上,胡宗南一个劲地下命令:"屠上尉与葛上尉必须吃三碗饭,以示年轻力壮。"结果,把哥俩儿撑得肚子圆鼓鼓的。最后,服务员还送上了香蕉作为饭后水果。胡长官说:"这是由台湾带来的,专门招待贵宾的,只有五根,客人一人一根。"他自己没有吃。

屠由信咬了一口香蕉在口中,长官不吃给自己吃,又是感动得无法形容了,迟迟无法下咽。但是,葛轶众却吃得心安理得,吧嗒吧嗒就干掉了它。

事后,屠由信责备葛轶众说:"你真是铁石心肠,只顾自己吃,一点也不体谅胡长官。"

"如何体谅?你看他们吃的多好,住的多好,而我们呢!"葛轶众说。

"这……这……"屠由信不知如何反驳了。

"我不是被愚弄了一生还四处去喝彩是人。"葛轶众不知好歹地说,"你以为我们去训练班会有好日子过?!"

屠由信不信:"走着瞧吧。"

"你不是叫屠由信嘛,爱信不信!"葛轶众一点也不让着他。

随后,他们去了训练学校。果然被葛轶众料中,哪有屠由信当初想象的好事?天天吃的是青菜拌盐水的菜肴。尽管参训干部们叫苦连天,屠由信还是带着他们"积极加强训练",跌、打、滚、爬,样样要求过关。

胡宗南对游击干部的教育与训练也非常重视,虽不像当初第七分校那样亲自来上课,但在百忙之中不时坚持到东南干部学校来视导,并且每次来了都要个别召见屠由信和葛轶众两位正副队长。一次在个别召见中,胡宗南问起了士官们的战技体能状况,屠由信回答说:"体能有退步,不如从前!"

胡宗南感到十分诧异,马上追问:"为什么呀?"

"木马不高,都跳不过。可能与营养有关。"

胡宗南脸上露出迟疑之状,随后说:"你们可以利用假期与晚上的时间,多进行些休息嘛。"

"说实在的,经过两个月青菜、盐水泡饭后,我个人已感浑身乏力,士官们的木马跳不过与体能战技退步,是必然的现象。"屠由信不得不说了实话。

胡宗南于是下令说:"干部自己可以加餐补充营养。"

陆战队官兵进行攀登峭壁训练

自此以后,训练学校的干部们每隔两天晚上吃一次点心,周日加餐吃一次鱼,营养终于获得改善。但是,级别低的士官则没有这种待遇,还是跳不过木马。屠由信等教官们说:"由此可知,游击部队的生活是如何艰困!跳不过木马,看来你们还不适应,还得继续练。"

经过几个月的强化训练,第一期游击干部训练终于要结训了,突然陆战第1团奉命交防返回台湾本岛。这一下游击打不成了。胡宗南调用的担任游击干部训练的陆战队人员的去留,顿时成了最棘手的难题。不把他们带走,周雨寰司令不会轻饶;把他们带走,又怕胡宗南不高兴。团长何恩廷和两位正副队长均无法也不敢向胡宗南报告自己要归建的情况。

就在第1团要返台的前一周,胡宗南再次莅临了东南干部学校,照例召见屠由信和葛轶众两位正副队长。哥俩儿一进去,就见胡宗南态度凝重,他第一句话便说:"你们部队要调回台湾,你们应该回去,是吗?"

屠由信和葛轶众不敢回答"是"与"不是",只是低着头,一直聆听着。胡宗南说了一些嘉勉的话,最后说:"你们还是走吧,我不勉强了!"并向哥俩儿赠送了纪念品。

就这样,事后被屠由信称作"二个上尉在一个上将亲自教诲下所执行的特殊训练任务"匆匆结束了,何恩廷也长长地松了口气,率部返回了台湾本岛。

## 04.	"实践厅"的由来和风波

迁台之初,国民党军部队眷舍严重缺乏,陆战队在大贝湖地区住的是木寮、茅房。左营军港,虽然条件要好,但也是营房奇缺,只有几位主官有大房子住,一般军官都是本人在军营上班,家人却住在其他地方,夫妻分居,亲人分离。尽管这样,条件较好的左营,还是陆战队官兵人人向往的地方,个个削尖脑袋往这里钻。

这复杂的人事关系使得周雨寰很多本来容易解决的事情变得复杂。1952 年 8 月 1 日,陆战队奉令整编为两个旅,去除团、营、连番号,旅级以下改设大、中队制,旅辖直属中队、四个步兵大队、一个炮兵大队以及通信、42 炮、战防炮中队各一个。当"国防部"下达整编命令后,周雨寰就隐约察觉到这又是手下们竞争调换工作地、拼命往左营挤的"良机",只好抢先开始了谋划。

他首先邀请"国防部"第一厅人事管理处处长龚少将和第五厅主管编制参谋郦上校来到陆战队,把陆战队司令部人事科的人员叫来一起开座谈会,目的就是最快解决改编中的若干细节问题。

在座谈会上,周雨寰坦言:"如果由'国防部'印发编制表,要费时三至四周,改编消息一出,陆战队又会军心不安。能否由本队按核定的编制表先自行缮写油印,然后,送请'国防部'核对盖印,再由我们马上颁发施行?"

龚少将说:"我们巴不得省事,同意照办。"

然后,与郦上校回台湾去了。

随后,陆战队司令部人事科调集几十个文书日夜赶工加班,分别按核定的编制表进行缮写,接着油印、校对,装订成册,在短短三日之内,把东西赶出来了。

于是,人事科长张意如立即背着几十册编制表前往台北,在"国防部"面交郦上校。次日,有关部门就盖印完毕。当晚,张意如搭乘夜车,返回了左营。

他一回来,周雨寰如释重负地吩咐说:"马上发表,立即据此进行整编。"

就这样,前后历时五日,陆战队火速下达了整编命令,其中,第 1 旅辖第 1、第 2、第 3、第 4 大队,驻防左营地区;第 2 旅辖第 5、第 6、第7、第8大队,分别驻防大贝湖地区(第6、第7大队)及大陈岛(第5、第8大队),所有的人员必须按照这个命令马上行动,不得有误。

军令如山。周雨寰此举虽然一时压住了官兵的"调迁冲动",但终究治标不治本,只是一个权宜之计而已。之后,陆战队不断有新军官调迁过来,没有房子,个个嗓门变大。而这些人能调进司令部来,个个都有后台。面对各种各样的打招呼,周雨寰也没办法盐油不进,可要去照顾好这些关系户,手头又确实没房子,怎么办?最后,他决定想办法自建房屋。

为此,周雨寰决定以建筑一幢容纳500人集会的大礼堂为名从中弄出部分资金建设一栋军官住宅。可是,陆战队司令部多次报请海军总司令部拨款建礼堂,均无结果。上面不拨钱,周雨寰就是最好的巧妇,也难为无米之炊,思谋多日,只好召开内部会议商量解决办法。

陆战队士官所住的铝皮屋兵舍

在会议上,周雨寰说:"海军总部那边肯定是说不通了。唯一的办法,就是我们自己另去想办法筹资。"

陆战队司令部新任参谋长苏扬志说:"有啥办法,只能去借高利贷。"

"只要能借到,我看就行。"周雨寰说。

政治部主任陈茂铨接话说:"我与台湾银行某协理是大学同学,找他去帮忙,利息高点,我估计没问题。"

"舍不得孩子套不住狼。那就由张意如与茂铨主任操作吧。"周雨寰拍板了。

会后,张意如持陈茂铨的私函,急急赶去台北,找台湾银行的某协理。

"难啊!"某协理开口就诉苦,"今年银贷紧缩,不敢放贷,不过看茂铨老同学的份儿上,我可以去活动。"

最后,在他的活动下,张意如经过与台湾银行商洽,双方同意以50两黄金质押借贷新台币5万元。

陆战队哪里有50两黄金?周雨寰去找海军总司令部,他们也同意暂借50两黄金进行质押。

有了贷款,众人欣喜若狂。张意如又携公函与林务局洽谈,获准按照官价(约为市价十分之一)配售木材100立方米;他再与台湾水泥公司联系,对方也同意按照官价(约为市价五分之一)出售水泥若干包。主要的建筑材料谈好了,但必须拿出现款才能把它们领回工地去。

陆战队工兵营官兵来到了施工工地,准备材料一到就施工。谁知"国防部"却来函了,说除水泥外,质押借款及配售木材二项,都碍于法令规定不准执行。万事俱备只欠东风,等"东风"却等来了"大雪",急得周雨寰是团团转。最后,他直接去海军总司令部,找总司令马纪壮(注:桂永清已于1952年4月调任总统府参军长)。

然而,马纪壮还是没有批准。

眼看此路又不通,周雨寰气愤地说:"看来不得不动用杀手锏了。"

他周雨寰有什么杀手锏呢?那就是老长官桂永清公开说的:"有些主官只会向海军总部要钱,周雨寰却能向美军顾问团要钱。"周雨寰的杀手锏就是去美国顾问团那里要钱了。

按照桂永清话的字面意思去理解,周雨寰是善于掏美军顾问团的腰包,花外国人的钱来给自己办事。其实,大非如此。美国佬的钱,他周雨寰是掏不出来的。周雨寰精明、有手段,美国顾问也是"极其狡

台湾初期国民党海军大佬马纪
壮(右)、桂永清(中)和黎玉玺

猾"的,不会当周雨寰的傻子。而周雨寰也不傻,因此也不会把明察秋毫的美国顾问当傻子去掏他们的腰包。

那么,他又是如何如桂永清说的"能向美国顾问要钱"的呢?

其实,他要的还是"国防部"的钱。

"国防部"掌管海陆空三军的款项拨发。这些经费三军将领都眼睁睁地盯着,个个都明白,走程序只能是要不到钱,当"穷人"。因此,为了拿到拨款,无不使尽各种手段,动用各种人脉。而周雨涵呢,一个小小的陆战队司令,论军衔只是区区的少将,"国防部"自然不会买他的账,走走程序,他几乎是不可能要到拨款的。怎么办?周雨寰的杀手锏就是先去打通美军顾问团陆战队顾问小组首席顾问卡尼少校,经过卡尼少校的手,再在美军顾问团的军援案备忘录中,直接为陆战队向蒋介石提出拨款建议。蒋介石对那些要钱的手下可以不理睬,但对美国顾问团却一直是百依百顺,不敢得罪,甚至还对"国防部"高官说:"要和美国人做盟友,不给点钱咋行!"因此,卡尼出手,几乎没有不成。

这次周雨寰再去找卡尼,说:"老伙计,又要你去当棋子了!"

反正不是自己掏腰包,卡尼乐得去做顺水人情,说:"只要你不把我当傻子,当当棋子又何妨!你要多少?"

如此操作一番,蒋介石果然如同往常一般予以采纳,并且下令:"交由'国防部'研究办理。"

"国防部"对别人的要钱要款,可以不予理睬,对于老头子的批示却没人敢说"不",立即核拨预算。这样,周雨寰就像当年要蚊帐一样,运用"以迂为直"的战略,终于获得了"国防部"下拨到海军总司令部的一笔建房拨款。

建房款子一批复下来,陆战队司令部一片欢腾。

随后,周雨寰下令由张意如负责,由陆战队工兵自己施工,先解决最紧迫的住房问题,在自助新村西侧空地兴建十余户眷舍。建成后,分配给张振远、杨友三、张复国三位中校和黄光洛、姚舜少校等军官居住。

接着,工兵另在大操场北端兴建陆战队司令部大礼堂。建成之后,周雨寰亲自命名为"实践厅"。

为什么起"实践厅"这样一个怪怪的名字呢?

因为这时蒋介石正在大力推行"保卫大台湾"的"革命实践运动"。他不仅自兼院长,在草山创立了"革命实践研究院";同时还举办"革命实践研究院军官训练团"。什么是"实践"呢?他本人的解释是:"我们今天失败到如此地步,最主要的致命伤,就是因为一般干部普遍犯了虚伪的毛病,相习于虚浮夸大,而不能实事求是。这种风气流行的结果,使得部队、机关和学校,一切办事、命令和报告,都是互相欺骗,互相蒙蔽,而没有几件事是完全实在的,可以相信的。这一恶习颓风,如果不彻底革除,真是要使我们亡国灭种!怎样才能革除这个恶习,转移这种颓风,唯一致力的方向,就是提倡实践。"为此,《中央日报》发表社论,大声呼吁说:"我们国家实在已到空前未有的危险时期,每个处在这个孤岛上的人也已没有什么可以撤退和逃避的地方。每个人的利益和整个国家的利益,再也没有一个时候能比现在更加一致。今日国家所追求的目标,就是每个人所追求的目标……在这个目标下,我们首先要求每人把所有的私的利益完全克服下去。"基于克服"所有的私的利益"的目标,台北一些军政高官又"自发组成"战时生活运动促进会,该会宣称要"向奢侈者挑战,向腐化者开刀",要求"人人生产,戒除浪费,个个动员,参加战斗"。周雨寰派工兵自建了住宅和大礼堂,这就是"人人生产"的"实践"啊!因此,他起名为"实践厅"。

谁知这"实践厅"刚竣工,陆战队官兵还没进去开过一次会议,就有人向"国防部"检举,说"实践厅"所用的梁架,全系拆除左营火车站通往军港之间的铁轨。

主抓工程的张意如立即暗叫不好:"实践运动,要'向腐败开刀'。这次完了完了!"

经海军总司令部调查,陆战队偷拆军轨一事属实,于是按照规定的程序,签报有关人员交由军法审判。

这边要进行军法审判,那边又一伙人马赶紧四下活动,打点捞人,最后双方都将官司打到了"革命实践运动"的发起者——蒋介石那里了。"最高法官"蒋介石大笔一挥:"人才难得。"

人才难得?这与铁轨案哪跟哪呀!到底谁是人才,如何难得呢?"国防部"琢磨不透,"诸葛亮"们最后认为老头子的意思还是倾向于息事宁人,于是下令军法处:"该段铁路已废弃不用,拆除废轨合法。"对这不再追究。

这样,不少牵涉其中的当事人"先死后活",事情也就不了了之了。

05.周雨寰的"大智慧"

逃亡到台湾的国民党军将领多如牛毛,像周雨寰这么为了"国防部"的拨款耍小聪明的,自然也不乏其人。周雨寰如果仅仅混同于这些有小聪明而乏大智慧的将领,在激烈竞争中难免要走下坡路,最终也会如许多逃台将军一样碌碌无为,成为流星。周雨寰不仅不乏小聪明,而且具有大智慧,有着常人所没有的"战略眼光"。

他要钱,还要人才。

为了提升陆战队的各项软硬指标,周雨寰从建军之初就开始到处搜罗人才。他搜罗人才的方法比较特别,一般人如前任杨厚彩往往是把自己的三亲六故往麾下塞,他则瞄向了蒋介石的军事人才摇篮——陆军军官学校,专门去抢那里的毕业生。

陆军军官学校的前身就是著名的黄埔军校。国民党逃到台湾后,1950年10月,在高雄县凤山市复校。周雨寰为什么要去抢那里的毕业生呢?因为他通过在王曲第七分校那些年的打拼,敏锐地发现那些进入军官学校深造的,几乎都是有背景的,不是高干子弟,就是长官亲信。到台湾后,这一状况不仅没改变,反而大大加剧。离开大陆时,蒋介石将高官政要的子弟200余人空运到台湾,陆军军官学校一复校,马上将他们送进去"进修"。为此,周雨寰认为,弱小的陆战队要和其他部门拼人脉,就得先去捞"人才"。有了有靠背、后台的"人才",他才能与各级官僚编织千丝万缕的关系网。

为了揽下这些人才,眼力独到的周雨寰多次当面交代人事科科长张意如:"陆军官校的毕业生,我们一定要尽力争取。"

结果,陆军官校第22期学员毕业时,周雨寰亲自带着张意如一行人去招募,争取到了孔令晟、贾尚谊、黄光洛三人。其中,孔令晟不仅是胡宗南的亲信,据说还与蒋介石的连襟、党国大佬孔祥熙关系非同一般,祖上都是孔子的后代;贾尚谊、黄光洛也是后台强硬的非等闲之辈。

周雨寰搜罗了他们,就得到了可直接通天入地的"顶尖人才"。

陆军官校第23期学员毕业前夕,周雨寰又跑去要人才。结果,这次没上次那么幸运,不能要上面就给。海军总部在转报"国防部"公文中,只争到了一名上校——且点名要分配到总司令部;另二名中校才分配到陆战队去。周雨寰见挖不到顶尖的"人才",不干了,找来人事科科长张意如说:"你快去面谒副参谋总长萧毅肃,要求把三个人都分到陆战队来。"

他的目的就是要里面含金量最高的那位上校。

"这……这……行么?"张意如为难地说。

"上一届不是分配了我们三个人吗?你就说我们要求维持分配到陆战队三名学员的惯例!"

"'国防部'上次分配了陆战队三人,就成了'惯例'?!张意如暗暗佩服周雨寰司令的高明,但还有些疑惑地说:"那我们抢了总部的人,他们肯吗?"

"你请求萧次长另分发总部一人嘛。"

张意如跑去,萧毅肃听了他的报告,答复说:"分发员额已经定

萧毅肃

案,不能增加了。另外,'国防部'必须尊重海军总部的意见。你回去报告周司令,人选仍按杨友三中校、张振远中校的顺序分发。"

杨友三是周雨寰当副师长时的侍从官。周雨寰这次没有如愿,拍腿叹息了一场,然后,把杨友三派往司令部参谋处第四科当科长,主管全队的后勤。

第三年,陆军大学第 24 期学员又要毕业了。这次周雨寰死死盯住了他们,并且早就与海军总部人事署打好了招呼。一天,海军总部人事署刘科长亲自给周雨寰打来电话说:"'国防部'于××日召开第 24 期毕业生分发会议。"

周雨寰立即找来张意如:"你赶快随同总部人员前往出席,依据缺员现况,请上级分发步科毕业生 50 名。"

当会议主席毛景森询问海军总部需要多少名额时,张意如马上起立报告说:"我是海军陆战队司令部人事科长,本队依照缺员统计,

建议分发步科毕业生 50 人。"然后，将缺员统计表转呈会议主席。

毛景森看了统计表后，询问海军总部代表："海军总部同意陆战队需要的员额吗？"

刘科长回答："同意。"

毛景森指示说："原则上同意分发 50 名，你们回去后以最快件报请海军总部转报本部核办。"

不久，陆军官校 24 期毕业生 50 人全部来到了陆战队报到，其中自然也有不少"官二代"。

周雨寰如此爱人才，招罗人才，到了第四年，陆军军官学校第 25 期毕业生分发会议召开前，陆军官校直接通知他们前去参加。

张意如告知周雨寰，周雨寰非常满意，并交代他说："你可以提前两天到'国防部'第一厅谒见罗厅长，当面呈送缺员统计表，请求他的支持。"

张意如一去，罗厅长告诉他说："步科生员额尚无法满足陆军本身需求，因此不予分发陆战队，可分发炮兵科 20 名，工兵、通信科各 10 名。"

"这……这……"张意如眼看又完不成司令交派的工作，有些着急了。

罗厅长微微一笑："去吧，没事儿的！"

张意如悻悻地回了左营驻地后，怀揣着"兔子"去向周雨寰报告。

周雨寰笑着说："分发步科毕业生员额，我早已与罗厅长谈妥。指派你去谒见，只是给你一个结识罗厅长的机会而已。"

出了司令办公室后，张意如一个劲儿自责："原来司令在刻意培养自己的人脉，自己还昏昏然不知呢！乖子看一眼，傻子看一晚，这脑子真是太迟钝啦！"

之后，这 50 名少尉军官，除一名通信科毕业生由海军总司令部留用外，其余全部派往陆战队。

陆军官校前后四期毕业生，共 89 位"生力军"，加入了陆战队。这不仅大大提升了陆战队军官的素质，而且使得陆战队有了其他部队不可比拟的强大人脉资源。在其中，前两期的五人人脉指数最高，日后皆晋任为中将或担任陆战队司令之职。

周雨寰大力引进人才之举，无疑是大将级别的超级智慧，此举是"烧冷灶"做长线投资，及早准备 20 年以后的接班人。当然，极具资源性又有才能的人才，是极其稀缺的资源。周雨寰除了从陆军官校进行挑选外，还从其他各个地方进行搜罗。

1953 年元月，第 6 军第 339 师 1015 团团长于豪章就要卸任了。周雨寰不知从哪里获知他原在蒋介石总统府当过少将参军，立即将参谋长苏扬志调任第 2 旅旅长，邀请他出任陆战队司令部参谋长。

于豪章也是眼力犀利之辈，陆战队来了邀请，他就高兴地答应了。

于豪章没想到自己一进陆战队，就受到周雨寰的照顾。

1952 年 12 月 6 日，蒋介石莅临左营桃子园营区校阅陆战队

他当初从总统府少将参军调任第6军当团长时，降衔发布为上校，以后不知是因为能力还是与上级处关系出了问题，一直没有提升。这次才到陆战队报到，周雨寰就发给他一份少将参军任命状。

人事科长张意如说："这恐怕不合程序吧！"

周雨寰说："没事。你呈报'国防部'，要求恢复于参谋长的少将军阶。"

于豪章真是又惊又喜。

周雨寰这一举完全俘获了于豪章，并且接通了与总统府联系的另一通道。周雨寰在任陆军第69师副师长时的老师长冯龙将军闻讯，击节赞叹说："大智慧呀！周雨寰配上于豪章，真是如虎添翼！以后定会获得成效。"

06."忠贞部队"拨入陆战队

1953年初，"总统府"一个绝密的情报通过人脉渠道传到了陆战队司令部，于豪章赶紧报告周雨寰："在越南富国岛的'忠贞部队'要回来了！"

"忠贞部队？谁的忠贞部队？"周雨寰十分惊讶。

"黄杰，黄达云（黄杰的字）你知道吗？"于豪章说。

周雨寰是知道黄杰的。他是杨厚彩的湖南老乡，黄埔一期老大，一直位居高层。周雨寰在教导总队当连附时，他就是第8军军长了；周雨寰当青年军的师长时，他已是周雨寰望尘莫及的集团军总司令了。但是，1949年周雨寰进入陆战队时，黄杰却突然失踪了。他问道："他不是好几年没音讯了吗，现在怎么突然出现了，这些年他去哪里啦？"

"他一直在越南富国岛，为党国做牧羊苏武。"于豪章说罢，讲起了黄杰这几年的经历。

原来当初周雨寰脱离段沄的第 87 军未必不是"大智慧"。1949 年 8 月，段沄的岳父程潜与第一兵团总司令陈明仁在长沙起义时，身为国防部次长的黄杰前去劝说他们，结果被陈明仁手下一句"机场附近出现枪声"的谎言吓得仓皇逃出了长沙。陈、程起义后，他又奉广州国民政府之命在衡阳重组"湖南省政府"，并就任省主席兼第一兵团司令官、湖南绥靖总司令，收罗陈明仁残部。谁知湘桂作战，国民党军继续失利，解放军追击而来，他不得不率领 1.7 万余官兵一路南逃，到达广西昆仑关后再往南就得出国了，他只好沿桂越边往西去。12 月 4日，手下突然报告："百色已为共军陈赓部攻取。"

黄杰真是有苦难言。无路可逃了，华中军政长官白崇禧电示他"以安全为第一"，快速转进海南岛。而蒋介石嫡系大将陈诚则自台北来电："不如并力西进，重行入安南，保有根据地。然后相机行事，留越转台皆可自卫，未知兄意如何？"黄杰决定听取后者的指示——假道入越，再转运回台湾。

他赶紧派人与法国驻印度支那高级专员比荣和驻越法军总司令班加吉中将洽谈假道之事。12 月 12 日，双方签订了"假道协定"。法方同意黄杰率部假道，由越南海防转运台湾，但是要求国民党军：(1) 以 500 人为一队入越；(2) 缴械入境，武器暂由法军封存；(3) 由法方负责沿途安全警戒及提供食品。黄杰答应了，并且保证官兵一定纪律严明，不扰法越民商。

然后，他率领官兵和随行的地方团队游杂、警察、流亡学生和平民经禄平、谅山抵达法方指定地——蒙阳。谁知一到蒙阳，官兵就被法军监管软禁，随身携带财物全被夺走，然后，每人每天仅供应米四两。蒙阳是一座废弃的煤矿，三面环山，不见阳光，荆棘丛生，到处都是蚊蝇蛇鼠。黄杰带领官兵们上山砍木斩草，搭建草棚，忙了大半个月，才安顿下来。

黄 杰

随后，国内其他一些残军也从广西、云南逃入越南，被法军遣送到莱姆法郎和金兰湾。到1950年1月为止，退逃越南的国民党军官兵达33400余人，被法方赶着做苦役。3月，黄杰派人返回台湾向蒋介石报告了自己在越南的情况。

不久，第26军残留滇东南"打游击"的第272师残部经不住解放军的追击，2000多人逃到中越边境，偷渡红河时遭到越共的伏击，师长余启佑坠河淹死，残部1023人由师参谋长张亚龙率领，狼狈不堪地逃到了越南西南的富国岛。随后，法军决定将所有国民党军迁到富国岛。

8月14日至9月3日，黄杰等各路人马被用法军用小船南运到富国岛。富国岛东邻暹罗湾，岛上全是原始森林。官兵们没有住处，只好去填沟平洼，进深山伐木取藤，在阳东和介多修建了一片茅棚房栖身。

10月，蒋介石派国策顾问林蔚、总政治部副主任胡伟克一行坐飞机到达富国岛看望官兵。随后，林蔚与西贡和法国殖民当局商洽、谈判，想把官兵运回台湾去。谁知他们的谈判完全不得要领，一个说东，一个扯西，结果无功而返。12月，蒋介石任命黄杰为留越国民党军管训总处司令官，辖三个管训处，下设总队、大队、中队。

第二年春，法军在越北惨败，塔西尼中将接任法军总司令兼印支高级专员。蒋介石派人通过美国政府向法方提出官兵转运台湾之事，还是被塔西尼一口拒绝。

这样一拖,到了第三年。1952 年 4 月,台湾"国防部"成立专案小组,密商对法交涉、接运、安置等事项。台湾驻法使馆与法国外交部进行交涉,台"外交部"也与巴黎驻台北代办罗嘉凯进行交涉,折腾大半年,还是咋谈咋谈不拢。

这可急坏了黄杰等人。

黄杰于是想出一个印度甘地式的"不合作"行动——率众官兵进行绝食。12 月 25 日正是西方的圣诞节,国民党军万余官兵和眷民齐集阳东机场,把灶具丢在一旁,锅底朝天。驻岛法军尽管早有准备,但没有前来镇压,反而快速把自己的枪炮锁入军械库,并且还对黄杰等人说:"我们任由华方处置。"这法国佬咋啦?其实,他们是软对软:你们闹就闹吧,我们也不管了。但是,附近岘港、金兰湾的法国军舰却悄悄地开到了富国岛四周监视着,战机低飞在人群头顶上示威。

午后,终于出事了。一名国民党军士兵因仇恨法军不把自己当人看待,愤怒地冲入法军营房,夺下卫兵枪支,并且刺伤该法兵。事情闹大了,黄杰暗暗着急。谁知法军还是一副不管不闻、听之任之的态度,平时声称"大智慧"的黄杰也没办法了,思来想去,却先自己熄了火,说:"回去吧,双方均冷静来处理!"

一场声势浩大的绝食斗争就像铁球猛砸在棉花上夭折了,什么效果也没有。

不久,这塔西尼竟然病死了,黎多诺接任。林蔚再次前往越南进行商洽。这次黎多诺的脑筋总算是转动了,说:"我原则上同意国军返回台湾。"

1953 年初,法国政府正式通知台北:"同意富国岛国军赴台。"于是,黄杰秘密赴台报告、请示官兵回台之事。

这就是黄杰失踪又复活的全过程。然而,这一折腾,在富国岛的国民党军被蒋介石和幕僚起了个"雅名",叫做"忠贞部队"。周雨襄听于豪章说完这些,问道:"他们回到台湾,'国防部'如何处置他们?"

"黄达云这次回岛,就是与最高当局商量安排官兵的接运、安置诸事,整个计划叫做富台计划,据说还要在台北、桃园、台中、左营、花莲分别修建'富台新村'给他们居住。"

周雨寰立即窥见了其中的机会,说:"我陆战队只有两个旅,正是做大的良机,把他们要到我们陆战队来。"

于豪章表示赞同,副司令谢远灏也称好。

在于豪章的协助之下,周雨寰向"国防部"要求吸收富国岛上的兵员。很快,"国防部"也同意了,决定将第一批"越南富国岛忠贞部队"拨入陆战队。

经过几个月的准备,富台新村建好了。5月14日,参谋总长周至柔电告黄杰:"留越国军即全部船运台湾归国,第一批船15日出发。"

5月23日,海军派遣的第一批三艘军舰将阳东的官兵运抵台湾,进驻左营的胜利营区。

这一批瘦骨伶仃的残兵败将下船后,"国防部"马上进行拨编。首批返台的富国岛部队——即第一管训处第2、第3总队——拨编海军

官兵由海军舰艇运抵高雄港的景况

陆战队第1旅步兵第4大队、第2旅步兵第6大队,但两个大队的副主官及政战干部由陆战队派遣;第一管训处第一总队、处部及直属大队官兵,一部分拨编海军士官学校,一部分拨编陆战队司令部直属连与旅直属炮兵单位。总共约2000人编入了陆战队。

点编官宣布拨编名单后,说:"所有拨编官兵即日开始向新单位报到。"

一位叫钟岱的小兵在富国岛时天天盼望着回台湾,谁知一上岸就被泼了一头冷水。当点编官宣布拨编名单时,他榜上无名,急得快哭了。

事后,经过第一管训处核查,才发现他被纳编军官漏掉了。结果,他延误了两天,再去陆战队第1旅直属炮兵中队报到时,中队长瞪眼看着他说:"都报到两天了,你年轻轻轻的,为何迟到?"

"没有迟到,不是还没超过报到日期么?"

然后,钟岱把第一天没来报到的原因告诉他。可是,中队长点着他的鼻子说:"你把我们当傻子啊,"然后,蛮横转头对手下说:"把他的名字剔除。"

之后,任凭钟岱怎么解释,中队长就是不收他这个兵。

钟岱悻悻然回去,再被各方推来推去,成了没有单位可去的"人球",没办法,18岁的他只好加入老弱残障行列,准备办理退伍手续去就业。谁知7月25日事情突然有了转机,海军总部派遣督察检验组对富国岛返台官兵进行个别检验及访谈。

督察官见着了一直萎靡不振的钟岱,问他说:"你没人要了,怎么办?"

钟岱耷拉着头说:"我申请去员林实验中学读书。"

谁知督察官们会商后,又作出一个决定:"命你继续去陆战队报到服役。"

"他们不要我啊!"

"他们不要你,你就去陆战队司令部报到!"

钟岱再次去陆战队司令部报到,结果,被指派为第1旅步兵第4大队部上士,终于进了陆战队。

不久,第二批返台的富国岛部队也回台湾了,又一部分人马分配到了陆战队,其中有一个中州豫剧团,是驻扎富国岛李弥残部的一支豫剧团,由张岫云及其夫婿李久涛负责排练及管理。来到台湾后,面临着由谁领取的命运。众人担心没有去处,惶惶不安。

谁知他们的命运却比这位钟岱小兵幸运多了。

周雨寰和夫人都是戏剧迷,见有个豫剧团,立即说:"军中袍泽缺乏精神食粮,收过来,成立一个豫剧队。"

结果,这个戏班子也编入了海军陆战队。

张岫云的豫剧演出水平还确实不差,周雨寰的夫人看了场戏后说:"特别的好。"随后,她亲自以陆战队队歌中"海上策飞马,滩头建奇功"之意,命名戏班子为"飞马剧团"。

周雨寰在于豪章的协助之下,将富国岛残部纳入陆战队,不仅壮大了陆战队的力量,而且为陆战队以后的迅猛发展,拉上了一位强有力的靠山。

他就是国民党军大佬——黄杰。

黄杰返回台湾后,被蒋家小王朝上下齐口赞誉为"海上苏武"。中央社盛赞他在"众叛亲离"的富国岛三年,对"蒋总统"忠贞不二,经受了最严峻的考验,并且这份"忠心"远远胜过西域牧羊十九载的"麒麟阁十一功臣"苏武。在一派赞誉声中,黄杰返台两个月后,即被拔擢为台北卫戍司令部司令。在接下来的岁月中,他连续官运亨通,步步登高,先后担任陆军总司令兼台湾防卫司令、总统府参军长、警备总司令、台湾省政府主席、"国防部长"等要职。

黄杰因为富国岛残部而声名鹊起,自然对跟随自己一起他乡共患难的旧部十分关照,于是接受了富国岛残部的陆战队也沾光不少。

1954 年 8 月,54 岁的桂永清英年病逝,陆战队本来顿然失去靠山,而黄杰的崛起,巧妙地接替了他的位置,成为了陆战队强有力的支持者。周雨寰的"大智慧"再次为陆战队赢得了一个难得的"春天"。

这是后话。

07.东山岛之战

1953 年 7 月初,陆战部队正在收编富国岛返台的残兵时,何恩廷突然被周雨寰紧急召见。

"那些残兵败将吊儿郎当,太难管啦!"何恩廷一进周雨寰办公室的门就嚷开了。

"今天不谈这些,有更重要的任务。"周雨寰说。

"什么事也没有治治这伙残兵、整顿军纪重要。"何恩廷仗着自己是周雨寰的宠将,继续发飚。

"抓几个不就行了?"周雨寰说。

"抓了又能怎么样?抓了,不审不判,也是炒作!"

何恩廷还是不依不饶,周雨寰正色地

陆战队开始装备美援高炮武器

说："恩廷，别闹了，要正式打仗啦！"

"咋，真要打仗啦？！"

"怎么还不相信啊，老头子要反攻大陆了。"周雨寰喜形于色地说。

"年年喊反攻复国，只见打雷声不见下雨，有这么多精英在，早就该打了！"

"还是正式交代任务吧。"周雨寰不与他饶舌了，"司令部命令你马上组建代号为'河北支队'的两栖突击队，届时在海军舰炮支援下，协同陆军展开两栖突击登陆战……"

何恩廷

败逃到台湾后，蒋介石好几年没动静，这次怎么要出兵"反攻大陆"了呢？

其实，这与美国新上台的总统艾森豪威尔有关。

蒋介石从一位泱泱大国说一不二的独裁者沦落到台湾孤岛的岛主后，就日夜思谋着如何带领那些残兵败将反攻大陆，夺回失去的天堂。然而，天不佑人，孤岛上的残兵哪是日益强大的大陆的对手呢？"反攻"几乎就是去送死。谁知1953年春出现转机。因为朝鲜战事未缓，美国总统艾森豪威尔上台后，为了打破美军在朝鲜半岛上与中朝军队的僵局，派人策动蒋介石"反攻大陆"，企图令中共"顾此失彼"，美军从中"渔翁得利"。在美国顾问的捣鼓下，蒋介石好几次想出兵，可一直没有良机。

六七月份，"国防部"突然获得一个情报：中共在福建省东山县（在东山岛上）只有一个步兵加强营、公安团（两个营）与县自卫大队等，兵力不足1700人。东山岛位于福建东南端，距诏安县约30公里，全岛142平方公里，东西宽16公里，南北长27公里；海水涨潮时，岛屿与福建内陆形成交通障碍,退潮时则可利用干滩徒步通行。全岛的制高点为岛北部的 410 高地,可瞰制全岛。东山岛与蒋介石控制的澎湖列岛距离为 98 海里,与高雄距离为 166 海里,中间隔着茫茫大海。国民党军要渡过茫茫大海,且拿下东山岛,本来把握并不大,因为一旦中共方面利用退潮时机支援,攻岛部队就可能陷入包围。但是,甘做"鹬蚌"的蒋介石还是准备硬上。

要突击东山岛,国民党军必须先出动大型军舰渡海,然后进行两栖登陆作战。伞兵和陆战队是登陆时最有力的战斗部队。为此,蒋介石决定动用海军陆战队和伞兵担当"反攻"登陆的先锋,以舰载陆军为其后盾,待抢滩成功,后续陆军大批涌上参战。为了打赢这次突击岛战,蒋介石亲自指挥,海陆空三军部队由金门防卫司令部司令官、有"狡如狐"之称的胡琏为总指挥。在胡琏之下,海军指挥官为第四舰队司令黄震白,陆战队指挥官为陆战队司令周雨寰,地面陆军部队指挥官为第 19 军军长陆静澄,总兵力为一万多官兵。

周雨寰接受任务后,决定以第 1 旅为基干,编成代号为"河北支队"的两栖突击登陆队,由何恩廷兼任支队长。计划完毕,他就当面召见何恩廷并交代任务。

反攻大陆,是何恩廷等人一直梦寐以求的事情。听到周雨寰的交代,他跃跃欲试。很快,他与周雨寰商量好河北支队的编组方案,决定在支队长何恩廷之下设参谋组,由旅参谋长孔令晟负责。支队区分为左、右两个突击队,左突击队由第三大队(步兵)大队长江虎臣率领;右突击队由第三大队副大队长屠由信率领,另设侦察、炮兵、岸勤、通信、卫生、登陆战车诸分遣队,全支队官兵合计 1507 人。

方案定好后,周雨寰认为登陆战车在抢滩时至关重要,问道:"登陆战车分遣队届时负责运送步兵登陆抢滩,你看由谁负责为好?"

何恩廷想了想说:"还是以陆战车第一大队为好,由副大队长李增明为领队,下辖第一大队第二中队及第二大队第一中队。"

"那两位中队长是谁？"

"第一大队第二中队中队长为洪业猷，第二大队第一中队中队长为沈绍先，都是从蒋纬国司令的装甲旅拨编过来的。"

周雨寰对这两人是熟悉的，点头表示同意，接着又问："你准备出动多少'水鸭子'？"

"水鸭子"是什么玩意儿？

周雨寰时期的 LVT 登陆运输车

就是陆战队的 LVT。由于它们能在水上走，又能在陆地上跑，样子也难看，于是陆战队员们俗称它为"水鸭子"。

"这些 LVT 经不起折腾，34 辆全部出动。"何恩廷回答。

两人商定好了调兵方案后，何恩廷返回了旅部，开始调遣部队和准备作战的工作。

战幕徐徐地拉开了。

7 月 12 日清晨，在左营码头，一阵紧急的集合哨声后，李增明率领的登陆战车分遣队开始往海军派来的大型战车登陆舰装载战车和官兵。装载完毕后，登陆舰满载着 34 辆"水鸭子"和陆战队官兵起锚了，向着茫茫大海进发。

这一日，第三大队步兵官兵还在高雄的军营。

这一段时间，官兵对形势还一无所知，只知备战，要"反攻大陆"，但不知到底是如同往常一样搞演习，还是真要去"反攻"。大队长江虎臣敏锐地察觉到这次可能是真要去作战，见长官们个个秘而不宣，也不去多问，只是静静地等着。12 日，吃了早饭之后，他收到旅部下发的一份登陆地点要图，且有命令下达：所有人员不得休假、不准外出。他下令将这份命令传达下去。

官兵们接到命令，"醒"过来了，纷纷议论说："要反攻大陆，得上战场啦！"有些怕死的士兵开始偷偷地在自己军服上写下血型，为什么写血型？原来他们生怕到时被解放军击中了，抢救要输血，护士来不及查血型，自己就因失血过多而毙命。

中队长秦昌正没有写血型，而是溜进了大队长办公室，见着江虎臣，悄悄地问道："大队长，要在哪里登陆啊？"

这个问题，江虎臣自己也不知道，于是随口答道："可能是在舟山群岛吧！"

秦昌正还想问什么，见大队长无心与自己"交底"，也不说什么，知趣地走了，出了门，却撂下一句话："揣着明白装糊涂！"

江虎臣对登陆地点本来就不知道，也没去细想，远远听见秦昌正这句话儿，反倒激起了去找找登陆地点的念头，于是打开自己从大陆带过来的一张《中国分省详图》。地图虽然有点旧了，但对各省份的地名印制却十分详细。他看到作战要图内写有"湖尾"、"八尺门"等地名，对照着《中国分省详图》上的闽、浙、粤三省沿海岛屿进行查看，竟然一下就查出来了：此次登陆的地点，就是福建省东山岛！

唉呀，这还能保密吗？！江虎臣惊出了一身汗，只要稍微动点脑子，就可查出来啊。他转而一想："这次既然是登陆岛屿，那绝不是'反攻大陆'，说白了就是一场突击战，验证部队实施登陆作战的能力。"

啥都想明白了，他心里就不乱了。在其他人惊慌失措之时，江虎臣倒是气定神闲了。

这时，海军修械所的柳超俊跑来向江虎臣借卡车运料。

"运料？做什么？"江虎臣问道。

"我这不是刚刚申请到复兴新村蕉林中一块土地，自建眷舍嘛，一堆材料要搬运，只好来找你啦。"柳超俊说。

马上要打仗了，他在这节骨眼来借车，江虎臣真是借与不借都很为难。两人系草根之交，还是安徽同乡，江虎臣却不了这份面情，只好把汽车借给他了。柳超俊开走了大队里唯一的卡车，自己打仗怎么办？随即，江虎臣向后勤团商借了一部备用。

好在这一天部队泰然无事。

李增明率领的这一路登陆战车分遣队在军舰上，还在大海上航行着。13日清晨，军舰抵达了金门岛的料罗湾海滩，随后又开始装载陆军第19军第45师。突然有人说："下去下去，第45师的下去！"

"刚上来咋就下去？"第45师的一些士兵们嚷起来了。

李增明等人也很奇怪，陆军们一个师的官兵上了就下，好玩啊？随后就获知：原来海军方面有人发现潮汐计算错误，军舰今天不能起航，得推迟一天。

第二日夜，军舰完成了第45师的装载任务，又悄悄地起锚，先往台湾方向航行，行进了一段时间后，突然转向，朝东山岛方向航行而去。

此时在高雄的第三大队也已完成弹药、物资装载，官兵登上了海军中字号军舰。谁知军舰一启动，陆战队的官兵们个个都觉得天旋地转。此刻别说天旋地转，就是老天下刀子，也得硬着头皮去上战场了。夜晚实施灯火管制，军舰在大海上航行着。

除了江虎臣一人外，第三大队官兵包括副大队长屠由信也不知此行要去哪里。

16日拂晓前，海军中字号军舰坦克舱突然开启了微暗的灯光，何恩廷下达了命令："陆战队换乘LVT4，实行登陆！"

这时江虎臣等人才发现自己与左营出发的李增明那一路军舰已汇合在一起了。军舰打开了舱门，李增明指挥登陆战车分遣队推出了"水鸭子"，江虎臣和屠由信负责的左、右两突击队官兵们纷纷换乘"水鸭子"。有的人紧张起来了，有人双脚开始瑟瑟发抖。这时舱内忽然传出慷慨激昂的歌声："为海军收战果，为陆军作先锋……"、"枪在我们的肩膀，血在我们的胸膛……"一唱百和，此时、此地、此景，人人皆有"风萧萧兮易水寒,壮士一去不复返"的悲壮。

所有的陆战队官兵分别登上了34辆"水鸭子",共编为6个舟波,准备向滩头方向鱼贯前进。

5时21分,第一舟波5辆LVT开始泛水,江虎臣率领左路,屠由信率领右路,一字排开,向登陆海滩前进。

屠由信率领的右路跑得飞快,距离滩头约800码左右时,LVT机关枪射手首先射击,但他们没遭到什么反击,就顺利地登陆了。

江虎臣却没这么好的运气。他率领左路呼啦啦地乘风破浪而去,"水鸭子"在水上拼命地"飞",谁知驾驶员却没有瞄准,结果远远地偏离了实际登陆点。江虎臣发现后,赶紧下令向左方修正前进。

此时,滩头上的中共方面的守军枪声也响了,对着"水鸭子"拼命射击。江虎臣只好下令以LVT上的火力进行压制。在折腾中,天已破晓,屠由信单独率领的右路人马已径直向岛上内陆挺进了。江虎臣无法与他取得联络,眼看各中队所乘坐的"水鸭子"都正在一鼓作气地往前疾驶,他高声连喊:"不妥,不妥!"

这"不妥不妥",谁又明白是怎么回事呢?原来江虎臣是觉得"水鸭子"们如此盲目地躁进,就可能无法有效指挥,然而他尖叫的声音在茫茫大海和LVT的机器轰鸣声中有谁能听见呢?他只好命令自己乘坐的LVT驾驶员快速驶往前头。

这一下"水鸭子"发疯地飞起来,突然冲上了沙滩。江虎臣抬头一看,其他"水鸭子"落后自己几百码之外,再往前冲就更远了,急忙又喊道:"停车!驾驶员停车!"

"水鸭子"停下来了,他与作战官陈祖绳等人跃下车。四周是黄沙滚滚,烟雾弥漫。谁知后面有一辆LVT的射手误认他们是共军,拼命向他们开枪射击。江虎臣等人急忙躲藏在"水鸭子"之后,"你们!你们这不是让我送死吗?"驾驶员脸色灰白,边喊边吓得赶紧从车内跳了出来。趁着这档儿,江虎臣挥手示意后面冲过来的"水鸭子"停车。

官兵扛着枪下车了,江虎臣下令分别抢占滩岸阵地。

5时40分,第一舟波的两支先头部队登陆了,后续的五个舟波官兵也陆续开始泛水,陆战队各路人马向滩头预定攻击目标而去。岛上的中共守备部队仅传出一些零星枪响,并没组织原来如胡琏、周雨寰等人预想的"顽强抵抗"。江虎臣也指挥自己的手下,按照预定计划向目标区挺进,随后,湖尾、山前等沿海高地均被第三大队"攻占",人员伤亡轻微,而守军也没丢下尸体。

这打的是什么仗呢?轻轻松松的,江虎臣也来不及细想了,立即指派各中队巩固阵地,掩护友军登陆。

抢滩成功了,"胜利"了。个头矮小的江虎臣像位大将军舰无所畏惧地昂首站立在湖尾高地,等待友军到来。中队长蒋启定见状,急忙走过来提醒说:"大队长,要提防冷枪!"

江虎臣这才缓过神来,赶紧溜进了守军挖掘好的壕沟内。

谁知这友军竟然久候不至!中共方面防守东山岛的主力为公安部队第253团。战前,他们已在岛上根据朝鲜战场的经验构筑了大纵深据点式坑道阵地,国军进攻时,他们采取"后退歼灭"战法,防护火网十分浓密,但在这时他们的后方补给线由于海水涨潮被切断了。海水一退潮,补给线便可通行无阻。因此国民党军要取胜就必须速战速决。眼看好端端的仗,因为后续不继又要打糟糕了,江虎臣等得心急如火,不住地嚷着:"这是咋啦?这是咋啦!"

原来是海军军舰远远放下"水鸭子"后,担心任务一结束,海水一退潮,自己无法退滩,全都在离海岸还有几十码远的地方就下后锚不前进了。这一下军舰上的登陆部队——江虎臣盼望的"友军",陆军第19军第45师——官兵全是没经过游泳训练的"旱鸭子",望着这没顶的海水,没人敢往下跳,有人喊:"海水这么深,怎么办?"

有人急中生智地说:"用汽油桶扎浮桥。"

于是,一些人马转过身,跑回军舰,花费不少的时间,才找来一些

53 加仑的汽油桶,七手八脚地缚作浮桥。这工兵的活儿步兵干,熙熙攘攘,有的指手画脚地喊,有的笨手笨脚地捆扎,这一折腾,延误了登陆时间。

这一耽误,自然胜仗也要打成败仗了。

屠由信率领右路两个陆战中队跑在最前头,不知后面的情况,走着走着,几乎没撞见共军。正在惊奇之时,突然有人欢呼起来:"伞兵降落啦!"屠由信抬头一看,号称"国军精锐"的伞兵部队正从天空中零零散散地空降而下,然而,他仔细一瞧,却发现他们并没落在预定的目标区,顿时就拍大腿:"玩了完了!胜算难期!"

9 时许,在陆战队登陆过了五个多小时后,陆军主力第 19 军第 45 师才在江虎臣气得眼睛都发红后陆续登陆。一位操广东口音的军官率部跑上来,向江虎臣问路。江虎臣告诉他前进的方向后,他神经兮兮地拔起一束稻草往头顶一扎,还骂了句"丢他妈",便率部朝目标区攻击去了。

"咋呀?告诉你方向还错啦!"这又把江虎臣气得差点说不出话来。

本来解放军在东山岛上守军并不多,谁知登陆战打响后,援军从八尺门对岸不断地增援而来,随着战况的发展,他们随到并随时随地都可以应战。战局变得难测起来了。

江虎臣和屠由信都已感觉到仗要打坏了,但指挥登陆作战的高官大将们并没意识到。12 时许,总指挥胡琏和陆战队司令周雨寰等人乘坐 LVT 也登陆了,然后,带着手下参谋七手八脚地把指挥所设在滩头前方的隐蔽处。

下午 2 时许,总指挥胡琏、第 19 军军长陆静澄、陆战队司令周雨寰及旅长何恩廷率领一大帮军官来到了陆战队据守的湖尾高地,站在离江虎臣的阵地不远处,叽叽喳喳地磋商作战事宜。尽管他们给江虎臣的印象是"从容、镇定、沉着、果断",甚至是"无视于危险乃至生死",但不少陆战队员却犯嘀咕了:"这么慢腾腾,海水一退潮,共军的援兵一到,啥都来不及了!"

在陆战队员们的嘀咕声中,他们一行人又离去了。之后,前方便传来密集的枪炮声。

当日下午,攻击主力第 45 师携带轻、重型武器,对着 410 高地多次发动攻击,可是攻一次,伤亡一批,屡攻屡不下。最后,胡琏只好下令停泊在大海上的那些海军用舰炮进行支援。可是,第 45 师一没指示目标,二没与炮舰进行联络,结果,舰炮乱轰乱炸,不仅没打到解放军,反而还误伤了自己。

当晚,陆战队继续巩固和守备着滩头阵地。410 高地那里,整夜都是枪炮声,尤其是深夜 11 时以后最为惨烈。接着,许多伤兵陆续从那里撤了下来。途经屠由信右路防御阵地时,屠由信便询问几个伤兵们:"喂,老兄,前线攻防的情形怎么样?"

"能咋样?不还在打嘛!"

这样的回答略微带着一些不满的情绪。屠由信更是感觉到前方情况不妙了。

17 日清晨,总指挥胡琏下令再次对 410 高地发起攻势,但除了仍遭受重大伤亡外,还是难以攻上去,更谈不上摧毁它或者占领它了。

6 时许,胡琏和周雨寰等人再次来到了滩头。屠由信听见何恩廷怒气冲天地大骂:"伞兵司令真是混蛋,以前总是狂吹,多么高明,多么善战,多么英勇,结果呢,就是他们带头坏事!"

原来昨日屠由信的判断没错。"精锐"伞兵一降落到地上,还来不及解伞,就被闻讯赶来的解放军和民兵捉了个正着,整支部队几乎被全歼,突袭成了"自杀"。

胡琏听了何恩廷的怨言,皱着眉头说:"怎么总是输了就骂呢?忘了四年前他们带给大家的感动啦(指在淮海战场上伞兵进行空降为被围官兵送电台)?这世界上哪有常胜将军啊……"

左一为胡琏

周雨寰也说何恩廷了："赢球就喜笑颜开,输球脸就挂了?!"

两人虽然批评何恩廷,然而,情势已大不妙却是谁看见得着的事实。胡琏慌忙下令全面撤离,并对周雨寰说："各部队逐次集中于滩头,使用 LVT、战车登陆舰及小舰抢滩,分批回运大军舰,装载作业在下午 6 时前必须完成。"

这时周雨寰见着了屠由信,吩咐他说："你马上组织两栖转进,并且担任再装载指挥官。"

中午,守备左路滩头的江虎臣也接到了何恩廷的命令："立即将部队撤回舰上。"

谁知当官兵撤离阵地、在滩头实施装载时,解放军的炮火也打到了滩头上了。海军抢滩的军舰唯恐被炮火击中,纷纷退离滩头,急急返回了海上泊地,仅留下少数战车登陆舰在距滩头约 50 码的地方浮动,等候官兵们来"上船"。

船有,却在几十码之外,如果登得上? 好在陆战队官兵个个都是游泳高手,一看情况不妙,立即跳进海水里,游去登舰。然而,滩头上很多从战场上零散撤下来的陆军官兵,却不会游泳,哪敢像陆战队官兵那样游过去? 但他们也不再像当初下船时那样缩缩畏畏了,拼着老命抢乘滩头还停放着的"水鸭子"。

"水鸭子"见他们上来了,立即拖着他们往大海飞去,结果因为超载,纷纷沉入大海。

于是，另一部分驾驶员改变方法，实施"攀登装载"。什么叫"攀登装载"？即不放着陆板，官兵必须从四面的战车边缘攀登而上。这样只要人员满载，"水鸭子"马上就强行开始返航。可是，部分官兵还是不听从命令，在"水鸭子"的履带转动时仍强行登车，受伤的又不计其数。

时近黄昏，官兵好歹都回到了大舰之上。江虎臣环视坦克舱内，发现陆战队员与"陆军弟兄"杂处一起，而且已分散在各个军舰中，谁回来了，谁还没回来被撂在东山岛上，没法儿弄清楚，放心不下，下令一"水鸭子"说："载我返回滩头去。"

他想去沙滩上看看是否还有手下丢在那里。

没走多远，他便发现参谋长孔令晟也站在一辆"水鸭子"车顶的边缘，正伫足向四周眺望，旁边还有参二科课长陈器陪着。他马上命令驾驶员将车辆停靠在参谋长附近。

江虎臣和孔令晟都在确认是否还有官兵在沙滩上。这时好几枚炮弹呼啸着飞过来，"轰——轰——"，在江虎臣等人的"水鸭子"附近爆炸。江虎臣吓得一跃而下，慌忙躲进车内掩蔽，边走还发出数声貌似深山野猴般的长笑，以显示自己的"若无其事"。"水鸭子"们立即泛水，江虎臣与孔令晟等人飞速返回了海军大舰上。

孔令晟登上大军舰后，拿着望远镜继续向沙滩上瞭望，突然连声说："糟糕，糟糕，岸上还有部队。"

这时船队就要启航了，周而寰在后面军舰上，听闻还有官兵在沙滩上，立即报告总指挥胡琏，并且请求派他到前方观察战局后再下令启航。

获准之后，周雨寰立即与参谋长萧锐同坐一辆LVT向滩头方向驶去，然后登上了离滩头约2000码的登陆舰，与何恩廷会合。何恩廷举着望远镜说："看，仍有许多穿着国军制服的人员在滩头上往返穿梭。"

周雨寰立即与陆军第 19 军军长陆静澄联系："请求军长清查陆军部队是否已全部登舰,有无部队滞留岸上?"

陆静澄清查后,马上发来讯号："陆军步兵第 135 团尚未登舰。"

周雨寰对何恩廷说："快想办法。"

何恩廷找来 LVT 部队指挥官李增明："你立即派已登舰的 LVT 全部泛水驰赴滩头,抢运步兵第 135 团。"

周雨寰也交代李增明说："你们务必拼死达成任务。"

然而,这时"水鸭子"已全部装载在军舰的坦克舱内了。坦克舱内已挤满伤员,堆满了物资。何恩廷下令将伤员和相关物资搬运到甲板上,折腾一个多小时,众人才好不容易把那些"水鸭子"给弄了出来。

何恩廷吩咐说："赶快泛水去沙滩!"

李增明一试,又回来了,报告说："'水鸭子'由于下午长时间连续使用,机械损坏率已达百分之三十以上,油料也消耗得差不多了,电瓶存电不足,必须加油换电瓶!"

"这大海上哪有油料和电瓶可换?"何恩廷着急起来了。

战后,马纪壮(后排中)与东山岛作战获得勋奖的队员合影,于豪章(后排左三)、陈器(后右二)、李增明(后右三)、徐正冶(后左二)、沈绍先(后左一)

有人马上又想出办法了,建议说:"把那些损坏了的'水鸭子'的油料集中起来,添加给能泛水的LVT,电瓶也如此互换。"

"快,快,如此照办!"

众人又经过一个多小时的快速整理,晚间7时许,多数LVT登陆战车开始泛水了。

夜幕低垂,漆黑一片,四面惊涛骇浪凶恶地拍打着"水鸭子"的车身。由于通信联络不上,周雨寰等指挥官对岸上的状况毫无所悉;而LVT官兵经过两天的作战,也已精疲力竭,此刻一想到又要"飞"去敌情不明的滩头,很可能从此一去不返,个个以为是必死无疑了,有人嚷着说:"送死去,这回死定了!"

"水鸭子""飞行"约2000码,终于抵达了滩头。

驾驶员怕后门进水,不敢打开。第135团官兵纷纷从车身两侧攀爬上车,装载完毕后,LVT鱼贯返航。每辆LVT均连续往返10趟以上,也顾不得引擎温度上升至华氏200度以上,拼命抢运该团官兵。

抢运过程中,LVT中队长洪业猷忍不住骂第135团的这些"混蛋",指着他们的头骂道:"你们傻啊,主力撤退,还赖在阵地上不走!"

"你们逃跑也不告诉我们,回去找你们算账!"第135团官兵的火气更大了。

其实,这一仗第135团还真是最受罪的。他们既遭守军围打,又遭到国民党军自己揍,简直吃尽了苦头。

第135团是第19军45师下属的一个团,他们的经历是这样的:

该团第3营与陆战队"河北支队"负责第一舟波突击登陆。"水鸭子"开始泛水后,他们在苏峰尖附近登陆上岸,上岸后没听见解放军的枪炮声,一切进展顺利。

上午8时左右,在团长袁国征的率领下,第135团(欠第3营)与第134团也在苏峰尖抢滩登陆。之后,第134团负责攻击410高地,第135团(欠第3营)负责攻击东山县城。

第 135 团第 1 营 "直捣" 东山县城, 营长张先耘以第 2、第 3 连为第一线主力部队, 进攻县城、五里亭及 312 高地, 另以第 1 连担任预备队, 营指挥所随第 2 连前进。9 时过后, 第 3 连在五里亭及 312 高地与守军发生激战, 全连阵亡四人, 多人负伤, 一个小时后, 攻占了五里亭高地。第 2 连未遭遇守军抵抗, 抵达东山县城。

他们顺利占领了东山县城, 可第 134 团那边却枪炮声不断。

张先耘想, 突击作战讲究的是当天一定要攻占目标, 尔后适时主动撤离, 既然 410 高地枪炮声不断, 表示该团仍没能攻占目标。于是, 他除派一部兵力担任海岸守备外, 将其他官兵驻守在五里亭高地。

当晚, 他们在原地过夜, 无惊无喜。

第二日上午 8 时, 张先耘接到了团长袁国征的手谕, 暂留一个连在五里亭高地, 其余各连迅速赶去东沈高地上的阵地, 掩护其余部队撤离。当张先耘率部抵达东沈高地时, 向滩头附近远远望去, 已有四艘海军中字号战车登陆舰在抢滩, 部分友军在登舰。不久, 解放军炮火开始射向海滩。

为了保证撤离行动顺利, 国民党军空军也出动了战机, 并且开始向解放军炮兵阵地进行炸射。

谁知在 10 点钟以后, 意想不到的情况接连发生了。先是国民党军战机突然对着第 1 营的 "兄弟们" 俯冲, 并用机枪进行扫射, 当场打中不少 "自家兄弟"; 随后, 海军舰炮也跟着炮击。霎那之间, 第 1 营阵地内硝烟弥漫, 战机上的五〇机枪弹如同雨滴般落在张先耘的前后左右, 弄得他左跳右跳, 不知所措。事后, 他哭笑不得对人说: "我未被击中, 真是奇迹啊!"

眼见空军和海军联手打自己, 严重危害第 1 营官兵的性命, 张先耘立即喊道: "发报, 叫他们混蛋!"

发报员已被他们炸死了, 副官说: "通讯设备全被炸没了!"

张先耘只好派人跑到码头去质问海军人员为什么打自己人, 谁知他们理直气壮地回答说："我们看见空军战机向东沈高地射击,所以也开炮射击。"

听到手下这样回报,张先耘忍不住地冷笑,说："亘古未闻,真是啼笑皆非!"

好在军舰终于不再炮击了,阵地上又安静下来了。

下午2时左右,张先耘又接到团长命令,该营留下一个连在东沈高地继续掩护撤离行动,其余各连向位于胡尾高地的团指挥所报到。为了等待原留在五里亭高地的那个连,张先耘不得不在东沈高地多待了一个小时。约至下午3时,团部派了政治处长来到营指挥所,转达团长袁国征的命令说:"希望你营行动务必要快。"

话音未落,国民党军的战机又飞过来了,对着东沈高地轮番进行炸射,第2连连长赵礼谦躲避不及,当场被炸身亡,多名士兵伤亡。张先耘火了:"不等了,走!"

当他率领大部分兵力急急赶到团指挥所时,已近黄昏,团长袁国征带着团部和少数官兵还在。

见着张先耘,袁国征第一句话就是:"副团长胡泽熙阵亡,当烈士了。"

张先耘回答:"我部第2连连长赵礼谦被自己的战机炸死了。"

袁国征骂道:"共军打,自己炸,我们第135团真是造大孽了!"

天黑之后,全团兵力分散在四周五华里区域内。然而,这时各营与各连之间已经没有任何通信工具了,命令只能靠传令兵用"十一号"传送。而团部呢,也早就和上级失去了联系。

眼看天黑了,张先耘建议说:"咋办?撤离吧!"

袁国征说:"我何尝不想撤?没接到上级的指示,擅自行动,要受军法处置。"

"不撤离,当面大批共军渐渐逼近,后面是浩瀚大海,全团有被歼灭的危险啊!"张先耘着急地说。

袁国征痛苦地拍打着自己的脑袋说:"我也真是进退失据,举步艰难呐!"

正在守也难退也难的时候,许多炮弹夹杂着曳光弹突然从海面上呼啸飞至,照亮了夜空。约莫过了十几分钟后,海面上的军舰停止了岸轰行动。张先耘眼尖,说:"在海滩方向发现车辆的灯光,我想应该是LVT驶上岸来接应咱了!"

袁国征、团部幕僚与张先耘商议后,一致认为这是撤离东山岛的最佳时机。张先耘说:"如果错失此一良机,就不会有下一次了。"

袁国征咬咬牙说,"走吧,如果判断失误,我扛起全部责任。"

就这样,第135团才跑到沙滩来逃命,并且被孔令晟在望远镜中发现。

"河北支队"的"水鸭子"抢运第135团官兵,一直忙到第二日凌晨2时多,才全部完成。然后,LVT中队长洪业猷向何恩廷报告:"岸上已无我军一兵一卒。"

"走吧!"何恩廷回答。

"海军总司令"马纪壮主持东山岛战役"颁奖庆功大会"

第135团能够成功逃脱,完全是老天爷救了他们。原来当日适逢大潮,东山岛八尺门与大陆的通道被海水隔绝,岛屿上的守军弹药全部打完了,这才使得第135团免于覆灭的命运。

就这样,胡琏等人率领这1万多官兵,丢了那些战亡的尸体,乘坐着大军舰向着台湾方向退回了。

这次东山岛两栖突击登陆作战,国民党军陆、海、空三军皆有缺失,尤其是伞兵损失惨重,达到500人之多,整个伞兵部队一日之间损失了四分之一。在整个作战过程中,陆战队人数损失最少,且在危难之际不惜牺牲抢救了友军返回大军舰。战后,陆战队获得蒋介石嘉许。在"庆功"大会上,第三大队大队长江虎臣获得陆甲二奖章一枚,"水鸭子"中队长沈绍先获得"战斗英雄"的称号,陈器获得海陆空褒扬状乙纸。功劳不少的中队长洪业猷不知何故,没有获奖。

经过这一次作战,因为陆战队的"出色表现",周雨寰成了蒋介石最看重的"善战大将"。

08.周雨寰盛极而衰

东山岛两栖作战大败而归,官兵刚刚借助美国佬鼓起来的勇气和信心,一夜之间,像皮球一样泄漏了,人们对台湾的信心降到了最低点。蒋介石心中有说不出的苦楚。从此他再也不敢大规模发兵"反攻"大陆了。

因为这一次战败,岛内士气低落,一派"背时讲",蒋介石于是决定于1953年双十节举行迁台后的第二届国庆阅兵大典,"提振"军心民心。

1950年11月周雨寰、宋锷(海军副参谋长)、马纪壮、何相宸(后排从左到右)等人合影。前排中蹲者为连长黄端先

这次阅兵被有关部门渲染得动静非常大,"国防部"请来了多名元老级别的大佬出面进行谋划、组织,准备调集陆、海、空三军进行受阅,阅兵的人数和规模大大超过以往。但是,蒋介石还是不满足,下令说:"准备20万军民到时出场。"

规模如此宏大,人数如此众多,这位阅兵指挥官的人选就显得至关重要了。因为他在任何时候掉链子,或者出现失误,就可能引起阅兵现场混乱,或者发生事故,甚至导致军心民心更加低落。为此,"国防部"签报了好几位陆军中将军衔的军长名单,请蒋介石圈定其中一人为阅兵总指挥官。

名单送到蒋介石那里,他撇开所有人选,大笔一挥:"周雨寰少将可也"。

蒋介石不选中将,也不取陆军、空军,乃至海军大兵种的将领,偏偏挑中了还是区区少将的陆战队司令周雨寰,大大出乎人们的意料。

这正显露出蒋介石对周雨寰的极大器重和欣赏,几乎是一夜之间,周雨寰成为台湾军界最亮丽的新星。

周雨寰受命后,不辱使命,日日顶风冒雨,在阅兵操练的指挥台上率领手下们进行操练。

两个月后,10月10日,是中华民国国庆日。国庆大典在"总统府"

大礼堂举行。蒋介石发表文告,仍是老一套,调子喊得很高,什么"全国军民加强努力,准备反攻,完成反共抗俄神圣使命"等,都是豪言壮语。但是,听着这高调的嘶喊,会场上的大佬们还是觉得胸中底气不足。

10点,阅兵典礼在"总统府"门前的大广场上举行。

高官要员和大佬们衣冠楚楚地从大门缓缓走出,稀稀松松地走向阅兵台,身穿戎装的蒋介石也出现在阅兵台上了。随即,阅兵典礼开始了。

阅兵总指挥官、海军陆战队司令周雨寰带着钢盔,站在战车上,高声向蒋介石报告受检阅人数及军械装备数目,恭请"总统"阅兵。

音乐高奏起来了。一会儿,蒋介石坐着礼车出来了。陪阅官员分乘12辆阅兵专车随后,其中还有不少飘着白发长胡须的大佬们。车队自介寿路出发,绕行台北市多条街道。沿途一些民众"夹道欢呼",乱喊着口号。蒋介石则略微举手,含笑答礼。

车队走马观花跑了一圈,很快返回了阅兵台。

随着周雨寰的命令,各

海军陆战队司令周雨寰为阅兵总指挥官

兵种分列式的受检部队启动了。"唦、唦、唦",陆军官校、海军官校、海军士校、海军陆战队……依序以正步并行而来,通过阅兵台前时,官兵行注目礼,接受蒋介石的检阅。

分列式行进持续时间很长,周雨寰始终昂首挺胸地站在战车上,头上的钢盔盖住了头，但他英武的姿势却是显示出一位标准军人的气质。全部人马走完后，受检阅部队官兵在周雨寰的口令下，集合在阅兵台前，恭聆蒋介石训话。

蒋介石又是一阵高调的"台岛形势大好"和"反攻复国"的宣讲。训话完毕，周雨寰带头与全体与会人员高呼："中华民国万岁。"

就这样，耗费民脂民膏的阅兵典礼结束了。至于蒋介石到底"提振"了多少军心民心，不得而知。

周雨寰在阅兵式上高调露脸，为万人瞩目，并被现场拍成电影。典礼之后，影片拿到台湾各地进行巡回放映。他几乎在一夜之间为全岛民众认识，甚至妇孺皆晓。蒋介石的这场超级拔擢，把周雨寰推向了人生的顶峰。

不久，周雨寰受命到国防大学受训，"镀金"后将进行提拔。他的前途一派光明，也引得众人的热捧。

1954年7月1日，与周雨寰关系一直不咋地的海军总司令马纪壮调任"国防部"参谋次长，遗缺由副总司令梁序昭接任。周雨寰正在国防大学受训，某日他的老部下张意如因公前去国防大学请示工作，周雨寰很兴奋地对他说："昨天梁总司令来看我，特别指示我：'今后陆战队的事完全由你负责，总部绝不参与任何的意见，请尽管放手去干！'"

张意如听得出周雨寰已是处于极度兴奋之中了，也高兴地说："好啊！陆战队有希望了。"

随后，周雨寰又谈起了刚到台湾来时那些窘迫的往事，说："连要点蚊帐，都不得不去静坐，真是的！"语气略带伤感；然而，接着他又透露出无比的信心说："以后好了，可以自己做主了！"

本来蒋介石在阅兵式上对周雨寰的超级提拔，就已让周雨寰飘飘欲仙了；梁序昭的这番鼓励，更是让他觉得这一回真的完全可以一切"自己做主"了。

谁知正是这一心理害了他。此事得从陆战队美军首席顾问卡尼的好意说起。

周雨寰一直与卡尼亲如兄弟。现在周雨寰终于媳妇熬成婆，能"自己做主"了，卡尼中校（已由

蒋介石视察陆战队，戴头盔的站立者为周雨寰

少校晋升为中校）也是喜不自禁。这时参谋次长马纪壮要访美，卡尼立即建议美国陆战队司令邀请周雨寰也随同访美，并且获准。于是，周雨寰由精通英语的第1旅参谋长孔令晟陪同前往美国。

在美国期间，他们到各地走马观花，看了不少的风景和胜地，自己也没忘察看美军陆战队的情况。在访美时，周雨寰接受了美国陆战队司令在华盛顿的隆重军礼接待。但是，随后，周雨寰对美军陆战队的训练、作战与后勤保障等业务性情况看得不甚仔细，但对美军陆战队与海军总司令部及军令部之间的关系，包括军政与军令系统的运作，却问得十分的细致，并且亲自做了不少的笔记。

他为什么要下力气了解这些呢？多智足谋的孔令晟都感到暗暗奇怪：这么好的考察美军如何训练、作战和后勤保障的机会，司令咋都兴趣索然，却对陆战队与上面的领导与被领导关系这么花费心思，莫非是他回去后要加强陆战队与海军总司令部的纵向关系？他不是一直抱怨海军对陆战队管得太紧太死了吗？孔令晟颇有些不解。

访美返回台湾后，周雨寰连续几天几夜挑灯夜战，亲自写出了一份访问报告。在报告中，他列出了有关美国海军陆战队在海军乃至海、陆、空三军中的地位及工作制度，然后建议国民党军陆战队参照美军也作适当的研究及改进。

有问题存在,就需要去研究,去改正。周雨寰的做法似乎并无不妥。然而,就是小兵——老陆战队员屠由信都认为,陆战队军援作业的实际困难与必须改进之说,不是亲身参与的人员完全无法了解到。既然不"亲身参与"就不能了解,海军总部的那些高官大员高高在上,又怎么能了解陆战队的"痛"呢?因此,屠由信认为老长官此举在那些"睁眼瞎"前面肯定是无济于事的。

其实,这屠由信的想法完全是多余,甚至他都被周雨寰的"大智慧"蒙住了。

因为周雨寰的用心并不在这——要海军总部为陆战队解决什么实际的问题。他要做的,是以解决诸如此类存在问题的名义把陆战队从海军总司令部麾下独立出来,自扯大旗。

海军总部的大员天天在官场上打拼,混得比猴还精明。就在屠由信等人感叹总部要员"睁眼瞎"时,他们则从周雨寰报告中一眼就洞察出了其中的奥秘:周雨寰是要独立门户!

海军一直分成舰艇部队和陆战队两大部分。海军总司令部如果同意让陆战队自立门户,总部的经费就要减少一大半,人事权也要大大缩水。这不是等于自斩腰身吗?因此,谁都无法认同周雨寰的这种"奇怪"的想法。海军总司令、副总司令都拍桌子,其他厅处长更是嗤笑周雨寰"癞蛤蟆想吃天鹅肉,真是异想天开"。于是,曾经当面答应周雨寰"可以自己做主"的梁序昭带头对他进行打压。

总司令一出面,立即起了带头效应。海军总部凡是与陆战队有点关系的部门和人员只要有机会,就对陆战队的一切人事死死揪住,进行呵斥、为难。

周雨寰还在国防大学进修呢!不过没有不透风的墙,谣言终于传到了他的耳朵里,有的说他去一趟美国回来,就倡议陆战队独立,是想投靠美国人;有的说周雨寰井底之蛙,就想当老大;甚至总部几个激进的"浑不吝"见着周雨寰当面说他要"卖国"。并且,陆战队内部也有人蠢蠢欲动。

周雨寰终于体会到了人言可畏、三人成虎的威力,也明白了有些事可为不可为的道理,正值红日当天的他雄心大挫,突然变得郁郁寡欢,不久就病倒,送进医院一检查,却是得了最要命的肝癌。

然而,各种谣诼并没有断绝,承受巨大压力的周雨寰如同被重棒一击又一击,肝癌病情快速恶化。

这肝癌彻底把高高大大的周雨寰放倒了,几个月下来,在阅兵式上威武高大的他竟然变得瘦骨伶仃。蒋介石听闻周雨寰罹患肝癌住院了,立即偕同夫人宋美龄亲临医院探视,并指示院方一定要以最好的药物医治。

随后,时任总政治部主任的蒋经国也前往医院慰问。

可惜一切都已经晚了。周雨寰已病入骨髓了,"最好的药"吃下去,也不见得有丝毫的缓解。最后,蒋介石亲自下令送他到美国治疗。

周雨寰被专机送去了华盛顿。

周雨寰远在美国医院里,美国医生用尽最好的药,都不管用了。众人越是留恋他,事情就越变得糟糕。没过几个月,噩耗从华盛顿传来。周雨寰在前后折腾长达一年半时间后,于 1955 年 2 月底病逝于美国。去世时,年仅 41 岁。

09.陆战队合并的周折

1954 年,在周雨寰病重去了美国后,于豪章以副司令兼参谋长的身份代理陆战队司令之职,独自"肩担重任"。

在此期间,雄才大略的他精心策划了一个做大陆战队的方案,即向"国防部"建议将陆战队在东山岛上救出的第 19 军第 45 师与陆战队第 2 旅进行合并,编为陆战队第 1 师。

蒋介石对周雨寰如此重视,一则是因为对周雨寰的军事能力看好,更重要的是,他通过东山岛一战真正认识到了陆战队在两栖作战中的巨大作用,因此,于豪章这个做大陆战队的方案,一送上去,马上与他扩充陆战队的思想不谋而合。蒋介石说:"于豪章看来是位可造就的将才!"马上签署同意了。

随后,"国防部"宣布两军进行合并,整编为陆战队第 1 师。

于豪章在接受第 45 师时,师长陈简中提出:"本师官兵人数超过陆战队第 2 旅,应以本师为主体,编成陆战队第 1 师,并推荐师长人选。"

人事权就是部队权,于豪章再傻也不会同意。

可这陈简中也并非糊涂人,坚持己见,就是不松口。眼看合并陷入僵局了,陆战队司令部立即派人与第 45 师师部进行协调,然而,多次往返,都没有任何的结果。于豪章没办法,只好提请海军总司令部出面。海军方面派人去与陈简中协商,也是无果而终。

海军总部拿不下陈简中,陆战队只好往"国防部"告。最后,副总长罗冷梅出面了,说:"召集双方,于豪章和陈简中都到场,开协调会进行协调。"

在协调会上,这陈简中还坚持己见,并且蛮不讲理,不时对小字辈于豪章进行呵斥。于豪章也不让人,"据理"反驳。罗冷梅见两人对阵下去,于事无益,暗暗捅捅于豪章,说:"陈师长曾在陆军大学任教官多年,我们都存尊敬之意。"

于豪章的心一沉:"法官"都尊敬"被告"了,这官司还有什么可打的呢?果然,协调会开了整整一天,罗冷梅最后也没能做出任何裁决。相反,这次协调会还直接把"法院"的大门给锁了,于豪章再上告都无门了。

陆战队那些等着升职去管理第45师的将领们对此很是气愤,纷纷找于豪章问个究竟。于豪章只是说:"水似乎很深。"就不再说话了。他们于是去暗查"牛人"陈简中的背景。

谁知这一查不要紧,竟然挖出了陈简中"记名枪毙"的老底。

那是在淞沪抗战时,陈简中以团长身份兼任××要塞司令,结果要塞没守住,人却跑掉了,按军法当被处决。可是最后投入数十万大军会战的淞沪都失守了,蒋介石念陈简中难以孤军守住要塞,于是宣布他"作战不力",给予他"记名枪毙"处分。陈简中死里逃生,率部参加武汉会战,又立下战功,随后被调到桂林六分校担任第十一总队总队长,发挥他的教官特长。1939年冬,蒋介石到第六分校视察。全校师生集合,身着戎装、身材魁梧的总队长值日官陈简中一声令下:"全体立正!"然后一个后转,跑步来到校长前,双手垂下肃立,向校长报告了编队、人数及请校长训令。但让人奇怪的是,这少将级别的总值日官在报告时竟没按规定报告自己的姓名。虽然他未报姓名,但蒋介石还是一眼认出这位"记名枪毙"的门生,好在没有再去为难他了。

"这家伙打仗是出了名不行的,又沽名钓誉,咋办?"有人问人事科长张意如。

"这事还真不好办。"张意如说。

"为什么?"

"连罗副总长都不敢裁判,为何?"张意如向他们交了老底,"因为他是陈诚'副总统'土木系的,当年在'陈副总统'的起家部队第11师当过团长。"

难怪他这么横呢!遇上这样的刺头,于豪章看来也只能乖乖地让步了。

然而,于豪章也不是好惹的,眼看这

于 豪 章

陈简中没办法治住,眉头一皱,想出了一个"阴招"——避开他陈简中

陈简中

本人，直接与他手下三位团长谈判。陈简中已明确不会到陆战队任职。三位团长见马上就要归属陆战队，以后就得由陆战队司令部管，哪里还顾得上陈简中的一片苦心呢？立即放弃一切"原则"，纷纷表态说："既然我们是陆战队的人，自然得听陆战队的。"

于豪章这一招"釜底抽薪"，让老奸巨猾的陈简中彻底没辙了。陆战队政治部主任陈茂铨于是找陈简中商量："合并之后，第45师三个团长，一个升任陆战1师副师长，两位继续任团长；陆战2旅一人任团长；师长由总统挑选。"

陈简中一看这样的"人事商量"，就知道师长肯定得由陆战队当了。因为即使让老蒋去"挑选"，他也不可能"傻"到去让第45师3个团长，一个团长当副师长，一位当师长去，而让陆战队第2旅旅长无处安放！事已至此，陈简中不得不低头让步了："好吧，由你们去做吧。"

1955年1月1日，第45师与陆战队第2旅合并编为陆战队第1师，编成三个团，第1团、第2团及战勤团由陆军第45师官兵编成，第2团由陆战队第2旅编成，师长由陆战队新秀——第2旅旅长苏扬志担任，副师长由在东山岛上被国共两军打得几乎团毁人亡的第135团团长袁国征升任。

于豪章巧妙致胜了。但是事后，陆战队官兵还是有人不买他的账，人事科长张意如就干脆与人说："如果周司令仍在台湾，事情就不会这么周折了。他一定事先建议'国防部'在命令中规定，由本队负责并编事宜并发布师长人选。且在码头上欢迎陆军第45师调回台湾的欢迎会上,将命令当面交由陈师长遵照办理,绝不会将事情闹到这个地步。"

10.周雨寰之妻为夫"报仇"

周雨寰的遗体被运回国内后,陆战队举行了盛大的追悼大会,然后将他安葬在周雨寰为之奋斗过的陆战队营地——澄清湖(即大贝湖)边。

安葬后,蒋经国两次莅临墓园凭吊。

当初周雨寰在阅兵大典上高调亮相,如今英年早逝,让许多人想不通。其中,最想不通的,不是他教过的学生、带过的兵,也不是他提携过的下属,或者同僚好友,而是他的妻子。

周雨寰英年早逝,与他访美归来后受到的谣诼重击有关。

痛定思痛,周太太认为捣周雨寰蛋的,不是别人,正是周雨寰一手提拔和重用的于豪章,他为了夺取司令职位,才不择手段在背后说周雨寰的坏话。

一天,周太太亲自来到了陆战队司令部,找到周雨寰的老部下、刚升任司令部参谋长的孔令晟,说:"由你陪我去见于副司令。"

"你找于副司令?"孔令晟惊讶地问道。

"老周安葬了,我想请你和于副司令一起到家里吃个晚饭,表示感谢。"周太太说。

平时周于两家感情相当融洽,经常往来。孔令晟陪着周太太一去,于豪章也爽快地答应了。

当晚,于豪章和孔令晟如期而至。

孔令晟

吃完饭后，于豪章离开周家回自己家去。于家在建业新村建业十一路，和建业十二路的周雨寰家很近，只隔着一个巷子。于豪章走到建业十二路与十一路之间的转角处时，突然，"砰——"一声枪响刺破了夜空。

听到枪声后，没走多远的孔令晟等人赶过来，发现于豪章已中弹倒地，立刻将他送往医院急救，所幸枪弹只伤及腿部，并无大碍。

原来是周太太派了两人尾随，并枪杀于豪章，为夫报仇。

枪击案发生后，海军总部派政治部主任杨维智调查此案。可是，他怎么也进不了周家。

案发后，周太太发给家里的佣人每人一把枪，不许调查人员进入周家。调查人员只要想进屋，他们就开枪示警。杨维智虽然是位少将，拿这样不要命的烈女子，真是一点办法都没有。

这样僵持了好几天，谁也拿她没有办法。

几日之后，杨维智忽然来找孔令晟，说："周太太一方面不让人进入屋内调查，一方面也没有进食，看来还得请你出面试试。"

孔令晟是周雨寰的老部下，周雨寰对他有提携之恩，但这次枪杀事件与他也有关联。他早就想去探望周太太，因为避嫌的关系才无法去。此刻，杨维智一请，他马上答应："好的。"

然后，孔令晟到一个叫做"四海一家"的餐馆叫了一桌菜，带着自己的太太和两个女儿一起来到周太太家，在外面喊道："嫂子，我们一家人来看你啦！给你来送饭菜啦！"

他们进去，里面没有开枪。然后，孔令晟一家，请周太太吃饭。

就在他们和她一起用餐时，调查人员趁机冲入了周府，并在饭桌旁站成一圈，把他们紧紧围住。孔令晟没料到自己被杨维智利用了，很是生气，对周太太说："我没想到被杨维智这家伙利用了，无限歉意。"

周太太的风度倒是很好，用餐时谈笑自若，并且说："那天我的大衣里放了一把枪，本想借机枪杀于豪章，只是因为你在一旁，不忍心你受到牵连，因此才没有下手。"

用餐完毕后，周太太起身要去洗手间，调查人员对她呵斥："不准动！"

周太太说："我吃完了饭，不能够去上洗手间吗？"

对方说："不准就是不准！"

这时，孔令晟猛然站了起来，拍着桌子大声地说："你是从哪里来的，刚才看你们的状况，我心里就恼火了。你知道她是谁？她是已故周司令的夫人！你知道我是谁？我是现任陆战队司令部参谋长！案子在尚未证实澄清之前，你在现任参谋长的面前，以这样的态度对待已故司令的夫人，你是哪一个单位的，什么名字，我非办你不可！"

孔令晟把眼睛一瞪，那位呵斥周太太的人员反倒被他吓住了。

这时杨维智已躲在另一个房间，暗中观察局势，见手下被孔令晟镇住了，马上派人来转告孔令晟说："杨主任在隔壁房间里面，希望见你一面。"

孔令晟很大声地说："你回去报告杨主任，他是我的长官，这个时候我去见他，一定会扇他的嘴巴。"

这时孔太太主动地说："我去！"

她带着两个小孩去质问杨维智："你为什么要把我们牵连进来？"

这下杨维智焉了，不断地向她道歉。

但是，调查人员最后还是把周太太带走了。

周太太被带到台北以前，要她的女儿周康美把一个箱子交给孔令晟保管,箱子里面有十几万元现金及股票。周康美说:"我妈妈谁都不相信,就只相信你孔叔叔。"

这下孔令晟怕惹火烧身了,十分为难。但在权衡利害得失之后,他还是答应了她的要求。

事后,他立即向陈茂铨报告这件事。陈茂铨说:"我完全支持你的决定,并且替你向上级报告。"

随后,孔令晟把这事报告给了美军陆战队顾问斯考特组长。斯考特也赞同地说:"你的做法,我认为,完全合乎情理。"

后来,周太太被宣布有"精神病",被软禁在台北乡下,直到病故。

11.晋升风波

由于周太太这一枪,于豪章没有如愿升任陆战队司令。1955年3月1日,"国防部"总政战部主任唐守治调任陆战队,出任第三任司令。

唐守治是前陆军总司令部总司令兼台湾防卫司令部总司令孙立人的嫡系,由于孙立人亲美,遭到蒋介石的猜忌,正准备剪除他的羽翼,于是唐守治下调到陆战队任司令。

唐守治来到陆战队时,情况不熟。不久,就发生老长官孙立人的亲信部下郭廷亮"匪谍"案(后多数人认为是毛人凤在蒋介石授意下制造剑指孙立人的冤案),他自保都来不及,因此,对陆战队诸事几乎无心过问。

大概是因为周雨寰在世时陆战队太强势,太为蒋介石的"心尖儿",他一死,陆战队遭到众人报复性的打压,急速掉入前所未有的低谷,唐守治缠身麻烦之中。

偏偏此时又到了国民党军新一轮大规模将领晋升的时候。陆战队众人眼巴巴指望着升官。谁知海军总司令部分配给陆战队上尉晋任少校的名额，只有应晋任人数的60%。这个名额顿时将近20名合格晋任少校的陆战队上尉卡住,不能升级了。

这军衔就是待遇,要上不上,肯定是要造反的。这让人事科科长张意如慌了。为此,他反复给海

唐守治

军总司令部打报告,要求解决。但是,报告如石沉大海,没有答复。这可怎么办啊？张意如坐不下了,急忙跑去台北,当面找海军总部有关人员了解情况。

这不去还好,一去,他更加气得说不出话来。在几个办公室一串门子,他获悉海军上尉(不含陆战队)晋任少校的配额为100%,陆战队不仅没有获得100%的名额,反而该晋升的还不能如期晋升。这种不公平的对待,实在是令人难以忍受！他马上去面见人事署许署长,请求调整比例,增加陆战队的晋升配额。

然而,无论他如何据理力争,仍无具体结果。张意如急了,说:"署长,你总说不行不行,总得给我一个理由吧。"

许署长回答说:"这些海军上尉之中,将来有人会担任总司令的,我不能耽误他们将来担当重任的机会。"

谁能当总司令？我陆战队的这批上尉还能当国防部长呢！这话气得张意如顿时说不出话来。官大一级压死人,人家硬是不给你办,你又能如何？强权之下是没道理讲的。折腾一通,张意如就是不能"如

意"。

怎么办？报告陆战队长官吧。这时司令唐守治正赴琉球访问，副司令于豪章伤好去了美国受训。事关重大，张意如想来想去，觉得还是应该找司令报告此事。

他连夜将事情的详细情况写了一份报告，交给陆战队司令部驻台北联络处主任，叮嘱说："请你在唐司令下飞机时当面呈上，建议司令到总部作高层协调，解决这个棘手难题。"

谁知唐守治回来后，这事仍无结果。张意如的报告，如同当初呈报海军总部一样，石沉大海。

陆战队上尉不能晋升的消息很快就走漏了，那些应晋任而未晋任的十多名军官，一下子翻锅了。他们多是陆军军官学校十七、十八期同学，于是以葛轶众为首，跑到了司令部会议室。葛轶众说："派人把人事科长张意如叫来。"

"这孬种想害我们，没这么便宜，我去！"

一下子跳出好几个人，都争着要去叫张意如。

葛轶众点名说，"×××，你去。"

×××跑去了。

当众人远远望见张意如被×××领着，拎着个公文包急急赶来时，群情激愤，就差要拔枪了。

张意如一进门就喊："拔枪有什么作用？听我详细说明！"

张意如来到会议室，众人怒气冲冲地将他团团围住，大有就要动手的势头。

"好像此事就是我张意如在暗中捣鬼似的！"张意如说。

"不是你是谁?！"众人一齐喝道。

张意如只好详详细细地把事情的前因后果以及自己所有的工作一一抖了出来。有人骂道："海军总部，对内一个字：狠；对外一个字：贱。"

谁知有人喝道："张意如，你两头骗，两头吃！"

一有人不相信，其他人马上就喊要揍。张意如急忙又将出门时匆匆放进包里带上的公文及报告原稿拿了出来："你们一一传阅。"

这下众人歇菜了，放了张意如。张意如松了口气说："承办单位已尽心尽力，并无失误。"

事情的真相如此，还有什么办法？众人只有摇头叹息，慢慢离去。张意如望着他们耷拉着头，缓缓地走去的背影，突然泪水流了出来，抬头望着窗外的远山，疑惑地叩问苍天："一人死，旗帜落，陆战队还会有辉煌的时候吗？"

国民党海军陆战队实录

GUOMINDANG
HAIJUN LUZHANDUI
SHILU

实录

第六章 壮大与阵痛

01.“口号司令”的内外之拼

唐守治在陆战队只干了两年零 15 天,于 1957 年 3 月 31 日走人,几乎没给陆战队烙下什么印记。但他仕途鸿运高照,此去升任陆军总司令部副总司令。

4 月 1 日,宪兵司令罗友伦调任陆战队第四任司令。

罗友伦为黄埔七期生,是国民党军骁将杜聿明(在淮海战役中被俘)的老班底,当过杜聿明第 5 军参谋长,在抗战时与唐守治等人一起远征过缅甸,后出任第 5 军副军长,再调青年军第 207 师任师长。在东北战场大败后,跑去美国治病。回国时,大陆已经全部丢失,在台湾先后出任过陆军军官学校校长、宪兵司令。这次他出任陆战队司令,完全靠的是蒋介石和蒋纬国父子的信任,可以说后台十分强硬。

于豪章眼看两次扶正无望,几个月后干脆也走人,副司令遗缺由王洽南接任。

罗友伦上台之时,陆战队还没走出周雨寰去世后的低谷,要死不活的,完全没了它在东山岛之战后的荣光。罗友伦洞察形势后,一上任就提出了两句四字口号——“保持现状,就是落伍”。

别的人上任伊始的口号往往是“继往开来”、“承前启后”,他这

罗友伦

"保持现状，就是落伍"啥意思？完全是要否定前任司令，抹杀前任的工作成绩。而唐守治呢，既然走人了，就完全撂下了这里的一切，本来什么也没留下，也就什么都不在乎了。罗友伦大胆的口号一出，没有遭到任何人的批评或者反感，还激发起了陆战队内部一些人对他的期望。罗友伦干脆命手下将自己的"亲笔题字"做成大铁牌，竖立在陆战队司令部大门两旁，人们纷纷说："罗友伦为司令部搬来了两块门神。"

当然光喊口号就是喊破嗓子，也不一定能改变陆战队的命运，难以真正扭转陆战队的颓势。接着，罗友伦拿出了自己办军校的做法，下令将全队2880名军官召入陆战队士官学校实施最严格的"军事与精神教育"。其中，军事为辅，精神为主。其具体操作是，先进行一周紧张刺激的灌脑训练，培养军官们"无条件服从忍耐及统一观念"；然后，司令部的作战、训练、后勤、军纪、营规等一系列措施次第而出，罗友伦要求手下雷厉风行地执行；之后，狠抓连长、营长、团长队伍建设，司令部会同宪兵对他们进行督导和考核。

这样做能不能有效呢？罗友伦当过多年的陆军官校校长，知道"十年树木，百年树人"的教育之难，那么，他下一步又会如何去治军？

"老陆战队员"陈器隐约感觉到了罗友伦的思考。

陈器在陆战队奋斗这多年，远没那些有背景的新秀们升迁得快，直到1955年初，作为陆战队元老级别的他才进入司令部第一处，还只是个副处长。不过，他终于有机会天天直接与司令、副司令们打交道了。他每次进出司令办公室报告或请示工作，总见罗友伦铺开纸墨,穿着军衬衫,卷起袖子,在练字,旁边练字废掉的报纸一摞一摞。

最初,他发现罗友伦在练"保持现状,就是落伍"八个大字,不久就发布为整军口号;过了好几个月,他发现他又在写"永远忠诚"四个字,不过这次毫无动静,没有发表;再过了好几个月,发现他改练"不怕苦、不怕难、不怕死"九字了,这次照样很久也没见发表,只是他练字似乎比以前更勤快了,只要没有客人来访,他就在办公室挥汗如雨地挥毫。陈器对罗友伦拼命地练毛笔字百思而不得其解,只是暗叫不好:"这走下坡路的陆战队,在这位司令手头,看来更是没戏了!"

就在陈器暗叫不好的时候,有人却从罗友伦身上看到了陆战队的希望。第一个放言陆战队大有希望的,不是别人,正是陆战队另一位资历与陈器差不多的元老级别的老干部——第一任司令杨厚彩的亲侄杨培申。

自从老叔走人后,杨培申就被周雨寰百倍打压,年复一年地当着老叔当初给予的副营长,迟迟得不到提升。周雨寰去世后又换了司令,他还是在副营长位置上蹦跶。岁月悠悠,长达五六年之久,他还是这副营长,把弄得自己身心疲惫。

罗友伦上任半年后,大概把陆战队的情况摸清楚了。1958年春的一天,突然召杨培申去谈话,见面就问近况,然后说:"培申,你该换换岗了。"

"我……"杨培申以为罗友伦要赶他出陆战队的门了,急忙红着脸说:"司令,我还不想离开陆战队,陆战队就是我的家……"

他结结巴巴,话还没说完,罗友伦就哈哈大笑:"小杨,我不是叫你走人!杨长官为陆战队早期创办人,我罗友伦难道连他一个亲侄儿都容不下?!"

杨培申松了口气。罗友伦笑着说:"培申老弟,我很忙,不与你说了。你去第1师第1团报到吧。"

杨培申志忑不安地去了第1师第1团,团长见他就说:"欢迎欢迎,罗司令亲自写了手令,任命你为第 1 营营长了。"

就这样，杨培申不仅晋升了，而且还成了陆战队"一字号"营长——第 1 师第 1 团第 1 营营长，马上对罗友伦感恩戴德，称之为"我最敬爱的长官"。

3 月 27 日,杨培申又接获司令部的一个命令,指示以一字号第 1 营为基干,参与"陆吼演习"。何为"陆吼"？是英文 Land Hold 的"音译"。"陆吼演习",是在罗友伦的力促之下,台、美两地陆战队经过商榷,决定于 1958 年秋进行一次联合实兵演习的代号。这是台美陆战队第一次实行的联合士兵演习。

以前,周雨寰就是与美军关系再密切,也就是与卡尼吃吃饭、喝喝酒,其他司令、副司令呢,也不过是借口去考察,带着老婆孩子去美国进行观光旅游。而罗友伦呢,与美军合作,完全打破以往的做法,是去搞军事演习,完全是搞工作做派。

通过这些事情，杨培申由衷看到了罗友伦与前几任司令、副司令不同的风格，逢人就说陆战队有前途了。

杨培申的话,让陈器等人半疑半惑。

很快就到了罗友伦任职司令一周年"纪念日"——4 月 1 日。

这一天,罗友伦突然召开尉级以上军官开会。在会议上,他总结了自己一年来的工作,然后说:"现在正式颁布陆战队队训……"

陈器听着,这不是他以前练的那"永远忠诚"四字吗?!

接着,罗友伦又颁布"陆战队精神",它就是陈器当初见他练习的"不怕苦、不怕难、不怕死"九字!

陈器恍然大悟:罗友伦一直练字,原来是大有玄机的!

无论是"队训"还是同时出炉的"队精神",此 13 个字,罗友伦早已全部亲笔题写好了,且装裱成了红底黄字。他颁布之后,当场拿出来给众人看,并且下令:"将此 13 个字的口号予以放大,挂在办公室和营房！"

至此，会议圆满结束，众人在司令部伙食堂会餐。

会餐之后，与会者拿到一份陆战队司令部的文件，其中正式以命令的形式统一规定：各连、营、团、师、舰队陆战队司令部、队司令部各营区，均必须按尺寸比例将罗司令书写的"队训"和"队精神"放大，并进行悬挂。几天之后，海军陆战队的各个办公室内外，到处都是罗友伦令的亲笔题字。

陆战队简直成了罗友伦的口号书法展示营了，到处是印刷着罗友伦红底黄字的纸条在飘扬，远远的一看，还以为是死人的招魂幡呢。

不久，罗友伦又宣布开会前、集合时官兵必须高声朗诵这些口号，以激励官兵斗志。

罗友伦大搞口号运动，天天沉迷于练书法，这让不少忧虑陆战队前途的人惊恐万分，他到底要去做什么？这不是把陆战队往歪路上带吗？除了杨培申等等区区几人外，多数人对于罗友伦的做法质疑声重重。在上下一片质疑声蜂起之时，一天，罗友伦照例在办公室练字，练着练着，突然扔下手中的狼毫毛笔，断然地说："是到该务实的时候了！"

没几天，他就打出了一系列的务实组合拳。

首先，罗友伦不知通过什么途径，竟然从海军总部弄来了一笔巨款，下令说："司令部办公室条件太差，先改善住房。"

不久，工兵营就在左营桃子园司令部营区兴建起了陆战队第一栋办公大楼。大楼落成后，罗友伦定名为"忠诚楼"。忠诚谁？他罗友伦忠诚于蒋氏父子，陆战队忠诚于他罗司令。

可是，在前一段的口号和书法折腾中，罗友伦早已把自己的名声和威望弄得扫地了。这陆战队没几个人愿意忠诚于他，除非去下"施恩猛药"。而这一招，罗友伦早就想到了。在兴建办公大楼时，他已悄悄令手下从建筑款中挪出了一部分资金。"忠诚楼"一竣工，司令部马

1960年,陆战队兴建第一栋大楼——忠诚楼

上宣布在左营兴建军人眷舍。

何为军人眷舍？就是家属楼。

家属楼建成后,18户陆战队上校及8户空军军官搬迁进去。乔迁的上校们逢人就说:"谁说罗司令是那种只喊口号而不干活的长官？爱兵如子,务虚又务实！"

罗友伦"收"了上校们的心,而那些中校、少校乃至更低一级的尉官们,对他还是冷眼相对,不冷不热的,要背后说上一句罗司令好的话语,几乎是不可能。面对他们,罗友伦又拿出大手笔,分别在楠梓、凤山地区兴建210户眷舍。

这210户的大规模前所未有,十多栋二层楼的楼房落成后,一次性地彻底地解决了陆战队前几任司令无法解决的军官们"有眷无舍"和"夫妻分居"的难题。当家眷们喜气洋洋地搬进新居时,个个盛赞罗友伦的"德政"。老婆说好,老公自然也说好。罗友伦在陆战队的声望马上节节攀升,人气开始聚集。

某日下午,罗友伦来到了陆战队左营营区巡视。营长曹正纲闻讯,马上赶去营区马路边迎接。

在半路上,罗友伦见着了曹正刚,也不往前走了,就此站住,交代他说:"曹营长,你将这条路改铺成水泥路好吗？明天上午我来看。"然而转身就走了。

司令怎么突然要把眼前的这条路修成水泥路呢？政府财力有限,军中经费较少,陆战队在左营地区建210户眷舍已花费了不少的钱,这修路要浪费多少水泥啊！曹正刚不明白罗司令要去干什么，且此举有什么"深意"。好在他在一年前也接受过罗司令的"无条件服从忍耐及统一观念"的"刺激训练"，管他呢，无条件服从呗！立即跑步回了营区："紧急集合啦，集合啦！"

曹正刚大声一喊，值星官马上吹哨。哨声大响，官兵们紧急行动起来，列队了。曹正刚站在队伍前，说："罗司令刚才紧急布置了修水泥马路的任务，明早要完成……"然后，分配工作和任务。

吃了晚餐后，官兵架起电灯，播放着高亢刺激的摇滚音乐。在摇滚乐中，官兵挑灯夜战，先整修路面，后铺设水泥，忙到第二天早晨，准时修成了一条宽约 6 米、长约 250 米的水泥马路。

曹正刚大功告成，马上跑去报告罗友伦。罗友伦又命令他："你营再以一夜的时间将营区内的草地改铺成韩国草！"

"又是晚上干？"曹正刚有些疑惑。

"对，今晚。"

"韩国草？"曹正刚还是有些疑惑。

"对，没错！去司令部××处领草！"

"是！"曹正刚还是拿出了不明白也坚决执行的军人态度，敬了一个礼，然后立正，攥紧拳头，转身，小跑着出了司令部的大门。

谁知他回到营房后，惊讶地发现这一次营区所有的部队都接到罗友伦的类似命令，比如去整修厨房、掏空厕所、油漆营房……等等，并且全部要求在一夜完成。

当夜，各路人马出动了，到处人声喧哗，在天亮之后，各项任务如期完成。

第二日上午，罗友伦召集各单位主官开会。

在会议上，罗友伦说着昨晚大扫除、大整理的情况，突然咳嗽几声，又说："这么行动之后，我们是不是可以再提出一个叫做'一夜精神'的新口号呢？"

众人顿时懵了："还口号啊！"

"这个口号就叫'一夜精神'。"罗友伦肯定地说。

"一夜精神,啥玩意儿啊？"

罗友伦接着进行解释了："所谓'一夜精神',简单地说,亦就是'贯彻命令'的精神。"

何谓"贯彻命令"的精神呢？他继续往下说："'贯彻命令'的精神,就是指对长官交办的事,必须无条件、不眠不休地去完成。"

原来就这啊,有人低声咕噜说："什么'一夜精神',贯彻命令要无条件去执行,明说不就好了吗？拐这弯弯儿,多别扭啊！"

这话罗友伦没有听见。

在会议结束前,他照样要求各营区立即进行传达和书写。这次军官们倒是高兴地去执行了,因为这一夜之间营区修上了水泥马路,植上了韩国草,各处的卫生死角也清除了,办公、生活环境大大得到了改善,军官们人人都受益。

然而,当"一夜精神"的口号在陆战队响起的时候,士兵们的家眷却是大大地虚惊了一场。因为在不久前,陆军第17师师长尹俊突然心血来潮,带着一批妓女进军营进行慰军,结果引爆台岛军营掀起一股股的"慰军旋风"。上校、中校、少校乃至尉官都已解决了官舍,夫妻团聚,士兵们没这么好的运气,夫妻依然分居。那些小兵们的女家眷突见陆战队推出"一夜精神"的口号,以为也和那尹师长妓女慰军"旋风"有关,被这"一夜精神"吓得惊魂万分。后来,经过老公们的一再解释,才说了句"你们司令也好搞笑,还'一夜精神'呢",悻悻释怀。

解决了军官们的住房问题,罗友伦对士兵一层的住房难不再过问了。在高层的盛赞声中,他把主要精力转向了杨培申正忙碌着的"陆吼演习"。

此时联合实地兵演已进入了最后的冲刺阶段。

早在3月底,杨培申接受参演的命令后,司令部在两周之内就神速地完成了演习人事与后勤分析,提出了参演建议和各项需求,且呈报罗友伦裁决。按照计划,参演兵力主要以杨培申的步兵第1营为基干,配属炮兵连、侦察排、空观队、工兵排、LVT 连、LVT(A)排、M18 战车排及卫生分遣队,统一编成登陆加强步兵第1营(简称 BLT-1 营)。杨培申看了参演的单位和人员,当场就急了,找到罗友伦说:"这么多人马,就一个 LVT 连和 LVT(A)排,运载舰船完全不够。"

罗友伦一笑,和善地说:"你依这些兵力,向海军总部提出申请。我支持你!"

结果,杨培申去要,海军总司令部倒没有吝啬,当场给了他七只大军舰。

5 月 3 日,杨培申率领营部参谋群赶赴琉球群岛,参加在美军陆战队第九登陆加强团(简称 RLT-9 团)举行的"任务提示"会议。

他们一行到达琉球时,美军 RLT-9 团团长亲自陪同他们至营区,然后说:"我们在大操场举行军礼相迎。"

在军乐中,杨培申检阅了该团第三步兵营。

两个月前,杨培申还在怨天尤人,这次到了美军这里,竟然享受检阅部队的殊荣。事后,他对手下说:"检阅美国战无不胜、攻无不克的陆战队,非仅我个人荣耀,亦为国军荣耀。"

在琉球群岛,双方就这次联合演习进行了磋商,确定初步兵力运用的方案。

7 月 9 日,美国陆战队 RLT-9 团团长,率领相关参谋人员抵达左营,与杨培申等人再次召开协调会。双方经过一系列的协议后,颁发了详细作战命令。会后,杨培申再依照这个正式作战命令,确定了自己这个营的作战、装载及行政计划。这些计划,照例送去了罗友伦那里,罗友伦问道:"小杨,美国人怎么说的?"

"美国陆战队 RLT-9 团团长说我们相当不错。"

"他们说不错,那就是很好了。你去办吧。"罗友伦说。

9月6日,双方在左营桃子园海滩举行联合兵演的预演。

两日后,"陆吼演习"正式举行,地点为枋寮附近海滩。

演习开始后,海军舰炮与空军疯狂轰炸登陆滩头,第1加强营与美军在泊地与滩岸之间展开舰岸运动。杨培申以两个连为第一线,以"水鸭子"泛水抢滩。经过两个昼夜战斗演习,两军分别在"红一"及"红二"海滩并肩抢滩登陆。

双方并肩登陆,这样的结果,谁都没"丢脸",都是"圆满达成任务"的大赢家。

"会师"后,美国陆战队RLT-9团团长大声地赞扬杨培申说:"此次参加'陆吼演习',贵队登陆加强营于演习全程,均有卓越表现,足足证明你们具有高度两栖作战战术与战技素养……"

杨培申也盛赞美军RLT-9团,说:"贵团实力强大,名不虚传;贵指挥官更是卓尔不群,天生的军事天才!"

罗友伦闻讯后,说:"演习成效不错。"

两周后,罗友伦亲自将杨培申以中校军阶调升司令部第二处处长,充上校职缺。

陆吼演习——两军并肩抢滩登陆

杨培申担任司令部第二处处长后，罗友伦又把原属第三处主管的业务，如军用地图、空中观察队、两栖侦搜部队以及外宾接待业务，全部批交第二处掌管。

11月26日，美国太平洋舰队陆战队司令麦琪来左营陆战队访问，罗友伦又指定杨培申担任他的荣誉侍从官。杨培申感动万分地说："将军待我如同子侄般爱护，提携栽培与教诲可谓无微不至，此恩此德我终生难忘。"

02. "成功"破获"共匪间谍纵火案"

这一天深夜，罗友伦正在梦乡遨游。突然，床头的电话铃响了。他一接起来，手下就急促地报告："第2团的42重迫击炮连失火了。"

"马上组织人员去扑灭！"罗友伦果断地指示。

"来不及啦！"对方在那边惊恐地喊着。

"咋啦？水来土掩，火来水掩！"罗友伦继续大声下达着命令。

"这个第2团，只有一个重兵器炮连，有42重迫击炮、82迫击炮，配置火力非常强大，没想到……没想到，在一夜之间，就把这些武器烧个了精光。"

原来是个事后报丧的电话！气得罗友伦"哐当"一下就撂了话筒。

天一亮，他就急急坐着吉普车去现场视察。第1师师长袁国征及师政治部主任等人已在现场等候。罗友伦询问他们："失火原因是什么？"

众人都回答说："是电线走火。"

"电线走火？"罗友伦反问。

"嗯！"有人回答。

罗友伦是宪兵司令出身的，思维与一般人不一样，瞪了他们一眼，就亲自去了现场，进行检查。

这火场是幢铁皮围成的木造房，各门重炮都放置在屋内中央，可是如今已经烧了个精光，啥武器也没了，只有一堆废铁还堆在废墟中央，乌黑乌黑的炮管也被烧塌了，四处散发着浓重的烟火味。师长袁国征说："幸好没有炮弹，否则不知会造成多大的破坏。"

罗友伦皱着眉头，呵斥他道："就你们能从坏事中挑出好事来！"

骂归骂，罗友伦脑子却在紧张地进行思索，心里只一个感觉：奇怪。可又说不出到底是什么地方有什么奇怪。突然，他一个念头迸了出来，问道："火势究竟是何等强烈，居然能把钢制炮管烧成这样？"

"火势自然极大，房子是木制的，加上刮风，风助火势。"袁国征硬着头皮继续回答。

罗友伦没有相信袁国征的话。但是，他已决心拿出当宪兵司令的作风进行破案，于是下令把各连卫兵召集来，询问："你们谁先目睹起火情况？"

两名卫兵回答说："火势是由地下储藏室起来的。"

罗友伦立即反问："电线一般情况下是装在房屋上方。如果是电线走火而失火，应由上往下延烧，怎么可能是由下往上烧呢？"

"这……这……我们也没去过房子，不知电线咋安装的。"两个卫兵支支吾吾地说。

但是，罗友伦却由此推断起火的原因绝对不是电线走火，而是另有其他的原因。于是，背着手，走出会场，又亲自找来住在房里的人，对他们进行询问。他问他们什么呢？完全是闲聊，聊他们连队里谁平时待人如何、谁的工作如何，话题和内容完全与昨晚的失火毫无关系。士兵们以为罗友伦借机检查部队的"队训"和"队精神"状况呢，自然是搜肠刮肚地尽量说着自己连队里的"亮点"和"先进"。有人说：

国民党海军陆战队装备美援 M2A1 型 105 厘米榴弹炮

"住在屋里的士官长,是全连众口皆碑的大好人。"

"对,他不但特别照顾兄弟,办伙食也最好。"

"从不揩油贪污。"

众人七嘴八舌地往这位士官长身上"堆花"、戴高帽子,说得这士官长都不好意思,脸红红的,头低到地上了。这时,罗友伦站起身子,快步走了出来,一出门就对袁国征等人说:"我怀疑就是他涉嫌纵火。"

"谁?"袁国征问道。

"那个从不揩油的士官长!"

罗友伦这么说,不仅袁国征不相信,司令部随来的参谋们也不相信自己的耳朵了。

"不可能吧!"有人说。

"抓吧,错不了!"罗友伦十分肯定地说。

袁国征于是派一个小组去抓这位士官长。刚才还给士官长戴高帽的伙计们一下子惊呆了,自己平日里跟随在士官长身边,还不知道他,这么好的人会去放火?他只会去扑火!缓过神后,纷纷感到不平,疑惑地说:"这大司令是脑子进水了,还是当司令当糊涂了?"

这个小组把士官长抓来进行询问,他先是不承认。大刑一摆,他马上就招供,并且承认说:"抽香烟后,不慎将烟蒂丢到放在房里的汽油桶内,引起失火。"

小组长将供状报告罗友伦。罗友伦还是不相信,说:"汽油桶平常都是盖住的,怎么会打开?即使是打开的,油桶盖孔非常的小,烟蒂如何能这样准确的投入其中呢?我断定他一定是在扯谎。"

小组继续审问,揭穿他的把戏后,这士官长又坚决否认自己放了火。

罗友伦于是下令调查他的身世。

这一查不要紧,查出他是辽宁省的八面城人,在国民党军撤离东北时随军入关,服役军中至今。罗友伦当年就带领青年军在东北打过大败仗,知道那八面城,马上说:"这个地方是共军的老巢,他肯定加入过中共组织。"

是"共党"?这下小组的人员就不客气了,对士官长不仅严加盘查,而且严刑拷打。结果,这一打,这位士官长也就问啥答啥,什么幼年时就加入了中共的儿童队,之后又参加了少年先锋队,然后受上级指令,带着多少多少根金条随国民党军入关,后来又混入江西的部队,从事兵运;到了台湾后,再改编转入陆战队;而平时在连中照顾弟兄们,就是做策反工作,等等,不一而足。

他啥都"承认"了,并且完全符合罗司令起初的推断。至此,罗友伦宣称失火一案亦告顺利侦破。

以后,每逢陆战队的大会小会,罗友伦总要提起这次"纵火案",一再对手下们强调说:"共军破坏战最厉害的,就是制造火灾。只要一根火柴,往往能得到比在战场上动用无数兵力还要多的成果。"

但是,这个团始终有人对罗友伦的破案奇术感到怀疑,对这位士官长是"匪谍"难以相信。在该连里,有人公开提出自己的质疑说:"我认为完全是错判的。中共一般不会搞这么低级的破坏事件,要放火的话,起码得毁得一个机队或一个大型航空燃油库。另外,他就真的是'共匪间谍'的话,先不放火,迟不放火,咋偏偏在这个时候突然放起大火来了呢!发神经啦?"

"当官就是高明,事情搞砸了,客观原因说一大堆,就是不从自己身上找原因。他们找个理由把事情圆成自己想要的结果,坏事变成了好事,自己又立功了。"有人直接"戳穿"罗友伦。

"这罗司令就差没说蒋中正也是匪谍了!"有人接言。

事后,据说蒋纬国将此事报告蒋介石,蒋介石对罗友伦成功破获"共匪间谍纵火案"大为赞赏,并且表扬说:"罗友伦这宪兵司令没有白当。"

03.运补金门

自从在东山岛"反攻"失败后,蒋介石年年照样高调狂喊"反攻复国"、"再不努力,就永远回不去了!"但是,孤岛上的小王朝大势已去,"反攻"只是美丽的梦幻。尽管如此,蒋介石还是像一位固执僵硬的倔老头,使劲地往美国佬那边靠,希望获得"山姆大叔"的强力帮助去反攻大陆。而美国佬呢,在朝鲜半岛被中共打败了,却还继续在老蒋前硬充好汉,收下巨额保护费后,派出第七舰队在台湾附近海域游弋,企图把台湾当成自己在远东不沉的航空母舰。为此,毛泽东决定炮打金门,敲山震虎,向蒋介石和美国佬发出严正的警告。

1958 年 8 月 23 日,驻扎在福建的解放军受命主动炮击台湾军事前沿基地——金门。傍晚时分,金门岛上弹如雨下,一个小时内就"密集接受"好几万发炮弹,守军遭到沉重打击,500 多官兵毙命,金门防卫部副司令赵家骧、章杰,参谋长刘明奎及澎湖防卫部副司令吉星文被炸死。

第二日,炮击仍在继续。中共大炮对岛上国民党军构成海上、水际、滩头三重封锁,随即守军粮弹告急。蒋介石下令海军派出运输舰前去接济。谁知军舰纵使冒险下锚抢滩,这些物资和军火一时也难以快速下卸和搬运,海军运输一次,便损失一批军舰。

美军第七舰队本在台湾附近向国民党军提供"保护",炮声一响,他们不仅不执行当初承诺的"立即进行强有力的支援",反而当了缩头乌龟,躲得远远的,把一切"重任"一股脑儿推给国民党军。海军总司令梁序昭愤愤地骂道:"一切由我们中国海军去承受,美国真是慷他人之慨。"这样下去,后果肯定是十分严重的。梁序昭却不愿"我们中国海军的舰队毁在我梁总司令的任内",背上"历史罪责"。于是,海军终止了军舰向金门岛进行的弹粮补给运输。

海军不愿去冒险,金门岛的陆军发慌了。金门战地的军需物资一日比一日匮乏,如果在短期内不能得到改善,补给不继,则金门必失;金门一失,台湾就失去屏障,孤岛岌岌可危。9月6日,炮击仍没有停止。"国防部"不得不为此召开军事会议。

会前,陆军总司令彭孟缉略带抱怨地对海军总司令梁序昭说:"现在已经有好几天没有军品运补到金门了,如果时候久了,陆上守军得不到补给品,会饿死的,请赶快设法运去。"

"你们饿死活该。"梁序昭态度更是"恶劣"。

彭孟缉也不是吃软饭的,马上回敬说:"你有种就请在军事会议上报告总统裁决。"

海、陆军两位总司令谁也不是"孬种",在众目睽睽之下,当场就吵起来了。"国防部"副部长马纪壮见状,进行调解。两人看在马纪壮的面子上才停止了"交锋"。

大会闹哄哄,金门的运输补给也没有解决。

眼看再不想出办法，金门真的就要被"解放"了，蒋介石紧急召见海军总司令梁序昭、南防部司令及陆战队司令罗友伦，开小型定乾坤的"诸葛亮会"。

在几个人的小会议上，蒋介石询问罗友伦说："共军炮火封锁金门，战地所需物资无法顺利补给，是否可以使用LVT突破封锁线，担任物资补给任务？"

梁序昭也说："'水鸭子'体积较小，在舰岸运动期间不易成为共军炮击目标。"

罗友伦肯定地回答说可以，目前'水鸭子'的妥善率在95%以上，绝没有问题。

梁序昭

蒋介石当即下令："由罗友伦司令率领海军陆战队负责金门岛的补给重任。"

当晚，罗友伦急急赶回了左营，连夜组织有关幕僚和部队长召开LVT部队参加金门炮战运补作战会议。

经过研究后，罗友伦拍板说："司令部决定指派副参谋长马立维负责编组、协调、指挥LVT部队，装载各项作战物资运补金门全盘事宜。"

他为何选定马立维出战呢？

一则这马立维有丰富的实战经验。他原是马来西亚华侨，家里很有钱，在抗战爆发后，他回国进入中央陆军军官学校学习。毕业之后，去了国民党军王牌第74军的旅（师、军）长张灵甫的手下，并且很得张灵甫的赏识，参加过长沙会战、浙赣会战、鄂西会战、常德会战和湘西会战等战役。

二则马立维有着深厚的参谋特长。张灵甫在内战中战败自杀后，马立维竟然从孟良崮的秃山上逃出，归队后转而研究参谋业务，1948年调国防部监察局当参谋，10月，进入陆军大学第23期深造。到了台湾后，在陆军指挥参谋学校当教官。后被于豪章发现，说："这样的参谋人才不可多得！"将他调到海军陆战队两栖作战研究室当室主任；一年后，升任司令部助理参谋长并兼第四处处长，不久"空降"到第1旅出任旅参谋长。

三则他刚从美国接受最正规的参谋指挥教育回来。1957年6月，马立维考取美国陆军指挥参谋大学正规班。几个月前，才毕业归队，并被罗友伦任命为司令部副参谋长。

马立维欣然接受了金门运补任务。

罗友伦叮嘱他说："这次的任务很艰巨，希望你一点都别保留，在战场上拿出美国学到的知识来！"

马立维在美国到底学了些什么，鬼才知道呢！但是，盛名之下，也不敢怠慢，立即开始调集人马和挑选"水鸭子"，准备向金门进行补给运输。

蒋介石要自救了，9月7日，美国第七舰队也宣布航向台湾海峡，为国民党军护航。海军总司令梁序昭跑去与美军顾问团海军组长毕立定协调如何协同行动。几经磋商，在参谋们的协助下，两人策划了一个代号叫"闪电计划"的补给抢运方案。

在这个"闪电计划"中，他们竟把蒋介石点名说好要上的陆战队给漏掉了。

计划送去蒋介石审定时，蒋介石发现了这个问题，而他以为有了美军第七舰队护航，运粮送弹就大功告成，万事大吉了，不仅对此疏忽没有吱声，反而赞赏这个方案说："闪电计划，好！就是要像闪电一样快。"

金门方面已快要断粮，完全等不及了，"闪电计划"随即启动。

第二日，在美军的护航下，国民党军美乐号和美珍号两艘军舰满载弹药，向着金门进发。官兵在甲板上嬉笑着，泰如无事。他们和老蒋一样满以为这次有了美军护航，共军就不敢向他们开炮了。

谁知当他们接近金门岛时，解放军发现有美军护航，炮火更加猛烈，"轰——轰——轰"，对着他们猛轰，美乐号军舰首先中弹，且一发不可收地连中六弹，船舱连续发生爆炸，冲天水柱还没散尽，军舰就"闪电"般地在官兵们鬼哭狼嚎声中沉到海底了。美珍号军舰跑在前头，已经靠近滩头，随即也受到炮火猛烈袭击，仅仅卸下 100 吨物资，就不得不终止，仓皇逃了回来。

美军出动"保护"，没有解决金门的补给难题。

这让海军副总司令兼六二特遣部队指挥官黎玉玺很着急。获知护航失利后，他一个劲儿地在海军总部乱喊："金门抢滩运补行动，对于官兵士气鼓舞具有重大影响！"补给不上去，这"重大影响"确实立马就会加倍扩大。海军总司令梁序昭又急急赶去美军顾问团海军组，找毕立定磋商问计。毕立定沉思了老半天，最后不得不说："共军的炮火太猛，我看还是没有别的好办法。"

"那怎么办啊？"梁序昭眼巴巴地望着他。

"除了继续以美字号中型登陆舰执行抢滩运补外，贵军可以让陆战队试一试，以两栖登陆作战方式，使用 LVT 载运物资。"毕立定说。

这一说，提醒了梁序昭。他想起几天前的那次会议，马上说："可以，让陆战队和'水鸭子'上！"

于是，接下来的"闪电计划"，改用 LVT 运动方式运补，主要由陆战队承担。

海军总司令部的命令正式下达后，罗友伦召来马立维，询问了备战情况后，有些不放心，再问他说："任务很重，共军炮火猛烈。你打算如何做？"

"'水鸭子'在泊地与滩岸之间，先实施舟波运动，登陆后，迅速进入掩体,让守军快速进行下卸。"

"好。"罗友伦认为可行,再次叮嘱他:"记住确保物资安全送达。"

第二日,"水鸭子"运载着粮弹上阵了。

谁知载运成果还是不理想。"水鸭子"本身装不了多少东西。因为前方需要数量巨大,后方装载人员不了解"水鸭子"的特性,尽量地满载。结果,"水鸭子们"从泊地满载货物出发后,几个"舟波运动",就因为超载,机器出故障,不少"水鸭子"坏在大海上,随即就下沉;反应快的官兵就是急匆匆地卸下了货物,再"舟波"返回时,燃油全部耗光,开不动了,也沉入了大海。这些凶险的状况吓得官兵常常是仓皇夺门而出,才惊魂逃得一命。

在一派混乱之中,士兵昌文斌驾驶的"水鸭子"发生故障,引擎熄火。他立即跳出舱,冒着炮火进行抢修。折腾了十多分钟,破车还是无法修复,情势万分危殆,众人喊道:"昌文斌跑啊!跑啊!"这昌文斌是个愣头青,眼看折腾了十多分钟,还是修不好,竟然和这"水鸭子"斗气较上了劲。众人喊他跑,他硬是拒绝逃跑。结果,他在大海上漂浮了三四小时,还是徒劳一场,反而身陷危境。最后,他被几只返回的"友舰"半途发现,才将他连同"水鸭子"一起拖走。

这次运输补给战后,马立维等人经过仔细检查,不得不跑去报告罗友伦:"'水鸭子'损失惨重,但原因不是出在我们身上。"

"谁要负责?"罗友伦问道。

"一是超载,二是'水鸭子'质量不过关,超重就出故障,坏在海上,连施救都不可能。"

罗友伦叹息说:"这些从美国重金买来的'水鸭子'真是害惨了我这些官兵。"

"补给进行不下去,怎么办?"

罗友伦断然地说:"暂时停止,待我与海军方面商量办法。"

最后,罗友伦和海军副总司令黎玉玺商量了好几天,终于想出一个办法——先用战车登陆舰装载"水鸭子",到达一定地点后,再让"水鸭子"从战车登陆舰舰中出来,泛水到最后的目的地。于是,自第五梯次起,补给运输改以战车登陆舰装载"水鸭子"运输。

"水鸭子"在左营南码头大操场司令台完成装载物资后,开进战车登陆舰。然后,战车登陆舰载运着它们从泊地出发,驶向金门岛,在快靠岸的时候,军舰才放出"水鸭子",由它们泛水上岸。

为了安全考虑,这次抢滩改在夜晚摸黑进行。快到金门岛时,就要接近解放军的火炮射程范围了,战车登陆舰在距离滩岸约 7000 码时停了下来,然后将舱门打开,放下跳板,一只只"水鸭子"开出来,一到水面,便不顾惊涛骇浪,开始泛水。

"水鸭子"抵达海面后,战车登陆舰立即调头,驶向炮火射程之外,远远地等待着它们返回来。

这时,"水鸭子"以不规则队形疏散,完全像鸭子似的拼命泛水,向着滩头前进。"水鸭子"从泛水到抢滩上岸,整个航程大约需要一个多小时。车上只有一盏很小的照明灯,能见度仅二码。驾驶员屏住呼吸,使劲地加大油门,"水鸭子"冒着猛烈的炮火,飞向滩头,一把冲进

LVT 自泊地泛水后,以舟波方式向滩岸前进

守军事先挖好的掩体内，然后，由守军快速下卸。

在守军匆忙卸下物品后，它们又开始发疯似的泛水返回，飞到战车登陆舰前，钻进其中。

然后，它们再由战车登陆舰载着，返回左营营地。

在第五梯次后，马立维指挥它们又进行了第六、第七、第八梯次"闪电作战"。

即使有战车登陆舰作为母舰先行运载，在解放军的强大炮火封锁下，陆战队的运补还是十分艰苦。"水鸭子"一出母舰舱门后，几乎是靠强行冲过去，抢滩登岸，匆匆卸下货物就跑。纵使是这样，还死伤无数。一旦解放军的炮火追过来，"水鸭子"就不得不四散在海浪上乱跑狂奔，有时这一跑就是好几十海里，等到了安全区域，驾驶员缓过神来一看，茫茫大海上哪里还有什么战车登陆舰呢？好在"水鸭子"是水陆两用，他们只好泛水寻找海岸，见岸就上，再从陆地直接开回营区。

9月17日，陆战队登陆战车营第3连17辆"水鸭子"受命执行运补金门的任务。开始还算顺利。谁知卸下货物返航时，遭到解放军岸炮的猛烈轰击。母舰立刻准备离开泊地向大海逃跑。这时海上风狂浪急，只有副连长张光族率领五辆"水鸭子""飞"得快，登上了母舰，其余的还没装载，母舰舰长却大声喊："起锚！"

"丢下12辆车，这咋行啊！"张光族也大喊。

可是，对方哪里理睬他呢？就在母舰强行开启的那一瞬间，"扑通！"一声，张光族纵身从舰上跃入大海，然后，在海浪和炮火中游向最近的一辆"水鸭子"，爬上去，不顾浑身湿透，指挥着其他12辆"水鸭子"，冒炮火威胁与巨浪的冲击，奋力往回泛水。然而，母舰早已跑得不见影子了，他们只好在大海上顶着巨浪驶回金门岛。

这边"水鸭子"不堪重负，那边左营南码头大操场的指挥所也是紧张得不得了，负责装载任务的支队苦不堪言，尤其是履带车保养连

"水鸭子"泛水上岸

不得不夜以继日地忙着进行维修。因为这些"水鸭子"最容易出问题，履带、配件一出问题，就不能动了，需要及时修好，为此官兵不得不日夜守在营地，一个人当多人用。

"水鸭子"来来去去那么几趟，把海上、岸上的官兵折腾得晕头转向，再进行下去，整个陆战队就要因为到达极限而"爆胎"了。9月18日，海军总司令部不得不再次为金门补给运输召开军事会议。

在会议上，罗友伦提出了陆战队执行"闪电计划"的力不从心，说："不说LVT海上损失太大，就说左营大操场吧，除了原有维修参谋们外，还得调来许多人员临时充当接待员，负责答复、查询、纪录、指点引导、督导装载等工作，繁不胜繁，人都几乎累坏。"

梁序昭说："'闪电计划'完全不'闪电'，而且还十分的慢，名不副实，让美军盟友笑话。"

在场的舰队指挥部两栖部队司令冯启聪立即建议说："是不是改名为'鸿运计划'？鸿运当头，很有佳意，还能讨个好口彩。"

梁序昭表示同意，决定颁布"鸿运计划"。随后，梁序昭说："'鸿运计划'代替'闪电计划'进行金门补给抢运任务，由舰队指挥部两栖部队司令冯启聪负责指挥。"

"鉴于后勤和装载总是出问题，"冯启聪说，"我建议划分前方和后方两大块,以减少陆战队的负荷。"

"如何划分?"梁序昭问道。

冯启聪说:"新成立一个六五特遣部队,区分为651两栖支队及652装载支队,前者负责运补实施计划的制定,执行装载、卸载的协调,统一指挥运输船团及护航部队;后者负责装载的协调制定,装载管制、指挥以及有关装载、包装及具体运输的指挥工作。两不相混乱。"

"那么由谁来负责呢?"

"前者由两栖训练司令马炎衡及登陆舰队司令林溥轮流担任指挥官,后者由陆战队一人担任指挥官。"

梁序昭表示同意,抬头看着罗友伦:"你看谁合适?"

"还是由副参谋长马立维吧。"罗友伦说。

马立维受命后,马上组建652装载支队,结果弄出个庞大的系统,下设金门指挥组、登陆运输车营、登陆炮车营及搬运部队四大块。

罗友伦原则上同意,只是对几大块的负责人选有疑虑,问道:"谁来负责?"

"前三大块分别由司令部战车组组长傅国华、登陆运输车营营长陈步墀及登陆炮车营营长沈绍先担任指挥官,搬运部队则仍由各团、营轮流派遣部队去承担。"

罗友伦平时的决策也大多是由参谋们提出方案,然后画圈"可以"还是"不行"。马立维提出的这些人选合他的意,于是说:"可以,把任务分配下来吧。"

随后,傅国华率领金门指挥组坐着快艇出发,进驻了金门。在左营,陈步墀整编了自己的登陆运输车营,将参战人员和车辆编组成三至四个梯队;沈绍先也如法炮制,将登陆炮车营编组为二至三个梯队,每车以三至四人编组;所有的梯队皆采取轮替方式执行任务。

再次调整后,众人认为可以克服前一次的混乱了。

9月25日，罗友伦召来陈步墀说："补给任务来了，由登陆运输车营第2连连长李国棣明日率车队运补金门。"

这一次，不管是罗友伦还是马立维、陈步墀都信心百倍。其实，这次"鸿运计划"只是解决了后方装载的难题，对于前方"水鸭子"海上运输的种种问题并没有深入触及，甚至可以说原来的问题照旧。可是，谁都乐滋滋地以为这次补给定会马到成功、万无一失。驻台湾的好几家报社的记者闻讯，急急赶来，要求去火线亲身体验运补金门的场景，并进行"现场写作"。第2连连长李国棣一听就摇头，断然说："不行不行，这可不是闹着玩的。"

《青年战士报》的记者严重站了出来，正色地说："你们不怕危险，难道我们就怕危险?! 就算有危险，我们也要与你们一起去承受！"

老记把话说到这份上了，一贯与媒体关系甚佳的马立维说："去吧，体验一下也好，或许还能激发你们一直进不出来的灵感呢。"

他一煽动，老记们更是跃跃欲试了。但李国棣还是坚持说太危险了，"水鸭子"载量不够。

他以为这样总算能挡住那些跃跃欲试的记者，马立维却点起名来了："严记者，你一个；××报一人，×××记者……"

除了严重外，被他点中的还有七名外报记者，其中有日本和美国派来的。

马立维拍板了，李国棣只好听从了。

第二日天没亮，登陆舰就载着"水鸭子"和记者们出发了。上午9时许，该梯次最后一辆"水鸭子"载中外记者等一行离开母舰，开始泛水。

由于记者们不熟练，乘车时稍有耽误，结果，所乘坐的"水鸭子"下水后，立即被前一辆起"飞"的"水鸭子"远远地落下，相距800多码远。驾驶员不得不加大油门追赶，"水鸭子"冒着滔天巨浪向滩头进发。在距滩头约4000码处，"水鸭子"因为追的太急，引擎突然出现故障,海水当即从舱底浸入。麻烦果真来了。随车的通信官柳建国马上用无线电向母舰及岸上呼救:"LVT 浸水,请求救援。"

呼救哪里来得及,"水鸭子"因进水太多,已逐渐下沉了。连长李国棣见情况危殆,急忙拿出事先准备好的一根长绳,说:"乘车人员赶紧系上,跳水!"

这柳建国因为发报求救,动作稍微慢了一拍,在慌乱之中,李国棣还好,并没丢弃他,用牵系众人的长绳三下五除二系住了他,纵身跳入了大海。柳建国见状,也急忙跳海,然后与系在一根绳子上的连长、技工及中外记者一起奋力游向海滩。

然而,风大浪急,柳建国等人游去,又被海浪卷回来。众人在海上挣扎好几个小时,遥望金门海岸,就是远不可及。最后,当筋疲力尽的柳建国四顾当初系绳跟进的一车子人时,只剩下李连长一人还和自己在绳子上系着,其余三人早已被激浪冲走,不知去向。

"完了,完了!"他暗叫不好,又在海浪中拍打了几下。

接着一个浪头漫过,他呛了几口带沙的海水。好在柳建国是陆战队的游泳高手,没有沉没下去,继续在海浪中折腾着。在极度疲惫与失望中,他仍然坚持呼喊求救,但一切都无济于事,第 2 连的同伴一个踪影儿也不见了。就在他万分恐惧之时,天无绝人之路。他突然发现相距 300 码的地方有小丘突出海面,于是作最后挣扎,背负着李国棣斗浪遄泅⋯⋯

皇天有眼,他们终于登上了小丘。

哥俩儿躺在小丘上,没有同伴来救,饿了吃野草,渴了喝海水。痛苦地熬到第二天,还是没人来救他们。两人只好决定自己游水往沙滩去。

好在大海平静了许多,两人游水顺利了不少。谁知刚刚上了沙滩,李国棣突然发现大海上有人抱着一块木板在漂浮着,说:"看,还有一个坠海求生的人。"

"我去救他。"柳建国说。

他竟然忘了疲惫与安全，又游了过去，靠近一看，正是当初死活要来"现场体验"的《青年战士报》的记者严重。柳建国拉着他使劲地往沙滩上

生还的柳建国、日本记者奥户忠夫、李国棣、邓根（由右至左）后摄于金门军人之友社

拽去，在李国棣的协助下，三人冒着四周爆炸的炮弹，终于一步一步地往岛屿上走去，被金门岛上的守军救去。

这次马立维让记者们战地采访，除李国棣、柳建国、严重侥幸活了下来外，其他同车的人包括两名外国记者在内 11 人全部淹死，连尸体都没找回来。

10 月 12 日，美国国防部长麦艾乐在国民党军参谋总长王叔铭、海军副总司令黎玉玺、陆战队司令罗友伦、"鸿运计划"六五特遣部队兼指挥官冯启聪、美军协防司令部海军顾问组长毕立定、陆战队顾问组长范奥门等人陪同下，抵达左营海军基地兵棋台，参观"鸿运计划"装载运补的沙盘推演。

这沙盘推演，类似古代赵括的纸上谈兵之举。但罗友伦等人还是假戏真做，表演得惟妙惟肖，并派留学过美国指挥参谋军校的马立维进行现场解说。这马立维完全是个"人来疯"，见来了美军大佬，叽里呱啦地大"甩"口才，解说近乎完美，让麦艾乐大声说好："Good（好），Excellent（优秀），Wonderful（精彩）！"

美国海军顾问组组长毕立定也是大受鼓舞，马上说："为避免海军战车登陆舰遭共军长程炮火击中，我建议泊地的安全距离由 3000

码逐次增加至 1 万码以外！"

"Good Idea(好主意)！"麦艾乐赞叹说。

"这……这……"罗友伦马上傻眼了。

因为这样做的话，"水鸭子"泛水的距离必须突破它只能行驶 6000 码的设计限制。罗友伦知道这要命的好汉是充当不得的，只好硬着头皮说："距离太远，'水鸭子'泛水容易出问题。"

"一只'水鸭子'值多少钱？一艘战车登陆舰抵好几个'水鸭子'。"总长王叔铭完全从全局考虑，十分周全地说。

冯启聪立即附和说："我建议执行'鸿运'两栖作战运补计划时，母舰在大海上就定在 1 万码处停泊。"

罗友伦还有什么反驳的余地？在强势之下只好选择了沉默。

在这之后，陆战队官兵不得不驾驶着"水鸭子"，冒着炮火和自己人人为设定的风险，在茫茫大海上，像一只只乏力奋游的鸭子艰难地泛水，承受着更惊人的损失。

他们的冒险很快就结束了。

10 月 6 日，中共方面发表了由毛泽东亲自起草、以国防部部长彭德怀名义发布的《告台湾同胞书》。文告指出："我们都是中国人。三十六计，和为上计……台澎金马是中国的一部分，不是另一个国家，世界上只有一个中国，没有两个中国。这一点，也是你们同意的，见之于你们领导人的文告，美国总有一天肯定要抛弃你们，美帝国主义是我们共同的敌人。现在 13 万金门军民，供应缺乏，饥寒交迫，难为久计。为了人道主义，我已命令福建前线，从 10 月 6 日起，暂以 7 天为期，停止炮击，你们可以充分地自由地输送供应品，但以没有美国人护航为条件，如有护舰，不在此例。建议国共双方举行谈判，实行和平解决。"

停火一周后，毛泽东又发表《中华人民共和国国防部命令》，再次宣布："金门炮击，从本日起，再停两星期"，"使金门军民同胞得到充分补给,包括粮食和军事装备在内,以利他们固守。兵不厌诈,这不是诈,这是对付美国人的。"

陆战队员们原以为美国佬收取了老蒋巨额"保护费"后能保护自己,没想到大炮一响,他们就溜远了,送来的武器呢,都是一些"豆腐渣",真是害苦了自己。到了最后,真正体谅自己苦衷的,还是自己的同胞!大陆方面停止炮击,让金门好好地补给,让陆战队官兵惊讶不已,也暗暗感叹血浓于水的同胞之情。

然而,亲美派还是"防共"甚于防美。

10月20日,美国第七舰队军舰继续应邀为前往金门补给的国民党军护航,中共方面当即恢复炮击。中肃号、中光号和中建号三舰正在抢滩卸载,因海水涨潮时间未到,无法紧急退滩,结果,三舰先后在不到十分钟之内被炮火击中。这顿炮砸,使得蒋介石终于明白过来:大陆方面说的是真的,炮击大多不是针对自己,而是针对美国人的野心。于是,悄悄地指示台岛有关方面以后"不能跟着美国乱说话",并于1959年3月正式决定:今后提及大陆,不再用"红色中国"或"共党中国"等词语,而称"中共政权";自己也不再称"自由中国",而称"中华民国"。

但是,他为了掩饰自己投靠美国佬的失败,同时又宣称:"金门炮战,我们胜利了!"

挨了打,损失了不少军舰和"水鸭子",怎么还"胜利"了呢?

因为一贯打败仗的国民党军部队在这次金门保卫战中成功地"耗

参谋总长彭孟缉授予营长陈步墀荣誉虎旗后,陈致敬礼

尽了'中共政权'的实力,'保住'了金门！"

为了庆贺这大败之中"淘"出来的"胜利",1959年元旦,蒋介石在台北市中山堂举行"国军战斗英雄"庆祝大会。

在这次台海炮战期间,海军陆战队共出动"水鸭子"计777车次(不含派驻水头8辆至17辆每日执行烈屿运补车次,以及到达料罗湾海面因天候不佳而未下卸的车次),总共下卸军事物品11.716万吨,人员1.36万人。陆战队对金门前线的补给运输立了大功。在大会讲话中,蒋介石特别表扬陆战队官兵,并且称赞说:"陆战队是英雄中的英雄,好汉中的好汉！"

在大会上,陆战队司令罗友伦获颁三等云麾勋章,登陆运输车营营长陈步墀获颁六等云麾勋章,登陆炮车营营长沈绍先获颁光华甲种二等奖章,马立维获颁海功奖章。

典礼之后,陆战队司令部内部再次开会进行表扬与自我表扬。在会上,罗友伦说:"这表彰(指蒋介石的赞扬)是海军陆战队无上的光荣,是值得纪念的。陆战队每个部队都要像LVT部队、仪仗队及山训队一样扎实的训练,才算是陆战队。"

蒋介石颁授的"海荣字第二号"荣誉旗

不久,意犹未尽的蒋介石决定再次给海军陆战队LVT部队颁发战荣誉旗。荣誉旗编号为"海荣字第二号"。陆军总司令彭孟缉亲自跑去授旗。结果,把海军总司令梁序昭气了个半死,大骂罗友伦:"胳膊向外,拆自己人的台蛮行！"

04.罗友伦的"正规化"改革

金门炮战之后,海军总司令梁序昭由于罗友伦亲彭而对他不满,甚至处处为难,这促进了罗友伦将陆战队从海军总司令部"独立出去"的念头,于是,他暗暗加快了海军陆战队的"正规化建设"步伐,以此为契机推动陆战队与海军总部的分离。

其实,这个正规化早在一年前就开始了,只是步子迈得不大也不快而已。

这事儿的发起,孔令晟应该居第一功。

本来孔令晟在孤岛当着陆战队第1旅参谋长,对陆战队到底该如何发展,也是完全不知。谁知周雨寰去世后,他遭到打压,被下派到了第1旅第3团当团长了。这孔令晟天生会读书,当年中学毕业后他考中北京大学化学系,后因抗战爆发辗转到了军中,以后他多次参加军校考试,不断提升自己的人生。这次遭到打压后,1957年春,恰好美国顾问团举办公开甄试,挑选陆战队内的优秀军官到美国陆战队指挥参谋学校学习,结果他又一举考中。自从他去了美国后,就宛如拨开云雾见了太阳般,放假一回台湾,就找到罗友伦说:"司令,我们陆战队似海军不像海军,似陆军不像陆军,简直是贻笑大方啦!"

"咋啦?"罗友伦长期在台湾孤岛生活、工作,除了养成一种"小岛思维"外,还极度的孤陋寡闻,初听孔令晟这一席话,大吃一惊。

接着,孔令晟一二三,滔滔不绝地说了一大堆,主要意思有如下两点:一是陆战队上身穿的是陆军装,下身却是海军装,非陆非海,不如人家美国陆战队有自己的服制,不威风;二是官兵身份不分,当官的走到哪,都像当兵的,让人瞧不起;三是陆战队叫海军陆战队,挂的却是陆军旗,没人家美军陆战队那样的旗章,不正规。

他说的确实也是事实。罗友伦先仔细听着,接下来却不感兴趣了:"这服装和旗帜穿、挂了十年了,也不见得有什么不好,折腾那干什么啊!"

但是,孔令晟接下来的话,就让他折服了:"正规化,就是陆战队独立的起步和开始。没有正规化,陆战队独立就是奢谈。"

"什么是陆战队独立?"罗友伦问道。

"美国的陆战队相当于陆、海、空军以外的第四军种,在行政上,陆战队司令部和海军军令部的地位是平行的,同时隶属于海军部,海军部长则是文人担任的。我们的陆战队呢,在编制上直辖于海军总司令,但海军总司令部的人事和其他幕僚业务都是有关舰队部分的,对一个作战形态的陆战队并不相涉。我们一独立,就可以与海军司令部平等了。"孔令晟完全领会了当初周雨寰的"独立"思想。

罗友伦也是野心勃勃,孔令晟这么一说,立即开窍了:"你说如何去实现独立?"

"要独立出来,我们必须先建立陆战队自己的一套儿,先搞正规化。没有自己的一套就闹着要独立,那肯定就会是当初周司令的下场。"孔令晟说。

罗友伦没想到孔令晟见识确实与一般人不同,接受了他的建议,并且决定亲自去美国看看。

经过一番实地的考察后,再对照自己,他认为台湾陆战队与美国陆战队确实距离不少,差距太大。回到台湾,马上就决定对陆战队进行"正规化改革"。

这改革如何去改?从哪里下手呢?

经过仔细的研究,罗友伦决定把解决陆战队"官兵不分"的现象作为突破口。在陆战队内,所谓"官兵不分"并不是官兵混作一团,不分你我,事实上中队长、大队长乃至营长、旅长的界限和等级及待遇一贯都是十分明确的,所谓的"不分"是其内部没有如同陆、海、空三军那样设立官科而已。为此,罗友伦决定第一步要像美军陆战队那样确立"官"与"兵"的身份。

1955年春,蒋介石与陆战队蛙人部队合影

在一次海军总司令部及"国防部"中美联合会议上,罗友伦提出了建立陆战队官科的想法。

"对啊!官兵不分,还叫什么部队啊!"美军顾问团海军顾问组毕组长马上支持他。

美军陆战队顾问组的范顾问也说:"支持!这个思想上一任参谋长于豪章先生在美国访问时就发现了,并且反映过。1956年10月3日,美国海军总司令派上将访台,也曾向蒋总统提出过建立海军陆战队官科的问题。"

尽管两位盟军朋友发话,为罗友伦打气,但是海军总司令部的大佬却没有对此表态。

罗友伦已经下定决心要解决这个身份问题,于是天天跑去海军总司令部进行争取,缠住几位大佬不放。海军总司令梁序昭生气地说:"老罗,我们要大事不糊涂,小事不纠缠!"

"老罗"坚持说:"我是吃歪藤长大的,就喜欢纠缠。总司令,这是陆战队军官们长期以来的一块心病,本人在任期内定要解决!"

他的决心这么大,梁序昭没办法了,只好掏底说:"我们说了不算数,要'国防部'定。"

罗友伦又去跑"国防部"。跑下"国防部"几位主管大佬后,对方又说："这事儿,还得老头子亲自定。"

罗友伦于是与孔令晟一起去面见蒋介石。蒋介石却呵斥了他们一顿："你们真是吹灯裹脚,瞎缠!"

两人情知不妙,敬礼之后,退了出来,然后悄悄地回了左营。

1957年春夏之交时,事情突然出现了转机。5月15日,蒋介石终于下达手谕了:"准予设立海军陆战队官科。"

这意外的收获真是应了那句古话:"踏破铁蹄无觅处,得来全不费工夫。"罗友伦立即令司令部第一处负责设置陆战队官科的工作。

第一处处长叫喻显群,他又把这件事交给副处长陈器去负责。

在美军顾问团陆战组顾问辛浦森少校协助下,陈器带着参谋冯成善、薛济民加班加点,先后拟订出《海军陆战队官科行析表》与《海军陆战队官科转任办法》(草案)。然后,喻显群将"大功"一捞,带着这些"成果"去向罗友伦汇报。

罗友伦说:"你放在我这里吧。"

随后,他拿着笔,一字一句进行修正后,再呈请海军总部转报"国防部"。

不久,陈器等人受命前去与"国防部"人事次长室协调。结果,方案获得次长毛景彪支持,遂签报参谋总长王叔铭核定。最后,王叔铭一锤定音,通过。

12月1日,陆战队3212名军官全部按照官科转任办法转任。陆战队的官兵阵营终于完全明朗了,当军官的走到哪,当兵的都得给立正、敬

1960年11月20日,蒋介石由罗友伦(右二)陪同坐LVT两栖登陆运输车巡视滩头阵地

礼,高兴得军官们大喊:"陆战队在国军体制上向前迈进了一大步。"而那些当兵的则说:"又像回到了大清,臣子得给皇上下跪磕头了。"

海军陆战队官科建立起来了,罗友伦又说:"人家美军陆战队的那一套旗章与服制,我们也得搞。"

建立官科后,罗友伦就要搞军旗了。陆战队自杨厚彩成立以来至今,用的是海军陆战队的名称,挂的却是陆军军旗,非海非陆。要走自己的路线,就要设计与海军、陆军完全不同的陆战队军旗。

这个设计任务,仍旧由司令部第一处负责。陈器等人花重金请来名家进行设计,交代说:"要参考陆、海、空军军旗及美国海军陆战队旗式。"

孰不知这些请来的"知名专家"都是些沽名钓誉的高手,名气很高,实际设计水平却很烂,不知道经过了多少次"反复研讨",也不知进行多少次"精心修正",提出了不知道多少种方案,也画了不少图案,似乎总挨不着边。折腾到后来,他们反倒责备陈器他们说:"你们搞什么独立,改什么啊,我们看是犯了犟劲!"

"你们话咋这么说呢!"陈器有点生气。

"你们海军陆战队本来就是两栖部队嘛,名字叫海军陆战队,行动打陆军的旗,咋非陆非海呢?其实恰好说明你们既陆战又海战,又是陆军又是海军嘛,两下兼顾有什么不好?强行去改,不是自己有意和自己犯犟吗?"

陈器一想,是啊,当初杨厚彩这样的决定,就是为了照顾陆战队的两栖性质,咋现在就成了非陆非海了呢?一朝天子一朝臣,他陈器如果向上报告反映这一说法,显然屁股坐在早已是废人的杨厚彩那边了。事不关己高高挂起,说那做什么呢?他报告处长说:"那些专家已是江郎才尽,实在是设计不出来。"

眼看是没办法了,处长只好带着陈器去向罗友伦报告:"专家说这种设计,史无前例,难度极高。"

罗友伦以为他们趁机索钱，说："给他们多开点钱不就够啦！"

"还不是这么回事，他们好像水平很臭，对设计这行当还没上路。"陈器如实地说。

罗友伦问道："你们请的都是专家？"

"都是，没有杂人，帮手都没准他们带。"处长回答。

罗友伦明白是怎么回事了，哈哈大笑说："这就是你的错了！谁叫你们去请什么专家，找个小人物就行啦。"

"为什么？"处长不解地说，"他们都是台湾有名的大家啊！"

"现在所谓的专家是什么？就是吹牛瞎搞的行家、骗子！你要什么结果，他就顺着你说瞎话，瞎比较，瞎论证，谁个有真本事？就说当初那个还打算竞选总统的胡适吧，当年在北平'剿总'礼堂架着广播做报告，说他通过研究历史，得出结论是：共产党打不过国民党，一年内就失败。结果呢？我们不到一年就跑到这小岛上来了！"最后，罗友伦一语道破，"那些所谓的'专家'，其实都是口才极佳的骗人高手。"

"难怪我看他们没创意，连起码的画功都没有呢。"陈器恍然大悟。

"那我们怎么办啊？"处长苦着脸，耷拉着脑袋问道。

"人都已经请来了，请神容易送神难，就算我们上了他们的当吧！"罗友伦接着裁示，"我看就采用美国海军陆战队队徽形式，加上全中国的地图及'国徽'，以作为本队各级军旗的图案。这样简单的活儿，他们应该没问题。"

随后，通过处长、副处长和参谋们的共同努力，终于将一个几近抄袭的图案呈报上来，罗友伦签字"可"，后来上面各级机关也表示同意。1960年7月25日，陆战队的军旗由"国防部"正式颁布施行。

这次军旗设计，"专家们"害得罗友伦的"正规化建设"耽误了不少的时间。当7月陆战队军旗正式由"国防部"颁布时，陈器已送走两位处长，自己由副处长升任处长了。当了处长，自然得有处长的大思维,于是他建议罗友伦说:"军旗是不是等到 9 月 16 日队庆时,再颁发使用?"

"好,好。"罗友伦表示同意,并且说:"我只管大事的,具体的工作你们去办。"

9 月 16 日,陆战队 13 周年队庆大会在桃子园营区大操场举行。操场上,军旗飘扬形成一片旗海,场面相当壮观。庆祝大会专门设置了一个授旗仪式,罗友伦亲自向连级以上各单位主官一一颁旗,最后,他宣布:"陆战队各独立营区竖立旗杆,每日早晚都要将单位旗及主官旗升降悬挂。"

随后,在次长毛景彪的支持下,"国防部"将陆战队旗章列入陆、海、空、陆战队旗章条例,印颁三军知晓。

陆战队有了自己的旗章,罗友伦说:"陆战队已经重建 13 年了,官兵穿的军装却一直让人觉得非常奇怪,你们看,军服是陆军服式,但军服钮扣、帽徽和腰带扣环都用的是海军锚徽,脚上穿的,是海军的黑色皮鞋与袜子。如此上半身陆军装,下半身海军装,官兵说一出门,就是花猫狐狸,连对象都不好找。因此,必须改革,必须统一!"

可是军服设计却不能照抄,司令部第一处遇到如同军旗设计时一样的难题,请来的"知名专家"个个是外行,行政职务很高,设计水平却很蹩脚,前后折腾了四年多的时间,才弄出一套勉强拿得出手的样式来。然后,经过罗友伦亲自修改

1960 年 11 月 24 日,蒋介石由彭孟缉、罗友伦、舰队陆战队司令苏扬志与师长袁国征等陪同视察"金陵演习"

后,才勉强定型,然后呈报到了海军总部。

可是海军总部总是说设计得不好,就这样式,没法批准。

怎么办呢?罗友伦犯难了。一天,蒋介石因为某事召见罗友伦。罗友伦灵机一动,立即叫上陈器说:"快,快,我们一起去见'总统'!"

陈器一个校级军官从来没机会去见"总统",疑惑地问道:"我也去'总统府'?"

"对,你以第一处处长身分陪我前往!不过,一定要穿上陆战队的新服式。"

原来,罗友伦是要他去当模特儿。

随即,罗友伦穿着白色礼服前往"总统府",陈器则穿着为海军陆战队新设计的服式随行。在会谈中,尽管人数不多,蒋介石始终没有注意到模特儿——陈器。他那身新装也没引起任何人的注意,哪怕一声"你咋这一身装束"的问候都没有。谈话到了最后,罗友伦不得不自己开口了,向蒋介石报告海军陆战队的未来服式。蒋介石抬头看了一眼陈器,连声说:"好,好。"

也不知蒋介石是真心说好,还是应付。但这"好,好"从他的嘴中一出,就是"圣旨"了,"不好"也立马"好"了。以后,还有谁敢说不好?海军总司令梁序昭闻讯后,立即找来人事署署长池孟彬,故意问道:"他们的报告已经呈上来了,你的意见呢?"

"老头子都说好,肯定好!"原来池署长的消息并不闭塞。

"那就将陆战队的服饰草案转报'国防部',免得他们说我们海军一贯办事拖拉。"梁序昭吩咐说。

1960 年 10 月,参谋总长彭孟缉主持"国防部"会议。陈器再随罗友伦北上与会。在会议上,他不仅再次充当模特儿,现场展示海军陆战队服式,还进行了必要的解释。他这么一解释,在座的装甲兵司令蒋纬国也马上说:"好,好!"

事后,陈器觉得很奇怪,对罗友伦说:"我们搞了四年都不看好这样式,蒋司令咋看一下就说好呢？"

罗友伦哈哈大笑："聪明人看一眼,傻子看一晚。"

"他是不是父亲说好,也跟着说好？"陈器还是有点"傻"地问道。

罗友伦不知怎的,却没有答话,拍拍屁股走人了。

不久,陆战队服饰案在"立法院"表决,全票通过。

1961年11月1日,"国防部"正式颁布陆战队服式并有领章、阶级、臂章、军帽、帽徽、钮扣、皮鞋、袜子、腰带、军刀等21种附件,各种规定十分详细、完整。从这一天起,陆战队官兵正式换上了新装。

然而,陆战队服饰改革的最大倡导并力促者——罗友伦却没有等到这一天。他已于12月31日调任参谋总部出任次长了。本来要升任陆军副总司令,据说蒋经国因他靠蒋纬国太近而没有同意。

罗友伦走后,当初在贵州独山时杨培申为"躲战"当过其副官的老团长——郑为元从陆军总司令部参谋长调任陆战队第五任司令。

05. "一次演习比台海战役只少死一人"的闹剧

郑为元于1961年1月1日上任,第五天,陆战队司令部就接到下面的报告："第1旅第4团第1营第1连发生不幸的事故。"

这事故的责任人就是第1连连长张亭举。

这张亭举当过何恩廷(何于1957年由第1旅旅长调任陆战队学校校长)的侍从官,由于"会做人处事",很得何恩廷的赏识,本来何恩廷要送他到美国"深造",谁知他因感染肺结核病,错失了良机,于是于1959年10月调任陆战队第1旅第4团第1营第1连当连长。

张亭举当连长后,雄心大发,决心为老长官争气,工作搞得呼呼

郑 为 元

响。1960年七八月,他曾带领加强连到基隆,专门给"国大代表"们表演悬岸登陆演习,官兵们在悬崖峭壁上攀爬,让观摩的"国大代表"兴奋得就差点没把手掌拍掉,围着小连长张亭举喊"张将军"。

"既然演习这么成功,"第1旅旅长林书峤说,"那就干脆让张亭举承担陆战队以后专为外界表演的任务吧。"

为此,12月,张亭举受命率领全连跑到东引悬崖进行攀登特种任务的演训以备以后专门表演。事先,他带着一班子人赴东引勘察地形,选择登陆海滩,确认一切没有问题了,向营长报告:"可以安全登陆了。"

"出发!"营长下达了命令。

1961年1月5日,张亭举带加强连约300人马,从基隆搭乘军舰来到东引正式进行演习。人算不如天算。他们万万没料想到东引这时气温在0度至5度之间,天气寒冷,加上潮汐变化,原先勘察时所选定的登陆滩头已被海水淹没,眼前海水一片。情况变化了,张亭举的脑筋却没变,一声令下:"抢滩!"官兵们却不敢下水,只好先放小艇。300名官兵乘坐着小艇去抢滩,慌乱之中,一个小浪头打过来,一艘小艇当场翻覆,在上面的六名士兵溺毙。

死人了,演习还继续进行。谁知祸不单行,在攀登悬岸时,又一名士兵因天冷缩手缩脚,稍一迟钝,手一滑,整个身子就往下掉。结果,人从悬崖上掉落下来,摔成重伤,随后不治而亡。

一次小演习,张亭举就造成七名士兵"殉职",不仅给老长官何恩廷脸上抹了黑,也给了新上任的司令郑为元当头一棒。

郑为元上任才五天,三把火也没烧一把,连屁股还没坐热,第一件大事就得去左营码头参加迎灵和主持殉职士兵追悼大会,气得拍桌子大喊:"陆战队在八二三台海战役,314名官兵参战,才8名官兵殉职;他一个小连长一次小演习就损失我7员精兵,一定要严查责任人!"

谁知一去细查,郑为元又像当头挨了一棒。

原来郑为元为合肥人,张亭举则为阜阳人,两人竟然是安徽老乡。

郑为元也是打过仗、经历过大风大浪的人,当过王牌军的军长,管过"国防部"的人事,什么事情都敢做敢闯,唯独这乡谊关过不了。如今遇上张亭举这克星,一下子如同脖子捆绑上了一根绳索,挣扎不出来了。

这郑为元为什么如此重同乡之情谊呢?

因为他能有今日,也完全靠安徽老乡们的鼎力相助。

回顾郑为元的仕途生涯,他可以说是沐浴着乡情"成长"的。他在1930年以一名中学生的身份考入中央军校八期,恰遇安徽巢县同乡张治中为教育长。张治中不仅对他重点提拔,留校为区队长,还亲自为他说媒。抗战前夕,他又被安徽无为老乡、训练总监部部长徐庭瑶公费送去意大利步兵学校进修;回国后,继续追随徐庭瑶在军训部、军政部为官。蒋介石败逃到台湾后,时为驻意大利大使馆武官的郑为元从罗马回国,被安徽庐江老乡、陆军总司令孙立人相中,先是任命为陆军总部编训署署长,接着派为戍守金门的第5军第14师师长,不到一年升任第一军团参谋长,八个月后提升为第2军军长。孙立人官大权大了,遭到蒋介石的怀疑,1955年8月以"谋反罪"将他拿下。孙案发生后,郑为元在名册上也被注上"?"。为此,他不得不去美国参谋大学读书避难。学习归来,他再次被军界安徽老乡郭寄峤、张国英等人高调捧出,三年三次飞升,1957年2月出任"国防部"第三厅厅长,第二年8月被任命为"国防部"人事助理参谋次长执行官,第三年改任陆军总司令部参谋长。这次调任陆战队司令,也是郭寄峤、张国

343

英等人的助力。可以说,郑为元人生每走一步,都离不开安徽老乡的帮助,没有乡情,也就没有他郑为元的今日。

然而,他万万没料到这次新官上任,竟然是安徽老乡当头给自己第一棒!恼怒之余,经过仔细考虑,还是决定以同乡情为大,放张亭举一马,于是变"惩处"张亭举为"营救"张亭举了。

与此同时,情知不妙的张亭举已跑去找老长官何恩廷求救。何恩廷是河北正定人,与郑为元也不陌生,说:"你是他乡党,出不了大事儿!"

果然,没过多久,陆战队司令部的事故调查结论出来了,责任不在连长张亭举,而是"不可抗拒的自然原因"——谁能料到那时的天气及潮汐会变化呢?张亭举没有丝毫责任,因此也不受任何处分。

张亭举如"崂山道士"一样,从蒋家王朝"森严"的制度壁垒中穿墙而过,不仅无过,反而因此结识了同乡司令。第二年2月,他调陆战队学校初级班受训,学成归回来后晋升为少校。张亭举在郑为元等徽籍老乡的提携之下,在陆战队步步高升,后来竟然当上了陆战队副司令,获授中将军衔,创造了一个军界奇迹。

但是,他还算没有丧失自己的良心。后来尽管当了副司令,却一直为当年那次事故中自己的"鲁莽"后悔不已,说:"责任虽不在我而未受处分,唯我却引以为军旅生涯的一大憾事。"这是后话。

张亭举身为长官,鲁莽行事,指挥失误,导致七人毙命而无任何责任,这让正在陆战队学校专修班担任区队长的梁赤新闻讯后大为不平。

梁赤新逃到台湾后,虽被连长陆现玖因"没逃跑"而升为一等兵,但境况并没多大的改善。第二年,他升为上等兵,并代理副班长,被派到中程军舰,名为海训组组员,实际负责监视舰上官兵,防止他们逃跑。"由我来监视逃兵,真是才尽其用啊!"他自己都觉得很搞笑。任务完成后,他回到陆战队继续瞎混。因为没有后台,难以提拔,一直在

队员底层荡着。1957 年 6 月,营长于维渊见他还是个上士班长,说:
"你搞了六七年还是个班长,我保荐你去报考陆战队候补军官班吧。"

为了应付考试,梁赤新准备了两个星期。参加考试,笔试过了,接
着,参加口试。口试由陆战队学校校长王洽南亲自进行。梁赤新早就
听说他是山东老乡,非常照顾鲁籍官兵。在口试时,王洽南果然开口
就问:"是哪里人?"

梁赤新立即回答:"山东蓬莱。"

王洽南便说"很好!很好!"

接着,他便用红笔在考生名册的梁赤新名字旁边划了一个小圈。

王洽南的口试,就这么一个"问题",梁赤新顺利地通过了。

梁赤新进入候补军官班后,读了六个月,按照他本人的话说:"那
可说是阳春教育,没有学到什么东西。"结训时,梁赤新不想再回原单
位。因为受训前,连长胡克耀已逼着他交出了班长之职。谁知上级仍
要他回到原单位待派实缺,他没办法,只好再次回到了驻防高雄小港
的"老 5 连",军阶还是个上士,只是这一场学习反而把班长给丢了。

丢了就丢了吧,梁赤新早就对这些东西想通了,淡泊得很。好在
这时连长换人了,是当初梁赤新入伍时的老排长邹证。然而,这邹连
长来到这小岛后也是活得不痛快,工作、感情均不顺意,而且还得了
肺结核。时间一长,因为境况相同,两人成了难兄难弟,几乎无话不
说。

梁赤新回到"老 5 连"时,邹证正与一位梁姓小学老师谈恋爱,梁
赤新没事可做,干脆给他俩当信差。谁知这"落难哥们"关系竟然又无
端惹祸。

6 月的某一天,部队给官兵们打预防针。这预防针的副作用不
小,梁赤新打后就发高烧,几个小时前还好端端的一个人不得不直挺
挺地躺在床上休息。当晚,邹证跑到寝室来找梁赤新,好像要和他商
谈什么事情。梁赤新被这预防针折腾得头昏脑胀,整个人都好像在云

1961年春,"天山演习"中舰队陆战队司令部司令苏扬志(左)与陆战队司令部副司令王洽南将军商讨演习事宜

里雾里,只隐约感觉他来了,昏昏沉沉的,没有起床。邹证见好友竟然不理睬自己,很生气地走了。

过了一会儿,他的卫兵惊慌失措地跑了过来,大声地说:"邹连长举枪自尽了。"

"咋?"梁赤新一下子猛醒过来,呼地站了起来。

"邹连长举枪自杀了!"卫兵告诉他说。

"他为什么要自尽?"梁赤新不解地问。

"我也不知道。"

卫兵不知道为什么,宪兵却知道第5连连长自杀,马上赶来了一队人马。荷枪实弹的宪兵竟然冲进梁赤新的寝室,对着还发着高烧的梁赤新嚷道:"起来,起来!跟我们走!"

梁赤新发着高烧,被他们莫名其妙地收押起来了,先是关在师部看守所,后来转到了司令部看守所,前后在看守所被关了四个月之久。一天,他突然被通知:"你无罪释放了。"

梁赤新反问军法官:"你们为什么要关我?"

法官的回答让梁赤新大吃一惊:"因为顾及你与邹连长私交不错,怕你会受到邹连长自杀一事的影响想不开,也做出什么傻事来,所以把你关起来。"

"天啊,天下还有这样关人的道理!"

梁赤新气呼呼地离开了看守所,再次返回了"老5连"。

回到"老5连"后,他还是没什么事情可做,只是偶尔打打零工,第二年被师部副官组组长白松然看中,调派他到师部副官组,至此,梁赤新才告别待了近十年的陆战队第2团第2营第5连,带着一个上士证到了师部副官组。后来,几经辗转,他终于升了上尉,并调陆战队学校专修班担任区队长。

梁赤新将自己十多年的青春"奉献"给了陆战队,至今连个老婆都没有。现在听说张亭举出了七人死亡的大事故还毫无责任,想起自己当年因连长自杀而被平白无故关押四个月的往事,更是心灰意冷。可是强权之下又有什么办法呢?他没什么靠山,无力回天,只好成了"愤青",逢人就说:"危邦不入,乱国不居,还是邹连长走得有勇气。"

郑为元入主陆战队后,手下那些安徽小同乡、黄埔小学弟,全部得到提拔和重用。而像梁赤新这样没有背景的"老队员"仍是靠边站,混一日算一日,做一日和尚撞一日钟。

不久,郑为元当年的老侍从副官杨培申从美国军校学习归队,随即被任命为司令部代副参谋长。次月,他被发布为陆战队王牌——第1旅第4团团长。不久,又调任新兵训练中心指挥官。未及半年,他突然被选调到石牌革命实践学社联战班受训一年,回来后,出任第1旅副旅长。为此,杨培申将郑为元列为自己第二位"我最敬爱的长官"。

06.陆战队司令部"独立作业"了

罗友伦的正规化没有实现他将陆战队从海军"独立"出来的预想,虽然他从陆战队走人了,但他的一系列"独立"行动却引起了蒋介石的关注。在陆战队换上新的服装不久，1962年初，蒋介石突然写下了一个"陆战队独立作业如何？"的手谕。

这是什么意思呢？

就是说，如果陆战队从海陆空三军中独立出来，成为一个隶属于"国防部"的独立单位，那又会如何呢？"国防部"回答不了，转交海军总司令部研办。

铁打的营盘流水的兵。此时梁序昭已经走人了，黎玉玺已接任总司令之职。他对老头子的这个指示十分重视，马上召集陆战队司令郑为元进行商量。

陆战队一旦"独立"，财权、人权就可由陆战队司令部自己一手掌控，这就是为什么历任陆战队司令闹"独立"的根本原因。郑为元自然是主张"独立"的。当黎玉玺找他商量时，精明的郑为元立即说："老头子既然问'独立作业如何'，自然准允我们'独立作业'了。"

"老头子准允，我岂能像其他人那样拦你们！"黎玉玺也顺水推舟。

"下一步工作，就是该如何独立作业的问题，请总司令明示。"郑为元说。

"既然你们要独立了，我还参与什么，你们自己搞就是了，我一定支持。"

这样，郑为元就得自己去搞了。

这陆战队"独立作业"并非简单拨弄拨弄几下就行，等于要新建一个小总部。而陆战队的将官军衔一直较低，就是司令原来也一直是少将打止，几乎成了多年不变的惯例。司令只是个少将，手下的喽啰们级别更低了，在陆战队中，一个大校就是"高级将领"。难怪他们一到海军总部办事，动辄就受到呵斥。现在要升级了，可陆战队司令部这些参谋们军阶低，历练少，如何具备总部一级的建军、备战、策划与施政的能力？机会稍纵即逝，不抓住，就可能永远失去。于是，郑为元决定霸王硬拉弓。

郑为元终究是受过参谋业务训练的，仔细挑选了两人具体负责谋划，一是第三处处长曹正梁，一是第四处处长屠由信。因为两人都是"老陆战队员"，情况熟悉，又在处长任上与海军总部多次打过交道。

屠由信

谁知曹正梁接受任务后，就几乎傻眼了，对屠由信说："这千斤重担，我们两个小处长又如何担得起？"

屠由信一贯脑子灵活，倒是轻松地说："办法总比困难多。自己不行，还可以去借力嘛！"

"借力？借谁的力？"曹正梁疑惑地说，"几个总部见我们要分出来，都恨死了，谁还愿借力给我们？"

屠由信没有回答他，只是大喊了一声："走！"

曹正梁木头似的跟着他"走"。他被屠由信径直带到了美军顾问团陆战队小组住室的门口。曹正梁终于笑了："你这个老精鬼！"

原来屠由信这些年与美军顾问团陆战队小组一直协调有关军援计划，接受任务后心想，把美军的那一套搬过来，改改换换不就行了吗！因此对建小总部之事并不担心。

两人到了门口，曹正梁还是有些疑问："美军顾问会帮这个忙吗？"

屠由信神秘一笑说："你就看他们吧。"

进门后，两人把来意一说，曹正梁的担心果真是多余的。美军顾问傅雷瑟上校笑嘻嘻地说："我们乐得参与其中，有什么要帮忙的我们全力相助！"

与美国顾问团陆战小组接上头后，抄袭谁还不会呢？一切难题都

60年代初,国民党海军陆战队参加"雄狮演习"

迎刃而解。

事后曹正梁忍不住问屠由信:"你咋知道美国盟友会这么慷慨呢?"

屠由信说:"美国佬巴不得借此洞察我们陆战队的秘密,因此我推断他们肯定乐意帮忙!"

"你怎么看出来的?"

"1951年7月上旬,在一次酒会当中,美国顾问团团长戴伦突然询问参谋总长彭孟缉:为什么台空降团及陆战队不按年度计划训练,且兵工厂日夜加班修理武器。同年8月9日,美顾问团的成员不顾宪兵的阻止,硬闯'国光计划室'位于三峡阳明营区的'成功计划室'查看,并派直升机飞抵上空进行盘旋侦察。你不记得吗,陆战队的美籍顾问不是每周清点我们的两栖登陆车的数量吗?现在有这样可以洞察我们秘密的好机会,他们自然不会错过!"

"哦。"曹正梁明白过来了,又不无担心地说:"那我们现在这样做,岂不让他们掌握了我们的军事秘密?"

屠由信说:"这些年他们帮我们协防,大的东西,基本上都知道了,我们也保不住。不过我们还可以暗中留一手,有些东西还得保密,别让他们知道就是。"

"责任重大啊!"曹正梁啧啧舌。

1964年,两人带一帮子参谋终于弄出一整套陆战队"独立作业"的办法,经郑为元审定后,由海军总司令部呈报"国防部"。不久,"国防部"正式令颁《海军总司令部对陆战队司令部政策管制与独立作业权责划分办法》。

就这样,陆战队虽在海军总司令部的管辖之下,但自主权大大增强,陆战队司令的财权、人权比以前大多了。

权力导致腐败,这样的分权自然也为陆战队的腐败埋下了隐患。

郑为元将陆战队的独立大大推进了一步,8月31日,在安徽老乡们的提携下,郑为元升任第一军团司令。9月1月,他的凤阳老乡、陆军总司令部参谋长于豪章又打回陆战队,出任第六任司令。

于豪章上任后,又策划陆军第81师与陆战队第1旅并编,第二年9月,两部编为陆战队第2师,师长为张振远。第1旅旅长孔令晟被蒋介石钦点为陆战队第1师师长。这样,陆战队达到了两个师。每个师均比照美国陆战队编制,各有1.6万名员额,陆战队一个师人数及火力远超过陆军一个重装师与一个轻装师之总和,为世界上最大的五个大型师。这样,陆战队加上所直属的陆战队士官学校班指挥

1968年10月29日,国民党三军联合两栖登陆作战演习——"南京演习",蒋介石以望远镜观看部队演习实况。右一佩戴望远镜站立者为陆战队第2师师长张振远

部、跆拳班、化生放防护班及步兵班等四个单位,新兵训练中心增加第四营及工兵、通信连,官兵达到39886人。

1968年1月10日,于豪章离职,升任副参谋总长。之后,袁国征、何恩廷先后出任第七、第八任陆战队司令。

07.戍边东沙岛

1975年6月16日,孔令晟出任陆战队第九任司令。

7月,海军陆战队第99师第658团第412营奉命前去戍守高雄管辖的东沙及南沙两岛,其中,第1连派至南沙岛,其余各连去东沙岛。

东沙岛位于北纬20度,东经116度,距离高雄430公里,为东沙群岛中唯一出露海面的陆礁岛屿。一听要去戍边,营长陈圣铿就慌了,对手下副官说:"宁可不升官,也不愿到东沙岛去。"

"为什么?你不是常说要去保家卫国吗?"亲信副官奇怪地问。

"去了那里,我自己这个小家庭怎么办?"

之后,陈圣铿经过大力奔走,终于抢在部队出发前调到了其他单位,第99师师长屠由信亲自改派郑举常接任营长之职。

第412营营长陈圣铿忙着要调动走人时,第658团团部训练官刘添锡却主动找到团长报名要求去东沙。团长刘权十分奇怪:"你犯傻啊,连陈圣铿都闹着要走人,你还主动要去那鸟不拉屎的荒岛!"

"没办法,实在呆不下去了,我宁愿去戍边!"

原来这刘添锡与团部作战科科长王明雄处不来,可又斗不过他,因此宁愿去戍边也不愿在他手下混了。

经过几个月的整训,1976年1月22日,第412营官兵进驻左营海军两栖基地待命。1月24日上午9时许,陆战队副司令黄光洛校阅了接防官兵。中午大会餐。下午1点半,全营登舰出发。

经过将近一个昼夜的海上航行,第二天下午黄昏时分,运输舰到达了东沙岛,陆战队第412营官兵抢摊上岸。上岸后,他们与原驻防部队换防交接。原守防部队也是海军陆战队。可是由于第412营到达太晚,他们得等到第二天海水涨潮时才能离开东沙岛。结果,双方发生争执。要移防的该营部军官坚持要睡一晚再走,并且说:"我们尚未交接营房,在走之前才交接营房。"

而第412营初来乍到,说:"我们在大海上颠簸了一天一夜,晃得难受,我们接防了阵地,就得住营房!"

究竟由谁睡这一夜营房呢?双方争得面红耳赤,几乎就要动手出演武行当了,营长郑举常只好打电给要移防营长说:"你们已经将行李打包了,而且物品还要运到军舰上,如果今晚还睡营房,明天来不及啊!"

"这,不可能吧。"

交涉无果。

郑举常正犯愁时,对方营长又打电话来了,说:"由你们睡营房吧!"

原来他计算了一下涨潮时间,如果不连夜搬运那些坛坛罐罐,明日还真的来不及了,因此才终于让步。第二天,他们早早就乘舰返回了台湾。

东沙岛界碑

第 412 营官兵到了古道之上，谁也不知要去做什么事。1 月 26 日上午，营长的传令兵林雅嘉闲着没事做，对训练官并兼任作战官的刘添锡提议说："出去走一走吧。"

两人在海边走着。天空海蓝，初到岛上，他们对一切都十分新奇。东沙岛不太，约四个小时就可绕岛一圈，海边是细白的沙。二人边走边捡贝壳，贝壳很多，还是活的。刘添锡说："我们捡回去煮来吃如何？"

"好呀！"林雅嘉说。

"站住！"忽然，有人从前面树林中冲出来，拦住了他们。

两人一问，才知道岛上还有"国防部"情报局的人驻防。前面是他们的基地。情报局的特工告诉他们说："这是我们的驻扎区域。如果有人闯入，可以直接开枪射杀。"

"我们刚来，不知道那里是禁区。"

"没有关系，以后不要闯了！"

刘添锡简单的问一下他们驻守的范围，就往回走了。

事后，刘添锡才获知东沙岛上还驻有陆海空三军部队。第二天晚上，海军的某部队长见陆战队初到岛上，没有抓鱼的经验，派人送来了五六条鳗鱼。营长另一传令兵郑荣富煮了一大锅鳗鱼汤，叫来营部的官兵。众人从没吃过这么美味的鳗鱼，将一大锅鳗鱼吃了个精光，人人吃得笑容满面，"嘿嘿"地说："陈圣铿真蠢，我们到东沙，是来对啦！"

第三天晚上，大家再煮一大锅，可没有昨日的狠劲了，吃后还留下了一些。第三次再煮，只能吃下半锅了。在岛上，没人会烧烤鳗鱼，吃了一星期，就没什么胃口了。郑荣富见大家吃不下了，说："再来煮鳗鱼好不好？"

大家异口同声说："不要了。"

随后，第 2 连连长派士兵给营部送了 20 来斤莺歌鱼。

"这可是珍品啊,哪里来的?"炊事班问。

"刚捕到的,附近很多。"

第2连官兵之所以送鱼到营部来,是有目的的,就是希望郑举常准许他们下海去捕鱼。郑举常有鱼吃,自然也就不管下海捕鱼的事了。

于是,营部改吃莺歌鱼。莺歌鱼头像莺歌鸟的头,颜色也是青绿色,蛮可爱的,杀来吃有一点残忍。刚开始吃时,也是很好吃。吃过三四次后,众人又像吃鳗鱼一样,谁也没胃口了。后来改吃黄鱼,再改吃干贝及宝塔螺,再改吃龙虾,官兵有着吃不完的台湾吃不到的海产宝贝。

一切都很新鲜,士兵本来就没什么事情,天天去海边抓鱼。谁知一天中饭后,第3连有人背着一名士兵进营部来了,惊慌地说:"快,快,他不行啦!"

众人一问才知道,原来他们两人一起下海抓鱼,突然一人被鱼刺到,倒在海水里就昏了过去,另一人见情况不对,立即拉他上岸,急急忙忙地背了回来。

众人立即背着他去了医务室。

医务室主任为少校医官,不久就把该士兵救醒过来了,至于为什么人被鱼一刺中就晕倒过去,他也说不清楚。后来,他们将该鱼拿给岛上专门捕鱼的人看,那人说:"那鱼的背上有二根刺,刺到的时候很痛。该鱼并没有毒,很好吃。"

尽管各种各样的鱼实在是很好吃,在岛上呆了约一个月后,冰箱内放的都是第一流的海鲜,竟没有人想吃了。不过,人倒胖了不少。

既然是来戍边守岛,自然也有责任。

按照规定,每一个士兵每天都要站一班卫兵岗,有的站白天,有的站晚上,轮流去站,不能依自己的意愿,并且站岗时不准睡觉,一旦被查哨的查到睡觉至少要判刑一年半。第3连第五据点有个姓蔡的士兵,绰号叫"土公"。在当兵前是个街头小混,入伍后常在班上吹嘘说:"嗨,我经常奉老大之命去打架、围场、闹事,甚至杀人。出了事呢,老大就出面去谈和,很多次都逃掉了⋯⋯"说得神乎其神,眉飞色舞。谁知到了东沙,他竟不敢晚上站岗。这站岗是没人可以例外的,连长没办法,只好派几个士兵将他抬出来,结果他瘫坐在地上,站不起来了。连长也气得几乎倒地,喝道:"以敌前抗命办他!"将他押到营部。

营长郑举常问他:"你为什么不站卫兵岗?"

"不敢夜间站,想站白天的!"

于是,郑举常讲他当年在陆战队打东山岛的战役来鼓励他,可是仍然没有用。恶人竟无胆,怎么办?营辅导长吴贝章是个老好人,见遇上这样一个犯浑的,知道谁也拿他没办法,于是出面打圆场对营长说:"福利社欠一个人手,就派他去福利社帮忙吧!"

这才解决了"好汉"不敢站岗的难题。

士兵要站岗,营部军官要查哨,除营长外,每一位军官都不例外,并且查哨时间是晚10时起至次日清晨6时。军官查哨时带一个士兵,自己带手枪,士兵带步枪。谁知这营辅导长吴贝章也只比这"蔡瘫倒"强一点儿。他每次查哨,都要带两个兵。可营部规定只一个兵给他带,怎么办?他就在自己管辖的伙房找炊事兵,晚上随他去壮胆。

东沙岛是由贝壳及珊瑚礁的壳经过千万年堆积形成的小岛,海水清澈,是人间净土,但是也很原始。岛上的电全靠发电机发。发电机马力不足,只好分区轮流供电,每两小时停电一次再供电一次。资源一紧缺,就出现腐败。于是,小小的东沙岛上常常出现一个连或排彻夜灯火通明,而其他该供电的连排却是漆黑一团。原来是这发电所长大供"人情电",哪个单位送的礼多,就多给谁供电,没送礼的,干脆让他们"生活在黑暗中"。这下引起了一些人的不满。

一天晚上,第2连第2排又摸黑了。排长叫黄清贵,大为恼火,突然一拍桌子:"全排紧急集合!"

东沙岛上中国宣示主权的石碑

全排士兵背着枪站好后，他宣布说："海军的发电所已经被敌军占领了，马上整装救援。"

第2排距发电所才300米，不到五分钟，全副武装的第2排就把发电所死死包围了。这吓得所长魂飞魄散，没过三分钟，第2排的营房开始供电了，部队撤回。

可是，这发电所所长也不是好惹的，见黄清贵走了人，马上电话打到东沙岛指挥官那里告状。指挥官又打电话给营长郑举常："你要亲自查一查，严肃处理！"

郑举常大怒，打电话给第2连连长吴少华："岂有此理！"

吴少华见事情闹大了，急忙赶去第2排。这时第2排士兵尚没卸装呢。他直接将排长黄清贵和整排士兵一起带到了营部。

这时郑举常已把营部诸官全部叫来了。他当着众人的面，质问黄清贵："为何全副武装去包围发电所？"

黄清贵知道事情闹大了，不敢说话。连长吴少华以为营长要"法办"排长，武装暴动的罪名可不轻啊，连忙"抢责任"说："是我下令叫

357

1974年5月,国民党海军总司令宋长志(左二)莅临陆战队田翠营区视察。右一为海军总部副参谋长马纪友、右二为师长屠由信

第2排出兵包围发电所的。"

吴少华是郑举常的铁杆手下。郑举常自然知道他不可能如此去做,于是一再"警告"他说:"吴少华,你要自己承担责任吗?你知道罪有多重吗?"

"这……这……"吴少华吱呜其词。

郑举常将吴少华大骂了半小时,最后说:"改期再调查,先滚吧!"草草了结了此事。

"见证"了这场"葫芦僧乱判葫芦案",训练官并兼作战官刘添锡和营辅导长吴贝章却没有睡意。两人回到住处后一起喝酒。吴贝章明察秋毫地说:"其实这个黄清贵是泰拳二段,他一个人就可以摆平整个发电所,可能是喝了酒,人在东沙日子苦闷,一时情绪失控了。"

"是呀!在东沙,要能控制自己情绪啊。"刘添锡说,"否则,单调生活,加上年轻气盛,再喝点小酒,枪和子弹就在身旁,不知就要发生什么事。"

"生活太单调了啊!"吴贝章叹息着。

刘添锡知道他的老婆很漂亮,说:"想老婆了吧,没办法,那就多看看书吧!"

"我可不爱看书,没意思!"

东沙岛部队有一个图书馆,刘添锡告诉吴贝章说:"图书馆书虽然不多,但很多书是台湾的图书馆没有的。我看到一本书写有关蒋经国到苏俄的过程,你说怎么着,蒋经国曾到法院告'蒋总统'和宋美龄重婚罪呢!"

"哦,有这事?"

"可不。但是地方法院驳回了他的诉讼。蒋经国气愤之余,认为在中国已没有法律与正义,因此决定到苏俄留学。当时吴稚晖对他说:你回去思考三天,再决定是否还是要离开中国。过了三天,蒋经国气仍未消,就起程去了苏俄。哎,你想如果当时法院判了老蒋和宋美龄重婚罪,小蒋就没有到苏俄的过程了。小蒋一到苏俄就大肆批评老爹。后来呢,被苏俄送去劳改。老蒋派人到苏俄,找到了穷苦潦倒的小蒋,透过他与苏俄的关系将他弄回国。小蒋虽一再攻击老子,但他们毕竟是父子。如果没有老蒋派人去救小蒋,小蒋一定会死在劳改营。人生都是经历呀。"

"还有这样的书?"吴贝章惊讶地说。

"你不看书,自然不知道了。"

时间一长,新鲜感一过,小岛的生活就变得十分枯燥。而多数人没找到如同刘添锡那般的"看书解闷术",或者和吴贝章一样没兴趣去看书,于是在小岛上呆一天,忧闷一天,心情越来越阴忧、烦闷。

7月的某天,天色昏暗,晚7时半左右,第一据点的哨兵突然发现第九据点靠近内海地方有灯光在闪烁,好像有人打信号。为了抢功,他竟然不向排长请示就立即向东沙战勤中心报告。

战勤官接到报告,立即电话报告指挥官。

这指挥官接到报告,赶紧坐上吉普车,急急赶到第一据点。一下车,他又发现第一据点出海口的海边似有大脚印,立即下令发电报给海军总部,报告说:"有一班的部队已经摸上了海岸,我已派部队,正在搜索中。"

可他哪"已派部队,正在搜索中"呢?只有他一个光杆指挥官带着几个卫兵在查看现场呢!接着,他亲自打电话给陆战队营长郑举常:

"有敌情,你马上带兵赶到第九据点来!"

郑举常命令时任执星官的第 3 连连长说:"将营内的部队在机场紧急集合!"

这时第 412 营除派出去站岗的士兵外,全营只有 70 名左右的官兵。事发突然,士兵紧张得不得了,暗叫起来:"呀,也许这回就要命丧东沙了啊!"

第 3 连连长下令士兵:"蹲下,装子弹,关保险!"

"砰——"突然有人开枪了。情况更紧张了,连长强作镇定,大声喊道:"关保险!"

谁知那名士兵更紧张了,再扣扳机,"砰"一枪又射出了。刘添锡是训练官,士兵训练不精就是他的责任,他马上走过去。那名士兵更慌了,刘添锡轻声说:"关保险。"见他还是动不了,干脆自己直接替他关了保险。

随后,六七十个官兵,由郑举常率领着,每人之间相隔五米左右的距离,从机场往第一据点方向开始搜索前进,忙到晚上 9 时左右,并没发现任何敌军的踪迹。郑举常只好下令收队。

回到据点,郑举常怕这次搜索"不干净",便带着士兵直接进入作战位置,准备"作战"。

这时候指挥官向在台湾的海军总司令部报告:"没有找到敌兵!"

没找到敌兵,并不等于就没有敌兵。海军总司令部反而随即发布进入第二战备状态,下令马上召回各地放假的官兵,并通知东沙岛指挥官说:"已派出五艘战舰自左营出发,将停在东沙十海里之外,看状况发展。东沙是前线,当晚你们全部进入战争状态。"

于是,东沙的守军每人发一日的干粮及一把 30 步枪,加上每位士兵原有的武器,每人都有两种以上的武器。但海军及空军的士兵第一次使用 30 步枪,要先装上子弹,看看枪的扳机在哪里,当晚"砰砰"的枪声此起彼落,像过年放鞭炮一样。而陆战队有人则在战壕里开始写遗书。

刘添锡在战勤室值勤。海军方面的士兵目不转睛地盯着雷达，不断向他报告各地的最新状况，称在几点钟、什么方向、距离约几海里有一个目标，但不是向东沙靠近……几乎所有人全都围到雷达银幕旁。那边紧张万分，这边刘添锡却一点也不紧张，还是照往常一样，在11时左右准时入睡了，只是将手枪和30步枪及子弹放在枕头旁。

他为什么如此"处惊不慌"呢？后来他得意洋洋地对人说："我平常训练的兵都是一流的，中共恐要一个师以上的部队才可吃下东沙，因此信心满满，一觉睡到天亮。"

连枪声都没听到，他刘大训练官训练的"一流士兵"连关保险都吓得连放了两枪，这样的"一流士兵"能抗得住"中共一个师以上的部队"吗？他这满满的信心到底是从哪来的，谁也不知道。

他刘大训练官不怕，台湾这边的高层大佬们却怕。

海军五艘战舰出发后，临时任命的东沙战地指挥官从各路电报讯号拦截的情况判断中共并没有出兵的迹象，只好下令先在东沙外海待命，可是，待命也没发现中共军舰"围攻"东沙的丝毫迹象，于是，他们干脆返航回左营军港了。

在战舰回航之时，陆战队副司令黄光洛正在频频地以电报与东沙指挥官确认事发的全过程。这黄光洛在大陆时期也是上过战场打过仗的，这电报一来一往，他突然明白过来了，脱口而出："中共不可能派一个班的部队直接上岸找死！"

可是，陆战队司令孔令晟却不同意他的这个说法："你咋就知道共军不可能派一个班来打东沙呢！"

为此，实干的黄光洛立即决定前去东沙进行现场调查。

第三天下午，黄光洛坐着C130飞机来到了东沙岛。陪黄光洛前来东沙岛的，单单上校就有八人之多。

黄光洛下了飞机后，从第一据点的士兵的报告、指挥官到现场的过程重新调查了一遍,前后时间不到一小时,最后说:"在第九据点有人在玩火,谁干的马上站出来自己承认,绝不追究!"

可就是有人在那里玩火,谁又会犯傻去承认呢!结果,没有人站出来自己承认。黄光洛发怒了:"命令第九据点的人到东沙大王庙一个一个跪下发誓!"

然而,发誓归发誓,天打五雷劈,还是没一个士兵承认自己玩了火。指挥官也一再地喊:"玩火事小,黄副司令是中将,他保证绝对不会处罚任何人,只要承认就行啦!"

但官兵还是没人承认,谁傻呢?黄光洛继续保证,说凭他的身份在士兵们面前说了话,吐了痰,事后绝对不会反悔。但谁能保证他手下的指挥官及营长或连长们不反悔呢?他把当兵的当傻子玩,当兵的也个个是老油条,谁也不上当,有人还嘀咕:"既然不追究,那何必一定要某个玩火的人去承认呢?就是有人玩火,也不能据此定罪谎报军情啊!"

这嘀咕的意思是,事发现场的哨兵乃至当时赶去的指挥官才有责任,因为他们在谎报军情。黄光洛打苍蝇而不打老虎,一味地逼着当兵的去承认是自己玩了火,意在何为呢?士兵们谁都不傻。结果,黄光洛没有查出"真相"。

第二天上午,全岛部队召开军事汇报会,检讨整个事件。官兵们都觉得除了应检讨当时士兵向指挥部报告后指挥部处理的程序和指挥官们所犯的错误外,其他人没什么可检讨的。但是,黄光洛副司令还是开了整整一个上午的会。

开完会后,他又带着众人前去看据点,要把岛屿上的据点一个个重新看一遍。他边看边对军官们说,东沙的碉堡设计是以防御为主,碉堡机枪射口小,被攻击的范围小,因此,全岛的防御火网尚有缺口。于是,他边巡视边现场指出哪里哪里不行,哪里哪里要作部分修正。训练官兼作战官刘添锡拿着大本子紧紧跟着,作图写编号。

黄光洛一行人离开东沙岛后,刘添锡找来工兵连一个一个地修改射口,在大热天,整整忙了一个月。

这一谎报军情的事件就这样过去了。

年底,第412营营长郑举常因为守备东沙岛"表现优异",被选为年度"国军英雄",记了两个大功两个小功;负责修改射口的训练官兼作战官刘添锡只记了一个嘉奖,工兵连没有奖励。事后,新任营辅导长孙金福为刘添锡打抱不平,说:"在东沙

黄 光 洛

就你个人还干了点事情,带着工兵连把射口改好了,其他人谁做了什么事情? 我看一切成绩归长官,完全是奖罚不公!"

刘添锡说:"算了,军中就是这么一回事,能平安就算是万幸。"

"是啊! 总比1974年的那事儿要幸运得多!"孙金福倒也认同了他的这一处事方式。

谁知刘添锡却立即警觉起来了。营辅导长吴贝章通过送礼,终于调回台湾,和漂亮老婆团聚去了,孙金福才上任没几天,咋知道自己"1974年的那事儿"? 忍不住问道:"你咋知道1974年那事儿?"

"咋不知道呢? 你的安全记录档案上写着'1974年年初,该员守防屏东山地门哨所时擅离职守'。"孙金福回答说。

"天呀! 当天是营部的士兵放假太多,连辅导长说营辅导长要我带兵回林园营区参加营部的莒光日活动,充充人数。"刘添锡立即喊起冤来,"结果呢,团长在莒光日没有事干,开车到各个哨所巡察,我当然不在,竟然还落得'擅离职守'的记录! 就这么回事,难道我还要被冤枉一辈子?! "

"军旅生活,也就不过如此。当兵,也不见得每人都幸运,只要平安就好。"孙金福这会儿对"平安当兵"有深刻的体会,随即又劝刘添

锡说:"就说指挥官吧,被派到东沙岛,本来是准备回台湾接任副师长少将缺的。因为发生谎报中共一小班登陆事件,升官的事情可能黄了。"

刘添锡也释怀了,附和着说:"是啊。我看,他只有选择退伍了。"

尽管谁都知道这指挥官的前途因为 7 月份的谎报军情事件完全断送了,可他本人却还浑然不知,依旧"努力工作",除了将功补过外,还幻想着那副师长之缺,为此,1976 年新一年开始后,他先是天天带着陆战队战车排与第 412 营官兵搞步战军事联合演习,接着,又连续两个月进行夜间火炮试射演习。每次演习完毕,他比谁都高兴,逢人就说:"东沙岛的防御能力,远远超出我的预期,东沙的每一个碉堡的射口我都看过,大部分射口也都由我亲自修改过,形成绵密防御火网,无恃敌之不来,应恃吾有以待之。"

众官兵演习累得要死,除了骂娘之外,谁都对他的这些屁话不感兴趣,事后想起则当做笑料传讲。

因为岛上生活太枯燥,陆战队每个星期六晚上都放电影,官兵集中到聚水坪上看露天电影,影片本来就差强人意。平时,遇有飞机经过,全岛还要全部熄灯,也不能抽烟,以防敌人发现。看电影时也难免有时会有飞机经过,飞机叫声一响,电影马上就暂停。士兵们又骂起来了:"敌人会连这么大的东沙岛都看不到吗?"

指挥官怕晚上官兵不易管制,规定从下午 6 时以后,海边就不能有人钓鱼,否则就追究哨兵的责任。其他部队的官兵都不以为然,负责站岗放哨的陆战队却不一样,生怕因此去承担违反军纪的责任。因此,这个规定一出,第 412 营从营长到连长,从连长到排长,再到哨兵,人人都觉得压力大。

第四据点有一大片的海岸,是钓鱼的好地方。一天,海军某部队的一位士兵到了晚 6 点多了,还在钓鱼。陆战队的哨兵从远处大声叫:"钓鱼的士兵上岸!"但任凭他喊破了嗓子,该海军士兵就是不听。

哨兵火了,对着海面连续开枪,突然那海军士兵撒腿飞奔起来。

他奔跑的速度可能已破世界记录。

到了指挥部,他脸色惨白,手里还拿着钓竿,但已

1976 年 1 月 17 日,"国防部"总政战部主任王升视察陆战队两栖专长训练情形

无法陈述"事实"。某处长立即缓和他的情绪,叫他有话慢慢说,他激动地说:"被第四据点哨兵开枪射击!"

这下他却没好果子吃,指挥官不仅没一句安慰,而且大骂:"没有将你击毙,是你的好狗运。"

从此,下午 6 时以后,没有人敢在海边钓鱼了,陆战队的压力小了不少。

晚上鱼不许钓了,电影也不是天天晚上放,就去看电视吧。军人之友社社长陈茂榜送了很多电器,除了冰箱外,电视机也不少。然而因为讯号接收不良,全岛一年可以看到电视的时间不到十天。东沙有一个很高的灯塔,大概是日本人建造的灯塔,年久失修,上面的灯坏了,也没人敢上去修理,若将天线装在铁塔上,或可接到台湾的电视,但官兵就是没人敢爬上去,因此也永远享受不了那"高科技"电视。

在东沙岛上,"什么都不准干",也没什么可干。官兵只能去打棒球、篮球,下象棋,看看书,可是天天这老三样,谁见谁烦,根本没人有兴趣去玩,偶尔有一个人来了兴趣,也因为找不到伴而作罢。官兵困守在小岛上,剩余的时间太多,几乎无法打发,独享孤寂。同样,他们的老婆、恋人在台湾本岛上也是孤寂得不得了。但台湾岛那边却十分

热闹,孤寂的女人们一旦耐不住孤寂,就人心思动,结果不是红杏出墙,就是干脆跟人跑了。获知那边心爱的女人出问题了,这边孤寂的心也就不想活了,于是就上演一出出上吊自杀的闹剧。

这一天,第3连突然报告营部:"发现一个士兵上吊!"

郑举常秘密上报指挥部,指挥部又与陆战队司令部和海军总部不断进行电报往返,绝密商讨如何处理此事。

海军总部的处理结果迟迟没有出来,营长只好一边打电报给台湾他的家人报丧,一边催促着指挥部说:"大热天的,尸体不能久放,怎么办?"

第三天,海军总司令部回答说:"下午将尸体火化了,留下一点骨灰,由其家人坐船到东沙带骨灰回台湾本岛。"

就这样,第412营又熬过了一年,时间进入1977年,终于到了换防、返回台湾的时候了。

按照规定,第412营戍守东沙岛的时间为一年半,实际上到1月底就可以离岛。1月中旬,岛上的军官及士兵就已经开始焦躁不安了,有的已计划到哪里去找女友,有的计划回去就探亲,更多的人则是天天有意无意地往海边伸长脖子眺望,有的人忍不住一再跑到营部询问船何时会到。

然而,1月下旬风浪很大,大型运输舰进不了东沙岛,换防日期一再延期,岛上海军的雷达站变成了全岛最热闹的地方,每日都聚集着不少前来探听是否有军舰到东沙来的人群。

到了2月底,陆战队司令部不得不向海军总部报告说:"岛上部队焦躁不安,恐怕要出事!"

这样,海军总司令部才决定强行派运输舰去东沙岛运兵。

于是,在风浪11级的极度危险的情况下,运输舰顶风而行,乘风破浪地到达东沙岛,然后毅然决然地进行抢滩。

运输舰一到,早已在码头等候的官兵"呼啦"一声,以百米冲刺的速度,神速地上了运输舰。

第412营终于全部回到了台湾,且在东沙岛上没落下任何一件该带走的东西。

当他们到达高雄时,陆战队司令已由孔令晟换成了黄光洛。孔令晟已于上一年12月10日升任内政部警政署署长了。众人获知:以"实干"出名的黄光洛治军非常严格。第412营回到台湾才休息十几天,官兵就体会到了新司令的严厉。郑举常接到司令部的命令,马上率部依照陆战队年度训练计划进行练兵。于是,全营官兵不得不中止休假,被运到了恒春基地,参加全团训练测验。

刘添锡才到军营,第414营训练官黄宗棋见着他,就大声说:"老刘呀!你们在东沙睡了一年,我们在台湾苦了一年!"

"苦了一年?"刘添锡很是奇怪。

"可不是,我们天天勤练兵、苦练兵,官兵个个累得瘦了十几斤肉啊!"黄同行笑着说。

然而一测验,这"睡了一年"的第412营总成绩为73分,这"苦了一年"的第414营才得62分。这是咋啦?练比没练的怎么还差了许多呢?

原来这次全团训练测验项目十分齐全,有爬树、目测距离,地图判读等多个项目。就拿爬树来说吧,官兵拿着铁钩,用绳子回头往上一甩,铁钩就勾住了树枝,然后再用双手及脚使出蛮力,奋力往上爬,就上去了。这爬树可以说是小儿科,因此各营的成绩很平均,不差上下。地图判图时,测验官给每位士兵一个指北针及一张地图,要找到地图上的目标才能回来。第414营的士兵一开始跑很得快,可是第一个基点就发生偏差,最后在山上迷路了,三分之二的兵没有回来。等到晚上9点,测验官等得不耐烦,回去吃饭了。最后,该营营部不得不叫各连派兵上山去找,才把那些失散的士兵找回来。这一项,第414营多数官兵吃了零蛋。而第412营官兵则在下午6点钟以前就全部回基地吃饭休息了。

几天后,测试成绩一出来,第412营官兵个个笑哈哈的,说:"嘻嘻,勤练苦练,倒不如躺在东沙岛上去下象棋、吃海鲜!"

谁知事情却远不是这么简单。本来团部要借这测验的机会给训练官黄宗棋升官,这下成绩没上来,他的晋升梦碎了。事后,刘添锡得知这事,懊悔地说:"老黄啊,你咋不早对我说啊,否则我放你一马,事情不就美好了么?"

"这不怕你抢了机会嘛!"黄宗棋终于吐了真言。

罗 张

第414营输了,黄宗棋没有升官;第412营胜了,刘添锡也没有升官。然而,紧随黄光洛司令的好几位亲信获得了晋升。

黄光洛在陆战队干了大半辈子,干这司令还差18天一年,就因白血病于1977年11月30日病逝,成为继老司令周雨寰之后第二位死在任上的陆战队司令。他去世后,副司令罗张接任陆战队司令,他当了四年司令,1982年8月31日升任台湾警备司令部副总司令,陆战队司令之职由"老陆战队员"屠由信接任。

08.黄端先遭免职内幕

1947年9月,蒋介石重建海军陆战队时,宁愿用陆军,也不用老海军陆战队一兵一卒，表示出与老海军完全决绝之心。但是，在这支新建的陆战队中一直有着老闽系海军的血脉。

这唯一的血脉，就是黄端先。

1985 年 2 月 28 日，屠由信沿着前任司令罗张的仕途线路图，调任台湾警备司令部副总司令。3 月 1 日，陆战队副司令黄端先又沿着屠由信的升官线路图，升任为陆战队第十三任司令。

这黄端先的祖先是福建省福州人。祖

黄 端 先

父叫黄天锡，系前清举人；其父黄道炳是闽籍海军将领萨镇冰创办的烟台海军军官学校毕业生，一直在海军部队，从北洋海军到老海军，再到台湾，在海军服务长达 41 年，直至 1956 年才退役。

这黄端先，1928 年 6 月 22 日出生于福州，恰好这一日是农历五月初五端午节，故名"端先"。这黄端先小时候在上海读过书，但是在福州长大的。1944 年秋，日军第二次攻陷福州，遍地烽火，在陆战队旅长李世甲率部战败逃亡时，16 岁的黄端先毅然决定去投考军校，从福建长途跋涉 3000 里路程来到四川，考进中央军校，随后分到在湖南武冈的第二分校接受教育，第二年抗战胜利了，他转读于成都本校。1947 年 12 月，他毕业时，分配到海军。他带着行囊，搭轮船顺流东下，抵达南京去海军总部报到，并且见到新任海军代总司令桂永清。桂永清简单问了几句后说："陆战大队就要在上海高昌庙海军机械学校成立，你立即向陆战大队部报到。"

黄端先报到后，被杨厚彩派赴迫击炮中队担任见习官。就这样，他作为闽系老海军的唯一血脉，进入了新的陆战队。随后，在陆战大队受命前去舟山群岛"剿匪"时，该迫击炮排加强第 3 连，改编为第 2 排，黄端先担任排长，先后随加强第 3 连驻防定海、岱山、嵊泗、盘屿、长白山及长涂诸岛。

1949年9月,解放军攻克舟山群岛的金塘岛后,28日,趁夜以一部分兵力试探陆战队驻防岛屿的虚实。黄端先正驻守在盘岛王家山,担任全营的战斗前哨,结果与之激战了两个多小时。解放军摸清虚实后退去。黄端先则因为"打败了共军"而晋任为中尉,并获"国防部"1950年的"战斗英雄"称号,调营特种兵器排任排长,驻防长涂岛。

1950年春,蒋介石为确保台、澎、金、马"复兴基地"的安全,决定驻防舟山群岛的部队撤回台湾和澎、金、马地区。黄端先所在的陆战队第1团在团长褚秀率领下,最后一批撤离长涂岛,5月20日,抵达了左营军港。

在台湾期间,他先后担任过中队长、大队副、连长、营长,还当过陆战队学校的教官、班主任。1952年在陆战队学校指挥参谋班结业后,奉派到第1师师长何恩廷的副官组为组长,干了两年,"进步"不快。1966年调任司令部补给组组长,开始渐入佳境,先是被参谋长黄光洛赏识,后被副司令于豪章看中。1968年1月,于豪章调任"国防部"副参谋总长,黄端先也随之出任副总长随员室参谋主任。谁知第二年5月,他突然获悉副总长职务将有所调整,立即面请于豪章要求回老家——陆战队,结果被任命为第1师副参谋长。

由于这次紧跟于豪章非常到位,黄端先开始了飞升。

1974年元月,他升任陆战队司令部副参谋长。9月,调任陆军步兵第84师副师长,驻防马祖。才过一年,第二次调"国防部"任作战次长室第三处处长,任职一年七个月,1977年元旦晋升少将。9月,经参谋总长宋长志核定又回陆战队,出任陆战队第99师师长。1979年,他调任陆战队学校校长,第二年7月,进三军大学战争学院将官班深造,一年后,第三次调进"国防部",出任联合作战训练部督考室督考官,此职务系中将职缺。又干了一年,1982年11月,调回陆战队,出任副司令。

这黄端先去一次"国防部",没过一年就下来,升一级。这升官之术让不少人感到惊奇,谁也不明白这军界黑马到底有何超级法术。就在军界同仁又羡又妒的时候,一个更惊人的消息传来:"总统"蒋经国又任命黄端先为海军陆战队司令。

时间为1985年3月,时年黄端先57岁。

黄端先上任后,自称"深感肩负重任",并且是"以临渊履冰之心接任新职",他宣称自己要使"陆战队能承先启后,赓续发扬光大",然而,没等他想好如何去"承先启后"、"发扬光大","国防部"就宣布要举行"汉光二号演习"。

"汉光演习"是国民党军规模最大的三军联合作战演习。"汉光一号演习"于1984年6月23日在澎湖开始,以后每年举行一次。演习区域在全岛五个战区按年度轮流进行。演习由"参谋本部"统一筹划,陆海空三军总部负责组织实施,统裁官由各军种总司令轮流担任。演习中,参演部队分为红(攻)、蓝(防)两方,双方部队均以三军联合作战的形式展开对抗,在重点课目上实兵演练,一般先由空、海军分别演练制空、制海课目,最后以陆军为主,演练三军联合抗登陆作战。

这次国民党军海陆空三军演习在恒春三军联训基地举行。

6 60年代,蒋经国巡视海军陆战队金门两栖部队。右侧戴鸭舌帽者为黄杰　月 5

日,演习开始了。陆战队执行登陆加强营实弹攻击及火力示范。演习一开始,参谋总长郝柏村就到场表扬陆战队官兵战斗动作熟练。

接着,各级视导长官也跟着赞誉,有的说:"嗨,陆战队官兵体力与精神旺盛!"

有的说:"陆战队士气就是高昂!"

郝柏村便当场指示陆军营级以上主官分批来陆战队现场学习。

虽然黄端先当司令才几个月,但这早来的表扬还是让"承前"还没"启后"的他脸上生光不少。这场演习黄端先一炮打红。

12月中旬,黄端先又接到"国防部"作战次长黄世忠电告:"总长郝上将想了解南沙太平岛兵力与火力配置现况,希能以一比一实况展示,尤其是火炮阵地应做全盘显示……"

黄端先接受任务后,立即开始动手,协调在恒春机场划定与太平岛一样面积的区域,将岛内各种内型的火炮及阵地选择一个依制式建构蓝图,然后,采用三台板代替混凝土,按照一比一的比例进行搭建,其余阵地位置都用石灰标出。兵力配置、指挥所、瞭望台与后勤设施等,均用兵棋沙盘推演显示。

郝柏村要这一比一的大模型做什么呢?

第二年1月24日,郝柏村带着一帮子人马来到了恒春机场,先听取黄端先的汇报,然后巡视各火炮阵地,随后亲自主持兵棋沙盘推演,接着仔细询问黄端先对部队的兵力部署、火力配置与作战指导等等,最后召开检讨会。

在检讨会上,郝柏村总结说:"以一比一现地实况展示,这是一个大创举,仅经过极短时间的准备,就有如此大的成效,实在是难能可贵!"

郝柏村接着又说:"今后我们在太平岛兵力不增了,但火力要加强。另外,有关阵地及后勤设施,必须具有对敌机、敌舰轰射的抵抗力,特别应注意防范敌军的火攻。"

4月15日至22日，"国防部"在嘉义附近地区实施"长春一号"演习，由陆军第234师与第117师实施对抗。陆战队担任统裁，盛名之下的黄端先担任统裁官——即总裁判官。

结果，演习又是"相当成功"，裁判也"十分出色"，对抗双方实现"双赢"，陆战队的"统裁"也深获总长及各级长官的"好评"，陆战队荣获郝柏村总长亲自颁发的"发展资讯网路奖章"七枚。

这黄司令几乎是干啥啥好，做啥都受奖，陆战队官兵和他简直是无往而不胜的天兵天将了。这成功的奥秘让许多人探寻，然而，无人能洞察他的"成功秘籍"。

黄端先能做好上面派遣的工作，在内则"积极整建老旧营舍"。

他上任后，陆战队展开了大规模的工程建设，新建陆战队司令部——"忠诚大楼"、第二期军官寝室与直属部队游泳池，都是大项目。并且，他还亲自兼管第99师与陆战队学校办公大楼的工程发包，再去改造老旧连兵舍260栋，整修在中部鹿港、南部左营、枫港地区的山、海防哨所，这些哨所的水、电、卫浴设备全部进行更新，一时之间，陆战队成为了"陆建队"。

这些工程神速地推出，神速地完成，陆战队官兵的"生活品质"大为改善，各项大型建设也还在继续……黄端先视察下级单

郝柏村

位时，特别偏爱走访正在进行工程的营区，司令部负责督导工程营建的工营组长，经常随侍在侧。

1988年1月13日，子承父业的"总统"蒋经国去世，台湾许多人以为军事强人郝柏村要下台了，谁知他又被"新总统"李登辉留任。于是，军界纷纷预测作为"郝家军"的黄端先行情更要看涨了，很快，他已被内定出任台湾警备总司令部副总司令的传言在政界、军界盛传。

官运亨通的黄端先又要奔向新的仕途了，谁知 5 月 1 日，他突然被参谋总长郝柏村下令"免职"，并责令在 7 月 1 日前办理自动退休。

黄端先并非已到要退休年龄，非退不可了，也不是陆战队司令任期届满，非要走人了，如日正当中的他怎么突如其来"被退休"，并且是"责令"去退呢？

原来是他贪污舞弊的案子终于东窗事发了。

早在半年前，即蒋经国去世前一个月，陆战队两名待退上校实名检举黄端先贪污。

当举报信呈报到海军总司令部政战部时，海军总政战部主任刘俊魁立即南下到陆战队进行调查。

当刘俊魁等人将检举附带的一些酒廊的账单，一一拿出来质问黄端先时，黄端先瞠目结舌，无言以对。

刘俊魁眼看事情并不有假，立即将黄端先贪腐事实签报总政战部主管单位，并且转呈前海军总司令刘和谦。刘和谦与郝柏村素来不和，是老对头，立即与海军副总司令欧阳位专程南下见黄端先询问事实经过。

调查过程中，他们发现检举人举证部分对黄端先完全不利，于是上报负责军中"治贪"的"国防部"总政战部。

经过多次核查，海军总司令部政战部核实黄端先贪污的三大重要事端：

第一，黄端先经常带部属、友人出入台北市林森南路的富豪酒廊、敦化北路的凯撒宫、民生东路的太平洋联谊俱乐部等三个销金窟饮酒作乐，每次开三四万元一桌的酒菜与其他花费。而且宴饮作乐之后，拿回来报销的账单不按程序走，竟然挪用陆战队参谋三处的作战训练经费进行冲抵。

第二，黄端先挪用第 99 师"营区整建"工程款项，没有知会陆战队政战部主任尹联壁。在账目款项使用上，尹联壁官章没有落上。同时,前任司令屠由信先行整建的第66师营区,在黄端先接办尾期工程后,部分款项亦有一"疑弊"。

但此事因同时涉及屠由信,刘俊魁以"牵涉太广"而不去"扩大查办"。

第三,陆战队司令部办公的"忠诚大楼"工程款项运用不当。"忠诚大楼"自兴建开始,就不断有舞弊传闻,尤其是黄端先在该工程中虚列账目、假公济私的传闻不少。在兴建"忠诚大楼"过程中,黄端先十分关注工程进度,日日紧盯下放。

第四,陆战队最大财源的出处是负责工程兴建的工营组,负责伙食、后勤补给的补管中心,参三处的作战训练经费以及军官团教育经费。黄端先也从中插手,捞走不少。

另外,还发现黄端先其他受贿事实,例如,在陆战队中,中级军官升迁必须向黄端先送红包。因为陆战队每年进入参谋大学指挥参谋班深造的名额有限,如何获得内定深造的名额,是那些苦读进修、"追求上进"的中级军官最困扰的问题。黄端先解决的方法只有一个,谁送的红包多,名额就给谁。

黄端先的面目一揭露出来,震惊了不少军中人士。黄端先贪腐之事传进郝柏村耳朵里后,他决定以职权"维护部属",但海军总政战部主任刘俊魁态度强硬,并且军中群情激愤,甚至有人说:"原来总弄不清黄端先这黑马的成功秘籍,今天终于明白了,送礼卖官!"

郝柏村虽然有心,也确实使出大力气进行庇护,然而效果却不好,眼看总长护贪,"国防部"总政战部三处处长杜荣三、刘俊魁等政战部门官员非常愤慨,决心追查到底。经过深入调查,他们查出黄端先确凿罪证,并检附详细单据与账目详表。然后,几位"治贪大佬"坚持要"依法处理",其中刘俊魁态度尤其坚决:"战争年代是叛徒最坏,和平时期是腐败分子最坏。"

随后,"国防部"总政战部副主任兼执行官杨亭云、总政战部主任言百谦递呈黄端先贪污案"签处请示",郝柏村大笔轻挥,仅批示:"唯破坏军中形象,且该案牵涉过多,拟以不予公布,暂不处分。涉案官员,依法调查,再行议处。"

简简单单的"不予公布,暂不处分",就将案子封杀了。

以后,历经三个月多,郝柏村始终按兵不动。拖到蒋经国去世后,郝柏村仍然没有处分黄端先的任何动作。相反,随着新一轮人事变动潮开启,还传出了黄端先即将接替因岩湾、绿岛相继暴动而提前办理退役的警备总部副总司令钱怀瑜遗缺的说法。而黄端先呢,见势不好,也急于拍屁股离开陆战队,转赴警总。政战部门获悉黄端先的动向后,立即剑指郝柏村,提出"掌握军方虎符,长达七年,一手把持军方人事、经费大权的郝柏村,到底又压了多少舞弊案"?这下郝柏村害怕了,唯恐事态扩大,拔出萝卜带出泥,只好以黄端先在任陆战队司令期间"军纪整建"的绩效显彰,批示签办黄端先提前结束军旅生涯,"免职"、"自动退役",不仅不将他移送法办,而且连他贪污的巨款也不追回,就草草了事。

就这样,1988 年 4 月 30 日,"日正当中"的黄端先黯然下台,成为历任海军陆战队司令中唯一灰头土脸下台,结局最不光彩的。

5 月 1 日,马履绥出任陆战队第十四任司令。海军陆战队的历届司令都由陆军将领出任,海军陆战队几乎变成了"陆军海战队"——直到这时才终于有了一个海军出身的司令,总算与国际惯例接了轨。

黄端先退役后,每年获邀参加陆战队的春节团拜与队庆切糕典礼,与老长官、老战友、新进队员见面寒暄,把手言欢。当年告状扳倒黄端先的两退休"老校"也在其中,见着黄端先这副得意样子,如鲠在喉,可是回过头来想一想:这在台湾官场很正常,不这样才不正常呢!

以后,陆战队一如既往地"腐败",若干年之后,又一司令因为贪污被拿下,事先他割腕自杀来表明自己的"清白",但是,拿"老百姓"当傻子耍,终于没有耍成,最后还是灰溜溜地走人了。

附录一

国民党军海军陆战队大事记

1.肇建时期

1914 年 12 月由中华民国海军部警卫队改编。

1919 年 7 月编设战队长。

1922 年成立统带部。

1923 年扩编为混成旅。

1928 年扩编为两个旅。

1946 年因时局殊变,奉命拨编陆军。

2.整编时期

1947 年,国共内战激烈化,9 月 16 日重建海军陆战队大队于福建马尾,下辖 6 个中队。

1948 年,与海军警卫团并编为陆战队第 1、第 2、第 3 团。

1949 年 3 月,扩编为两个陆战师并成立陆战队司令部于上海,同年移驻定海负责舟山地区及海南岛之防卫;继随中华民国政府播迁至台湾,于高雄左营集中整训。

1949 年 9 月,成立司令部。

1950 年 7 月 26 日,周雨寰升任司令。

1950 年 -1952 年 9 月,先后增编运输车第 1、第 2 营,及海军陆战队学校。

1953年6月,接编越南富国岛返回之"富台部队"。

1955年1月,陆战队第2旅与陆军45师并编为陆战第1师,另增设作战勤务团及新兵。训练营、陆军780搜索团拨编本队。

1957年4月,成立陆战队士官学校,6月成立舰队陆战队司令部。

1959年,新兵训练营扩编为新兵训练中心。

1962年3月,成立警卫第1营。

1965年2月,成立警卫第2营。

1966年9月,陆战队第1旅与陆军81师并编为陆战队第2师。

1967年,成立登陆战车指挥部。

1968年9月,裁撤舰队陆战队司令部,另成立恒春基地指挥部。

1969年3月,将战车指挥部更名为登陆战车团。

1971年6月,陆战队检诊所扩编为陆战队医院,同时成立宪兵连。

1974年4月,恒春训练基地扩编为三军联训基地。

1975年战勤团基地工厂扩编为陆战队专用装备综合基地工厂。

1979年3月,新兵训练中心与三军联训基地指挥部并编为陆战队77师。

1981年,成立特种勤务队与两陆战师反装甲连。

1983年5月,由战勤团保养营与保养排并编为工兵战车保养连。

1984年7月,裁撤陆战队77师,恢复三军联训基地指挥部及新兵训练中心。

1985年4月,裁撤空观队;10月陆军船舶营驳车连拨编本队,定名为两栖驳运车连第1、第2连。

1986年1月,海军陆战队学校及陆战队士官学校合并;7月,改编陆战队医院为医务所;9月,由两陆战师岸勤营并编为战勤团岸勤99营并成立2陆战师化学兵连。

1987 年 9 月，空军防炮 209 营第 4 连及空军防炮 211 营第 2 连改隶本队，编入 2 师炮兵团。

1988 年 7 月，豫剧队奉命编实；9 月，编成政治作战连。

1995 年 12 月，豫剧队改隶教育部。

3.定编时期

1997 年 7 月，起执行"精实案"，本队精实为司令部 15 个处、组，辖陆战旅、守备旅、基地警卫旅、乌坵指挥部、新兵训练指挥部、两栖侦搜大队、登陆战车大队、补保大队、工岸大队、通信大队、综合保修工厂、队部营等 13 个单位，管制陆战学校、三军联训基地两个单位。

2004 年 4 月，执行"精进案"第一阶段，新兵训练指挥部移编"国防部"后备司令部，补保大队弹药中队移编联合后勤司令部。

2005 年 1 月，海军三军联合作战训练基地指挥部移编本队，海军水中爆破中队移编两栖侦搜大队，海军滩岸勤中队、装备中队移编工岸大队；4 月，陆战旅、守备旅衔称更名为陆战第 66 旅、陆战第 99 旅；7 月，基地警卫旅衔称更名为陆战第 77 旅，工岸大队衔称更名为滩岸勤务大队、通信大队衔称更名为通资电大队。

2006 年 3 月，海军陆战队司令部衔称更名为海军陆战队指挥部。

附录二

国民党军海军陆战队历任司令及任职时间

杨厚彩(1947年9月16日-1950年7月31日);

周雨寰(1950年8月1日-1955年3月1日);

唐守治(1955年3月16日交一军团副司令-1957年3月31日接陆军副总司令);

罗友伦(1957年4月1日交计划参谋次长-1960年12月31日接副参谋总长);

郑为元(1961年1月1日交陆军总司令部参谋长-1964年8月31日接一军团司令);

于豪章(1964年9月1日交陆军总司令部参谋长-1968年1月10日接副参谋总长);

袁国征(1968年1月11日海军陆战队舰队陆战部队司令-1971年3月15日陆军训练作战发展司令部司令);

何恩廷(1971年3月16日-1975年6月15日);

孔令晟(1975年6月16日交驻金边军事代表团长-1976年12月10日接警政署长);

黄光洛(1976年12月11日-1977年11月30日,因白血病死在任上);

罗张(1977年12月1日-1982年8月31日接警备副总司令);

屠由信(1982年9月1日-1985年2月28日接警备副总司令);

黄端先(1985年3月1日-1988年4月30日接联训部副主任);

马履绥(1988年5月1日交陆战队副司令-1992年6月30日接

警备副总司令）；

郑国南（1992 年 7 月 1 日交陆战队副司令 -1995 年 12 月 31 日接军管副司令）；

高王珏（1996 年 1 月 1 日交陆战队副司令 -1998 年 5 月 31 日接军管副司令）；

陈邦治（1998 年 6 月 1 日交陆战队副司令 -2000 年 8 月 31 日接军管副司令）；

季麟连（2000 年 9 月 1 日交总司令部副参谋长 -2003 年 5 月 31 日接联合后勤副司令）；

徐台生（2003 年 6 月 1 日交总司令部副参谋长 -2006 年 4 月 15 日联准室主任接季麟连）；

徐尚文（2006 年 4 月 16 日交海军司令部副参谋长 -2009 年 4 月 28 日调任"国防部"海军司令部委员）。